孙瑜　主编

融资租赁合规管理体系建设指南

法律出版社 | LAW PRESS
北京

图书在版编目（CIP）数据

融资租赁合规管理体系建设指南／孙瑜主编.
北京：法律出版社，2025. -- ISBN 978－7－5244－0146－9
Ⅰ. D922.282.4
中国国家版本馆 CIP 数据核字第 20251QE870 号

融资租赁合规管理体系建设指南
RONGZI ZULIN HEGUI GUANLI TIXI JIANSHE ZHINAN

孙　瑜　主编

策划编辑　沈小英
责任编辑　刘晓萌　鲁　安
装帧设计　鲍龙卉

出版发行　法律出版社
编辑统筹　法治与经济出版分社
责任校对　张翼羽
责任印制　吕亚莉
经　　销　新华书店

开本　710 毫米×1000 毫米　1/16
印张　14.25　　**字数**　287 千
版本　2025 年 4 月第 1 版
印次　2025 年 4 月第 1 次印刷
印刷　北京中科印刷有限公司

地址：北京市丰台区莲花池西里 7 号（100073）
网址：www.lawpress.com.cn
投稿邮箱：info@lawpress.com.cn
举报盗版邮箱：jbwq@lawpress.com.cn

销售电话：010－83938349
客服电话：010－83938350
咨询电话：010－63939796

书号：ISBN 978－7－5244－0146－9
定价：78.00 元
凡购买本社图书，如有印装错误，我社负责退换。电话：010－83938349

编　委　会

主　编： 孙　瑜

副主编： 洪旭莲　姚竹新

编　委（以姓氏笔画为序）：

李若尧　吴劲松　汪　洋

张元杰　施谛夫　虞玥华

序　以笔为舟，共筑合规之桥

回望过去的20余年，作为融资租赁行业的一名法律服务工作者，我有幸亲历了这个行业从萌芽初生到繁花似锦的壮丽历程，目睹了众多企业通过融资租赁这一创新模式实现了资本的飞跃，也见证了部分企业因合规管理缺失而面临种种风险与挑战。往昔经历皆深刻于心，让我深刻意识到，合规是融资租赁企业的生命之源，更是每一位行业同人肩上不可推卸的责任。

在开拓国内市场的道路上，合规的重要性已不言而喻。它如同企业运营的灯塔，指引着企业在法律框架内稳健前行。同时，当中国企业走出国门，面对复杂多变的国际环境和严苛的法律法规时，若缺失合规的指引，企业便如同失去了方向的航船，随时可能遭遇风浪的侵袭。每当看到这些企业因合规问题而遭受挫折时，我的心中便充满了痛惜与感慨。

正是基于这样的背景，笔者编写了本书，希望为中国企业提供一份合规管理的实践指引，帮助它们在国内以及国际市场上稳健前行。在编写本书的过程中，笔者与各地租赁协会的行业专家、公司高层及一线业务部门进行了广泛而深入的探讨交流，听到了许多关于合规管理的真实故事，既有成功的经验分享，也有失败的教训反思。这些故事如同一面面明镜，让笔者看到了不足，也更加坚定了写好本书的决心。

合规管理是一项系统工程，它涉及法律、财务、运营等多个领域，需要企业具备高度的风险意识与应对能力。因此，本书不仅提供了具体的合规管理步骤与措施，还着重强调了合规管理体系的动态性与灵活性，鼓励企业根据外部环境的变化与监管要求的升级，不断调整和完善自身的合规管理体系，做到与时俱进、灵活应变。

如今，当本书终于呈现在大家面前时，我的心中充满了感慨与期待，期待本书能够成为融资租赁企业合规管理体系建设的宝贵参考与指南。笔者希望，无论是法律服务工作者，融资租赁企业的管理者、业务员，还是高校的莘莘学子，都能从中汲取知识与力量，共同推动融资租赁行业向更加合规、稳健、可持续的方向发展。

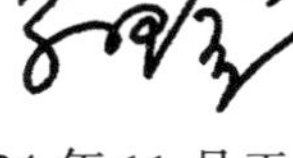

2024年11月于上海

目录
CONTENTS

第一章　企业合规管理概述

第一节｜企业合规管理的含义 / 3
一、企业合规管理的定义 / 3
二、企业合规管理的重要性 / 3
第二节｜合规管理的渊源及体系 / 5
一、国际舞台上的企业合规 / 5
二、具有中国特色的企业合规 / 7
第三节｜企业合规管理的基本原则 / 10
第四节｜企业合规管理体系建设模型 / 11
一、GB/T 35770—2022 与 PDCA 管理模型 / 12
二、搭建企业合规管理体系 / 13

第二章　融资租赁企业合规管理概述

第一节｜我国融资租赁企业合规管理的发展历程 / 25
一、融资租赁企业的监管沿袭与变革 / 25
二、融资租赁企业规范化的重要性 / 30
第二节｜融资租赁企业合规管理的主要内容 / 31
一、融资租赁企业的金融监管合规 / 31
二、融资租赁企业的反洗钱合规 / 32
三、融资租赁企业的反舞弊合规 / 32

四、融资租赁企业的数据合规和数字保护 / 33
五、融资租赁企业的刑事风险防范 / 34

第三章 融资租赁企业金融监管合规管理

第一节 | 融资租赁企业金融监管概述 / 39
一、融资租赁企业金融监管的目标 / 39
二、融资租赁企业金融监管的原则 / 39
三、融资租赁企业金融监管的方式 / 41
第二节 | 融资租赁监管的法律后果 / 43
一、风险提示、约谈、现场检查 / 43
二、整改 / 43
三、分类监管 / 43
四、行政处罚 / 44
第三节 | 我国融资租赁企业的金融监管合规要求 / 45
一、融资租赁企业治理和内控管理要求 / 45
二、融资租赁业务合规要求 / 51
三、针对个人的融资租赁业务合规 / 61
四、融资租赁企业的融资合规 / 64

第四章 融资租赁企业反洗钱合规管理

第一节 | 融资租赁企业反洗钱义务概述 / 67
一、反洗钱义务与反洗钱监管 / 67
二、反洗钱义务的主要内容 / 71
三、融资租赁企业的反洗钱现状 / 73
第二节 | 融资租赁企业的反洗钱合规制度架构 / 75
一、反洗钱内部控制制度 / 75
二、风险自评估制度 / 77
三、客户身份识别制度 / 79

四、客户身份资料和交易记录保存制度 / 80
五、大额交易和可疑交易报告制度 / 81
六、反洗钱培训和宣传工作 / 83
第三节 | 融资租赁企业反洗钱合规制度建设示例 / 84
一、某融资租赁公司反洗钱合规制度示例 / 84
二、某融资租赁公司客户身份识别制度示例 / 88

第五章 融资租赁企业反舞弊合规管理

第一节 | 反舞弊合规概述 / 95
一、舞弊的概念 / 95
二、舞弊的合规风险 / 99
第二节 | 融资租赁企业反舞弊合规管理制度 / 103
一、国际反舞弊合规管理制度 / 103
二、国内反舞弊合规管理制度 / 104
三、融资租赁企业反舞弊合规管理现状 / 105
第三节 | 反舞弊合规管理制度构建 / 111
一、反舞弊合规构建 / 111
二、反舞弊合规机制 / 116
三、反舞弊合规管理制度示例 / 118

第六章 融资租赁企业数字合规与数据保护

第一节 | 全球化的数据合规 / 127
一、数据合规背景 / 127
二、国外立法 / 127
三、国内立法 / 128
第二节 | 融资租赁企业数据合规管理体系 / 129
一、数据合规原则 / 129
二、数据安全制度 / 130

三、数据处理活动制度 / 136
四、个人信息保护制度 / 138
第三节 | 融资租赁企业信息保护制度范例 / 142
一、企业数据安全制度范例 / 142
二、企业数据加密制度范本/企业数据访问权限制度范本 / 144

第七章　融资租赁企业刑事风险防范

第一节 | 融资租赁企业面临的各类刑事犯罪 / 149
一、合同诈骗罪 / 149
二、“砍头息”与“套路贷” / 151
三、非法集资类犯罪 / 152
四、非法经营类犯罪 / 154
五、财税类犯罪 / 155
六、洗钱罪 / 156
七、职务犯罪 / 157
八、暴力催收相关犯罪 / 159
第二节 | 融资租赁企业的刑事风险防范和治理 / 160
一、融资租赁企业设立过程中的刑事风险防治 / 160
二、融资租赁企业项目履行过程中的刑事风险防治 / 162
三、融资租赁企业租后管理过程中的刑事风险防治 / 163
四、租赁物相关刑事风险防治 / 165
五、融资租赁企业财税管理刑事风险防治 / 166
六、融资租赁企业人事行政管理刑事风险防治 / 168
七、融资租赁企业权益受到侵害时的刑事救济途径 / 170

第八章　国有融资租赁企业的合规体系构建

第一节 | 国有融资租赁企业合规管理体系建设的特殊性 / 175
一、国有融资租赁企业概述 / 175

二、国有融资租赁企业合规管理规制 / 176
三、国有融资租赁企业合规管理体系建设的重要性和特殊性 / 178
第二节 | 国有融资租赁企业合规建设要点 / 179
一、明确合规管理组织职责 / 180
二、健全合规管理制度建设 / 184
三、完善合规管理运行机制 / 189
四、推行合规文化建设 / 189
五、加强合规信息化建设 / 191
第三节 | 国有融资租赁企业合规的有效性评价 / 192
一、有效性评价方式 / 192
二、有效性评价内容 / 194

附录 法规汇编

一、《融资租赁公司监督管理暂行办法》 / 197
二、《金融租赁公司管理办法》 / 203

第一章

企业合规管理概述

第一节 企业合规管理的含义

一、企业合规管理的定义

从字面含义上理解,"合规"的英文对应词是"compliance",它是动词"comply"的名词形式,本义为"遵守、服从"。英文中的"corporate compliance"在中文中被翻译为"企业合规",从字面意义上可以理解为"企业符合规定"。

企业合规管理,是指企业以遵守相关法律法规、行业规范和内部规定为首要目标,通过制定和执行一系列相关制度、措施和流程,以企业自身及员工为对象,确保企业的经营活动在合乎规定的框架内进行,避免违法违规行为的发生。与此同时,作为企业的核心治理策略,企业合规管理不仅是指企业对外部法律法规、行业标准及内部规章制度的简单遵循,更是一种深入企业骨髓的自律机制,旨在通过企业制定的一系列行之有效的管理制度,以及企业人员对合规文化的深刻理解,共同构建一个健康、可持续的经营环境。

二、企业合规管理的重要性

企业合规管理的重要性不容忽视,它对于企业的稳健运营、风险防控、形象树立以及可持续发展等方面都具有深远的影响。

(一)确保法律遵从,避免法律风险

基础保障:合规管理是企业遵守所有法律法规的基础,确保企业的经营活动在法律的框架内进行,避免企业因行为违法而面临法律风险和处罚。这包括但不限于行政处罚、刑事处罚乃至国际制裁等严重后果,若处置不当则会对企业的正常运营和声誉造成重大打击。

动态适应:随着法律法规的不断更新和完善,企业需要保持高度的敏感性和适应性,及时调整经营策略和管理模式,确保经营行为始终符合最新的法律及规章要求。

(二)促进商业道德,树立企业形象

诚信经营:合规不仅是遵守法律的要求,更是遵守商业道德的体现。通过合规管理,企业可以树立诚信、负责任的形象,赢得客户和合作伙伴的信任。这种信任

是企业宝贵的无形资产，有助于企业在市场竞争中脱颖而出。

增强声誉：合规经营有助于建立和维护企业的良好声誉，提升企业的品牌形象和社会地位。一个合规的企业更容易获得公众的认可和支持，从而在商业合作、品牌推广等方面占据有利地位。

（三）保护资产，减少损失

全面防控：合规管理有助于企业降低各种风险和损失，包括法律风险、声誉风险、经济损失等。通过制定和执行合规政策和措施，企业可以及时发现并处理潜在的合规问题，避免问题扩大并造成不可挽回的损失。

保护资产：合规体系还可以帮助企业建立有效的内部控制（内控）制度，防止内部欺诈和腐败行为的发生，保护企业资产不受侵害。

（四）提升竞争力，保持竞争优势

国际竞争力：在全球化和数字化浪潮的推动下，国际合规标准和行业规范越来越重要。企业通过加强合规管理，可以提升自身在国际市场上的竞争力，更好地融入全球经济体系。

可持续竞争力：合规管理不仅关注当前的合规要求，还注重企业的长远发展。通过构建可持续发展的合规管理体系，企业可以形成独特的竞争优势，保持长期的竞争力。

（五）促进企业文化塑造和员工行为规范化

文化塑造：合规管理有助于塑造积极向上的企业文化，将合规理念融入企业的日常运营和管理中。这种文化，可以引导员工树立正确的价值观和行为准则，提升员工的归属感和责任感。

员工行为规范化：通过合规培训和教育，企业可以提升员工的法律意识和职业道德水平，引导员工遵守规章制度和职业道德规范。这有助于规范员工的行为模式和工作方式，提高工作效率和质量。

综上所述，企业合规管理对于企业的稳健运营、风险防控、形象树立、竞争力提升以及企业文化塑造和员工行为规范化等方面都具有重要的作用。因此，企业应当高度重视合规管理工作，不断完善合规管理体系和机制，确保企业的持续健康发展。

第二节　合规管理的渊源及体系

一、国际舞台上的企业合规

美国企业管理模式和法治背景的发展历程从世界上公认的最早的反垄断法《谢尔曼法》(The Sherman Act)开始。该法由美国国会于1890年通过,是美国历史上第一部也是最基本的反托拉斯法律(反垄断法),是美国历史上首部授权联邦政府对经济进行控制和干预的法律。

这部法律出台于美国工业化导致经济结构巨变、经济集中化的时代,其根本目的是对美国经济中的托拉斯及其力量的增长作出必要的回应。尽管在《谢尔曼法》真正实施后,托拉斯组织仍迅速崛起,但这部法律在今天依然被高度评价。它首次体现了联邦政府对自由竞争市场环境下企业涉嫌违法违规行为的积极干预,也标志着美国早期企业合规管理概念的萌芽。

《谢尔曼法》出台后,在实际法律应用层面并未达到人们预期的良好效果。到20世纪50年代,美国电气设备制造业的几家大型企业为了操纵市场,联合同行业企业从事串通价格、瓜分市场等行为,严重扰乱了市场秩序,并对普通民众的日常生活造成了显著的负面影响,联邦政府在得知此事后,对这类行为进行了反垄断指控,不仅对涉案公司处以罚款,还要求一些违规公司制定并实施反垄断合规制度。这种罚款加强了企业对体系的重视,促使很多公司开始着手建立反垄断合规体系,这也是现代企业合规正式出现的客观背景。

至20世纪70年代,“水门事件”爆发,美国检察官发现很多公司在1972年总统选举中提供非法政治“献金”。美国证监会和税务署随之发现,非法贿赂和回扣行为在公司商业实践之中非常普遍;还发现,美国的跨国公司为获取交易机会,一直使用公司资金贿赂外国政府官员。由此,相应的上市公司自愿披露制度也随之制定。如果公司采用自我调查,并且向证券交易委员会披露不当行为,则可以减轻处罚。证券交易委员会同时要求行为失当的公司必须做出诸如变更运营程序、采用外部审计等承诺,从而使合规体系建设从反垄断领域扩展到反腐败等更多领域。

1977年,美国出台了《反海外腐败法》,为了遏制企业贿赂行为、恢复公众信任,该法要求上市公司必须在行贿、回扣、账目记录,特别是涉及财务记录和资产分配等方面,实行更为正规和严格的合规政策。一方面,该法在反腐败领域具有广泛的域外管辖效力,并以对多家知名跨国企业的执法而闻名;另一方面,该法要求企业对资金往来进行准确的会计记录,从而以法律的形式介入了企业内部控制体系的建设。随后反腐败领域的合规经验也在金融、国防供应与环境保护等领域应用开来。20 世纪 80 年代,美国金融行业违规、合同欺诈、环境污染等问题频发,各行业组织纷纷开始着手建立合规管理体系,以防范相应的风险。1986 年,美国开始环境审计工作,出台了环境审计的政策性、纲领性文件,将企业环境保护列为合规工作的核心要点,鼓励公司系统、定期、客观地检查设备使用是否符合环保要求,以确保公司合规制度的有效运行,及时发现并消除环境违法隐患。金融行业作为违规行为高发的行业之一,也受到了严格的监管。美国国会于 1988 年制定了《内幕交易及证券欺诈制裁法》,1991 年又制定了《联邦存款保险公司促进法案》,这些法案旨在加强证券金融领域和被保险主体的合规管理。随着合规体系建设从反垄断、反腐败领域逐渐拓宽到银行金融业、国防供应、环境保护等领域,大企业合规的概念也逐渐发展为更为专项的行业合规管理体系。

2002 年,《萨班斯—奥克斯利法案》出台,该法案为美国联邦检察官处罚上市公司的不当管理行为和人员犯罪提供了明确的法律依据。

2010 年通过的《多德—弗兰克法案》进一步推动了企业合规制度的发展,促使企业不断完善合规计划,从而对企业内部可能出现的违法违规行为进行有效防范。

受美国影响,英国、加拿大、澳大利亚等国家也纷纷制定了合规制度建设方针,同时,联合国、经济合作与发展组织(Organization for Economic Co-operation and Development,OECD)、世界银行等国际组织也相继出台了针对成员的合规标准和要求,旨在推动全球合规制度的发展。

联合国全球契约组织(United Nations Global Compact),作为世界上最大的企业公民行动倡议组织,自 2000 年成立以来,已拥有超过 1 万家企业会员。进入 21 世纪后,面对全球变暖、环境污染、人口老龄化等严峻挑战,除了政府在自然环境和社会责任方面发挥主导作用,企业也需承担起环保和人文关怀的责任,这一理念已逐渐成为国际共识。2004 年,联合国全球契约组织首次提出了“环境、社会和公司治理”(Environmental, Social and Governance)原则,鼓励企业和投资者在追求经济效益的同时,兼顾绿色经济、可持续发展、企业社会责任等重大问题。这一原则提醒广大投资者和企业,在快速发展的同时,必须关注环境保护、劳工权益、个人隐私保护以及社会不平等问题,从企业的合规制度、大局观和长远视野出发,推动环境保护和劳动权益保护。

2010 年,世界银行为引导受制裁企业建立符合要求的合规制度,制定了《世界银行集团诚信合规指南》,旨在帮助这些企业建立符合世界银行标准的合规体系,争取制裁的解除、免除或提前终止。该指南要求企业明确禁止行为的种类和范围，特别是在高风险业务板块，如欺诈、腐败、共谋和强迫等方面。

2014 年，国际标准化组织（International Organization for Standardization，ISO）以《澳大利亚合规准则》为基础，发布了《合规管理体系　指南》（ISO 19600—2014）。该标准指导组织建立、发展、执行、评价、维护和完善有效的合规管理体系，适用于各类组织。这一标准对我国国内合规体系的发展产生了深远影响。中国标准化研究院采用“等效翻译”的方式，推出了《合规管理体系　指南》（GB/T 35770—2017，已废止）中文版。ISO 在 2016 年又发布了《反贿赂管理体系　要求及使用指南》（ISO 37001—2016），为企业提供了预防、发现和应对不正当利益往来的措施。

2021 年，ISO 在修订 ISO 19600—2014 的基础上发布了《合规管理体系　要求及使用指南》（ISO 37301—2021），修订后的标准成为 A 类管理体系标准，可供认证。同时，中国标准化研究院汇聚了专家学者的智慧，在将 ISO 37301—2021 汉化的基础上，充分结合了我国企业的特色，推出了中文版《合规管理体系　要求及使用指南》（GB/T 35770—2022）。该标准的发布推动了国内多家合规管理实践较早的企业及大型国资国企积极投身于合规体系建设，这些企业通过不断学习和实践，最终获得了符合国际要求的 ISO 合规管理体系认证证书，并通过合规体系实现了长期发展的目标。

除上述标准外，国际组织还出台了多项合规规范，如 OECD 发布的《内部控制、企业道德及合规最佳实践指南》、亚太经济合作组织（Asia-Pacific Economic Cooperation）发布的《有效且自愿的公司合规项目基本要素》以及巴塞尔银行监管委员会（Basel Committee on Banking Supervision）发布的《合规与银行内部合规部门》高级文件等。这些规范文件，尤其是巴塞尔银行监管委员会的《合规与银行内部合规部门》高级文件，深刻影响了中国国内合规体系的发展，成为相关合规规范性文件在中国落地的参考蓝本。

二、具有中国特色的企业合规

合规在我国商业实践中的历史尚浅。最早在中国关心“企业合规”的主要是两类企业：一类是计划赴国外上市的国内企业，另一类是外国在华的企业。它们的主要关注点在于满足外国法律对合规的要求，而没有“涉外”因素的企业，实际上对“合规”的关注度并不高。

近年来，“合规”这一学科在中国得到了迅速发展，这主要得益于中国公司在海外运营过程中遇到的域外法律管辖困境。例如，中兴通讯、华为、字节跳动等知名企业所遭遇的挑战，使学界和业界深刻认识到合规风险对企业和社会的巨大影响。同时，在以中国式现代化全面推进强国建设、民族复兴伟业的背景下，涉及国外业务的企业越来越重视合规的法律服务。国有企业已建立了相对成熟的企业合规制度，并且在法律服务方面已经相当完善。而中小企业为了向市场展现自己的竞争力，也在不断提升业务和合规能力。

今天我们所讨论的“具有中国特色的企业合规”，已不仅限于早年合规义务中涉及的反垄断、反舞弊、金融监管及涉外商业行为。经过我国学者及企业家的不断研究与实践，企业合规已经融入了更多的时代特色和中国元素。当前的“合规”涵盖了社会责任、人文、环境等多个方面。可以看出，“合规”的重心已经逐渐转变为企业需要成为全社会大环境下的优秀个体，使“企业合规”成为助力中国企业实现中国梦的中坚力量。

（一）合规的发展历程

早在2006年原中国银行业监督管理委员会（以下简称银监会）发布的《商业银行合规风险管理指引》和2008年中国证券监督管理委员会（以下简称证监会）发布的《证券公司合规管理试行规定》（已失效）中，我们就能找到合规的初步探索痕迹。这些文件被学者视为“合规”制度引入中国法的开端。自2014年11月4日，习近平总书记在中央财经领导小组第八次会议上揭示“一带一路”的重要意义以来，①在全球合规浪潮的推动下，为实现国内国际双循环相互促进的新发展格局，推动高质量的经济发展，监管层不断探索并推出了一系列改革创新举措。

2018年，《中央企业合规管理指引（试行）》的发布，标志着以建设法治央企为重点，提升企业依法合规的经济管理水平，成为推动央企合规管理向中国企业合规管理迈进的重要里程碑。同年，《企业境外经营合规管理指引》由国家发展改革委等部门发布，旨在引导企业加强境外经营合规管理，鼓励企业建立和完善合规管理制度，以增强企业国际竞争力。

2020年，由中国标准化研究院召集、联合众多国家共同制定的国际标准《风险管理企业法律风险管理指南》（ISO 31022—2020）正式出台。该标准基于我国国家标准《企业法律风险管理指南》（GB/T 27914—2011）制定，标志着我国在国际标准化风险管理领域的地位显著提升。

2021年，由中国标准化研究院召集制定的国际标准《合规管理体系要求及使用

① 参见《习近平主持召开中央财经领导小组第八次会议》，载人民网，http://politics.people.com.cn/n/2014/1106/c70731-25989646.html。

指南》(ISO 37301—2021)重磅推出。同年发布的《中华人民共和国国民经济和社会发展第十四个五年规划和2035年远景目标纲要》中提出,要"引导企业加强合规管理,防范化解境外政治、经济、安全等各类风险"。次年,国内GB/T 35770—2022国家标准也相继出台,填补了国内国际双循环护航新一轮经济全球化的重要内容空白,并提供了先进的合规管理理念和指导。

(二)合规建设重点

在合规建设实践层面,为了满足监管的要求和市场的需要,企业目前需要关注以下六个重点建设方向:

一是应对国外"长臂管辖"的合规需求。鉴于中兴通讯、孟晚舟等案例的警示,中国企业必须清晰了解域外合规要求,主动制定合规策略。否则,一旦面临域外指控,企业可能陷入诉讼困境,最终往往需要支付高额罚款。

二是符合行业监管标准。以金融行业为例,因其高风险性,合规标准尤为重要。监管机构通过发布如《商业银行合规风险管理指引》等文件,要求企业建立完善的合规体系。但企业搭建了合规体系后仍需注意一线业务人员的合规执行,确保合规要求在企业内部得到全面贯彻。

三是响应国务院国有资产监督管理委员会(以下简称国务院国资委)的合规要求。国务院国资委通过发布《中央企业合规管理指引(试行)》等文件,推动国有企业合规建设。大部分国有企业已建立合规基础,但仍需对经营活动进行细致梳理,进一步完善合规体系。

四是参照国际及国家标准。ISO 37301和GB/T 35770等标准的发布,为企业合规管理提供了国际指导。中国企业应对照这些标准,定期审核现有体系,持续改进合规管理。

五是强化党组织在公司治理中的作用。企业不仅需遵守法律法规,还需关注党内法规。通过完善公司治理与党的领导融合,确保党的决策在企业中得到有效执行,促进企业健康发展。

六是构建合规文化。合规文化是企业发展的精神支柱。企业应建立积极向上的合规文化,使员工树立合规意识,并将其融入日常工作。同时,结合中国特色社会主义核心价值观,打造具有中国特色的合规文化。

在中国法背景下,企业建立中国特色现代企业制度时,要结合中国实际,将党的领导、法治思想、社会主义核心价值观融入公司治理,这是中国现代企业制度建设的有益探索。

第三节 企业合规管理的基本原则

企业合规管理的基本原则是确保企业在运营过程中能够遵循法律法规、行业规范、道德伦理等要求，以防范和化解合规风险，保障企业的长期稳健发展。

企业合规管理基本原则具体如下：

合法性原则。该原则要求企业必须严格遵守国家法律、行政法规、地方法规以及国际条约等，确保所有经营活动都在法律框架内进行。合法性原则是企业合规管理的首要前提，企业需定期审视自身业务活动，确保不存在违法违规行为。同时，企业还需加强员工法律培训，提升员工法律意识，形成"人人懂法、人人守法"的良好氛围。

合理性原则。企业在追求经济效益的同时，应兼顾社会公正与道德伦理。企业应建立公平、透明的决策机制，确保所有利益相关者的权益得到合理保障。在处理与供应商、客户、员工等的关系时，企业应秉持诚信原则，拒绝任何形式的腐败、贿赂及不正当竞争行为。此外，企业还应积极参与社会公益活动，回馈社会，展现企业的社会责任感。

完整性原则。该原则强调合规管理的全面性和系统性。企业需将合规管理融入企业文化中，使其成为企业日常运营不可或缺的一部分。这要求企业建立覆盖所有业务领域和流程的合规管理体系，包括但不限于财务、税务、人力资源、环境保护、数据安全等方面。同时，企业内部还需加强跨部门协作，确保合规信息在各部门之间顺畅传递和共享，形成合力。此外，企业还需建立有效的合规监测和报告机制，及时发现并纠正潜在的合规风险。

有效性原则。该原则要求企业合规管理体系必须能够切实发挥作用，防范和化解合规风险。这要求企业不仅要有完善的合规制度和流程，还需确保这些制度和流程得到有效执行。企业需加强合规培训，提高员工的合规意识和能力；建立严格的合规考核机制，将合规表现纳入员工绩效考核体系；加强合规审计和监督检查，确保合规管理体系的持续有效。

独立性原则。该原则是企业合规管理的重要保障。合规管理部门应独立于其他业务部门，直接向企业高层汇报工作，以确保其能够客观、公正地履行合规管理职责。同时，企业还需建立健全内部控制机制，确保合规管理与其他业务活动之间保持适当的隔离和制衡，防止利益冲突和权力滥用。

诚信经营原则。该原则是企业合规管理的灵魂。诚信不仅是企业的无形资产,更是其长期发展的基石。企业应坚持诚信为本的经营理念,树立诚信企业形象。这要求企业在与客户、供应商、合作伙伴等利益相关者的交往中诚实守信,全面履行合同承诺,不进行虚假宣传或欺诈行为。同时,企业还需加强诚信文化建设,提高员工的诚信意识和道德素质,形成全员参与、共同维护企业诚信的良好氛围。

全面管理原则。该原则要求企业从多个方面入手,构建全方位、立体化的合规管理体系。这包括加强风险管理、合规培训、内部控制、信息技术应用等多个方面的工作。通过全面管理,企业可以确保合规管理贯穿企业运营的各个环节和层面,形成上下联动、内外协同的合规管理格局。同时,企业还需关注外部环境的变化,及时调整和完善合规管理体系,以适应新的法律、法规及行业标准的要求。

第四节 企业合规管理体系建设模型

建立健全企业内控制度,不仅是企业良性、长久发展的基石,还是提高企业经济效益和竞争力的关键。面对日益严苛的监管要求和繁多的法律法规等问题,如果企业希望构建完整的合规管理体系,笔者建议,参考《合规管理体系 要求及使用指南》(GB/T 35770—2022)的合规管理模型,重新识别并评估合规风险,更新、修订合规制度和合规手册,重新开展合规培训,为企业提供一套完整的解决方案,确保合规管理制度的有效建立与运行,并积极传播合规文化。

《合规管理体系 要求及使用指南》(GB/T 35770—2022)由正文、附录A、附录NA三部分组成。其中,正文从组织环境、领导作用、策划、支持、运行、绩效评价和改进七个方面,规定了组织建立、发展、实施、维护和完善合规管理制度的要求;附录A给出了使用指南和推荐做法;附录NA对合规义务、合规文化、数字化与合规管理、管理体系一体化融合等内容进行了补充、提示或进一步的细化与解释。合规管理体系的主要构成要件如图1-1所示,通过策划(Plan)、执行(Do)、检查(Check)和改进(Act)四个环节(以下合称PDCA),实现对企业合规管理的循环推进。[①]

---

① 参见王益谊、杜晓燕等:《〈合规管理体系 要求及使用指南〉标准解读与应用》,企业管理出版社2022年版,第13页。

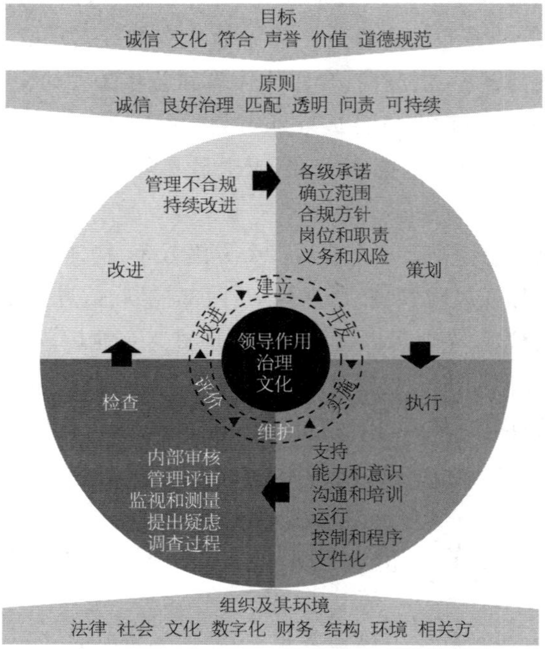

图 1－1　合规管理体系要件

资料来源：王益谊、杜晓燕等：《〈合规管理体系　要求及使用指南〉标准解读与应用》，企业管理出版社 2022 年版，第 14 页。

一、GB/T 35770—2022 与 PDCA 管理模型

PDCA 理念和模型最初由美国质量管理专家沃特 · A. 休哈特（Walter A. Shewhart）提出，后来被另一位质量大师戴明（Deming）博士广泛采用并推广。该模型由四个阶段组成：策划、执行、检查和改进。在策划阶段，企业会结合具体方案，研究制定一系列旨在达到预期目标的管理制度；在执行阶段，企业按照既定制度和计划，有条不紊地推进实施；在检查阶段，企业评估落实效果，确保问题被及时发现和准确识别；在改进阶段，企业针对检查结果进行整改，总结经验教训，并将未解决的问题纳入下一轮 PDCA 循环，以实现持续改进。PDCA 循环管理法的核心在于不断挑战现状，持续设定新的目标和计划。

上文提及，在《合规管理体系　要求及使用指南》（GB/T 35770—2022）标准中，PDCA 模型可以帮助企业在动态循环目标的指引下逐步推进战略实现，是企业合规管理的有效思维模式。其不仅促进了企业管理水平在解决问题的过程中逐步提升，还不断推动企业发现新的问题。企业内部控制体系的建设是一个长期且持

续的过程,在此过程中,随着企业内部需求和外部环境的不断变化,内部控制体系评价和执行标准也需要相应提高。PDCA 模型的应用有助于提升企业的管理水平,并全面推动内部控制体系建设的优质发展。因此,在内部控制体系建设中引入 PDCA 模型,不仅具有重要的指导意义,而且具有极大的实践价值。

二、搭建企业合规管理体系

(一)策划:合规体检

合规体检,是指在现行有效的法律规范框架下,对企业可能面临的行政处罚、刑事处罚以及国际制裁等法律风险进行识别,以尽早发现潜在的违法犯罪因素和隐患,并通过一系列方法对企业的风险状况进行深入了解和全面排查的行为。通过合规体检,可以充分了解企业的自身状况、所处行业的特性和动态、监管法规政策以及相关企业被调查或处罚的情形,从而判断企业"有没有病"(指合规风险)、"病在哪儿"、"病得重不重"。如此,才能进一步有效消除"病因",让企业保持健康发展。

笔者总结归纳了以下尽职调查所要涵盖的内容:表 1 - 1 为尽职调查示例——企业访谈安排;表 1 - 2 为尽职调查所需资料清单;表 1 - 3 为财务尽职调查所需资料清单。

表 1 - 1 尽职调查示例——企业访谈安排

内/外部人员	访谈对象/访谈主要负责人	主要访谈内容	访谈时间	进度
内部人员	董事长/实际控制人	公司概况、战略方向、融资计划		
	运营总监(业务及财务团队)	生产运营、采购和库存		
	业务总监(业务及财务团队)	技术研发		
	市场/营销总监(业务及财务团队)	市场和销售		
	财务总监/董事会秘书(财务及法律团队)	财务状况		
	行政总监/法务(法律团队)	组织管理、法律合规		
	子公司总经理	子公司运营状况		
	基层员工	随机		

续表

内/外部人员	访谈对象/访谈主要负责人		主要访谈内容	访谈时间	进度
外部人员	重点客户	A. 当前主要客户			
		B. 未来重大订单新客户			
		C. 战略性客户			
	重点供应商	当前主要供应商			
	其他投资人访谈	A. 原公司股东			
		B. 本轮其他投资者			

表 1－2　尽职调查所需资料清单

序号	资料名称	状态
1	公司基本资料： 1－1　公司营业执照/复印件； 1－2　专利证书、著作权登记文件； 1－3　公司现行章程； 1－4　各政府或行业颁发给本公司与生产经营有关的许可文件（包括企业资质证明等文件）	
2	历史沿革：公司设立时的文件（发起人协议、验资报告等）、历次工商变更资料、历次股权变更文件	
3	本公司的控股股东及其控制的其他主要股东或实际控制人： 3－1　含自然人姓名及简要背景信息的自然人股东； 3－2　法人控股股东与其他大股东的关联交易，以及实际控股股东在简化程序下进行的关联交易； 3－3　分、子公司的情况，参股企业及控股股东的联营企业情况。如果有，则以框架图来说明它的结构关系； 3－4　股权结构图（上溯至自然人，下溯至各级子公司、分公司/各关联方）	
4	相关质量体系、产品认证证书（诸如 ISO、CE 等）、销售市场准入许可、外贸经营权文件	

续表

序号	资料名称	状态
5	高级管理人员简历和基本情况及核心技术人员情况： 5－1　高级管理人员：公司董事、监事及总经理、副总经理、财务负责人、技术负责人、董事会秘书等； 5－2　上述人员基本情况：姓名、性别、国籍及是否具有境外永久居留权，曾担任的重要职务和任期，主要工作经历及在其他单位兼任职务的情况，主要业绩及核心技术人员获奖情况等； 5－3　最近24个月内董事长、监事会主席和总经理及技术负责人发生变化的经过和原因说明	
6	公司机构设置：包括各大职能部门和隶属关系在内的公司内部管理架构	
7	员工： 7－1　目前公司的用工办法，员工人数及花名册，学历、年龄分布情况； 7－2　劳动人事相关政策和方案，如职工社保参保缴费，公司目前执行的职工福利政策； 7－3　公司最近3年内劳资纠纷的情况； 7－4　股权激励计划	
8	公司最近3年改制相关事宜及产权界定等相关事宜： 8－1　重组过程及重组方案，相应审计报告、评估报告； 8－2　法律意见书、关于公司董事会及股东大会有关决议文件的议案； 8－3　股权、产权交割凭证（投资者与公司签署的投资协议及其验资、工商变更文件）	
9	诉讼及行政处罚： 9－1　公司过去3年内因公司经营状况而引发的诉讼、仲裁或进行的其他法律程序及其结果和影响； 9－2　公司未来可能涉及的，或在合理预期下可能涉及的诉讼、仲裁、行政处罚或其他可能导致的纠纷	
10	土地使用权证、产权证（若出租，须出具租赁合同）	
11	控股、参股公司的章程	

表 1－3　财务尽职调查所需资料清单

序号	资料名称	状态
1	最近1期和上年经审计的财务决算报告(PDF、Excel电子版)	
2	公司近3年的收入成本分项目毛利分析表(Excel电子版)	
3	公司最近1年内或1年前订立的、但尚未履行完毕的重要合同及关联交易的全部金额	
4	公司近3年的费用明细清单(管理费用、销售费用)	
5	最近1期公司应收账款明细及账龄分析表	
6	公司近1年借款及还款情况;质押、抵押和担保情况	
7	7－1　公司现用会计政策、需要缴纳的税种和费用、享受税收优惠政策及对应批准文件(包括完税证明和近2年实际纳税情况说明); 7－2　最近3年内公司是否存在被税务机关立案稽查处罚的情形,如有,详细解释并提供处罚凭证	
8	8－1　大客户占公司总销量的比重、大客户的相关情况; 8－2　当年及上年度销售金额的前10名	
9	9－1　公司经营所需的主要原材料种类及其他辅助材料(包括原材料的用途、所占需求比例等); 9－2　上述原材料主要供应商的采购及结算情况。当年及上年度供应商采购金额的前5名	
10	每年公司投入的研究开发费用及占公司营业收入的比例;新产品的开发周期,以及未来计划研发的新技术、新产品	

(二)执行:制度建立

通过尽职调查程序识别出企业的常发或潜在风险点后,为了实施精准的风险管理,企业应针对风险常发或影响较大的领域,如风险管理、采购管理、固定资产管理、合同管理及关联交易管理等,单独构建相应的合规管理体系。同时,企业应及时制定并发布合规管理制度,确保每项制度都针对具体问题,实现精准施策。

本书提供了企业合规制度建立清单(见图1－2),供融资租赁企业在构建和完善合规制度体系时参考。

企业合规制度建立清单

- 一、宏观层面合规管理体系框架搭建，明确合规基本架构、方针和程序
  - 1.组织架构框架搭建
    - a.明确企业现有职能架构
    - b.搭建合规组织架构
  - 2.三会一层的职能与权限（股东会、董事会、监事会、高级管理层）
    - a.明确管理者职能与权限
    - b.明确领导作用
    - c.提示管理层的职务风险
  - 3.合规义务清单（法律、行业监管、企业自身、客户等要求）
    - a.企业调研
    - b.法律、监管义务检索
    - c.出具合规义务清单
  - 4.合规风险评估报告
    - a.员工、管理者访谈
    - b.员工、管理者问卷调查
    - c.行业高发风险调研
    - d.企业调研
  - 5.企业合规管理计划与培训
    - a.制订员工行为准则
    - b.建立企业合规文化
    - c.制订合规基本方针
    - d.建立举报管理体系
    - e.制订企业年度合规计划
    - f.制订自查自纠管理计划
    - g.制订合规培训计划
  - 6.现有制度的合规管理有效性评价
    - a.合规体系评价计划
    - b.持续改进计划
- 二、微观层面企业各部门专项合规
  - 1.人力资源管理
    - a.招聘与录用环节管理办法
    - b.劳动合同管理、员工调岗及辞退管理办法
    - c.薪酬管理办法
    - d.考勤制度管理办法
  - 2.财务监管制度
    - a.预算管理办法
    - b.资金管理办法
    - c.税务管理办法
    - d.内部审计管理办法
    - e.固定资产管理办法
    - f.无形资产管理办法
    - g.印章管理办法
  - 3.业务流程管理（关注企业业务的合规性）
    - a.固定资产管理
    - b.无形资产管理
    - c.预算管理
    - d.业务宣传与品牌形象规章
    - e.采购流程规章（采购计划、采购过程、采购合同、验收）
  - 4.法律合规管理
    - a.合同管理规章
    - b.诉讼案件管理规章
    - c.非诉讼项目管理规章
    - d.税务管理
  - 5.信息化安全管理
    - a.电子数据管理
    - b.知识产权管理
- 三、特别关注
  - 1.反舞弊合规制度
    - a.反舞弊调查合规指引
    - b.刑事报案合规指引
  - 2.关联方交易管理：关联交易管理制度

图1－2　企业合规制度建立清单

（三）检查：效果评估

1. 合规制度的制定效果评估

评估合规制度的有效性，首要步骤是了解公司员工对该制度的认可度。尽管管理层或第三方专家已经制定了一套全面的合规政策，但这些政策在执行层面是否能被员工理解、明确并有效应用才是最关键的。员工对合规制度的真实评价和认可度，是判断其有效性的关键指标。此外，考虑到金融公司产品的多样性、监管体系的复杂性以及新业务的创新性，企业合规制度的制定应充分考量经济环境、市场需求、外部因素和业务方向等多方面的可执行性，以降低试错成本，确保合规制度发挥应有的效果。同时，合规制度应适用于所有员工及第三方，并要求第三方签署合规承诺书，以覆盖所有可能的企业交往对象。

2. 合规体系的运行效果评估

在评估合规体系的运行效果时，首先，要关注的是企业架构的合理性，特别是合规相关部门及成员能否在现有企业框架中发挥应有的作用。大型企业应设置多级合规部门和职位，如首席合规负责人、合规部门、专职合规负责人和兼职合规联络员等；中小型企业则可根据其规模和业务需求，适当简化合规组织架构，但应确保有专职、独立的员工负责合规制度的建设和修订工作。其次，要确保合规部门工作人员能够自主发表意见，并防止其工作内容与合规工作产生利益冲突，以保障合规工作的独立性和权威性。最后，通过审查合规部门及其成员的工作报告、工作记录和阶段性报告成果，对其履职效果进行综合评估。

3. 风险防范机制的运行效果评估

在评估风险防范机制的运行效果时，应重点关注企业风险评估工作的进展和实效。首先，审查企业定期提交的合规风险评估报告，评估其识别和应对合规风险的专业能力，包括合规部门如何收集风险信息、如何应对已识别的合规风险，以及对于新业务的风险评估流程。其次，关注企业在管理层、员工和第三方培训方面的投入和成效，包括培训的次数、预算、内容、案例介绍、测试组织以及培训后的反馈收集制度等。

4. 问题应对的运行效果评估

为评估企业对违规事件应对策略的有效性，可采用模拟测试法，在特定部门试点运行以检验其效果。评估标准包括现有制度是否能有效防止潜在的违规现象，以及在排除违规现象后企业的运营机制是否保持正常。根据试点运行的结果，收集反馈有效信息并进行必要的调整。

(四)改进:持续改进

持续改进是 ISO 37301 合规管理体系国际标准的核心原则之一,它强调合规并非可以一蹴而就的目标,需要企业对其合规管理体系进行持续审视、优化和完善,以应对不断变化的挑战和抓住新的发展机遇。此外,持续改进也鼓励企业在遵循法律、法规要求的基础上,进一步提高企业内部的合规标准,关注环境、社会责任、人文、道德和可持续发展等更高层面的要求,从而提升整体经营水平。在合规管理体系中实施持续改进,有助于确保企业实现长期稳健的发展。因此,企业在持续改进阶段可以参考以下建议。

1. 合规绩效反馈的信息收集

ISO 37301 建议企业设置关于合规绩效的反馈机制,对收集到的企业合规反馈信息进行分类及评估。笔者认为,企业可以建立一个信息收集文件,便于及时统计反馈信息和后期分析改进,类目可参考表 1 – 4。

表 1 – 4　合规绩效反馈信息分类

来源	部门	不合规描述	义务类别	指标	严重性
内部/外部/利益相关方	业务部门/财务部门/采购部门等	关联交易等	反腐败/反垄断/反洗钱等	按照公司合规要求	轻微/一般/严重

建议企业以绩效的形式制定、实施和保持一套合适的合规指标,以帮助企业评估各个部门实现合规目标的程度,如经过有效培训的雇员比例等。同时,可将某一年度的合规要求设置为员工关键绩效指标(Key Performance Indicators, KPI),如是否按时参加合规培训,是否通过合规考试,是否有违规情况等。

2. 制订合规报告

合规报告可大可小,既包括公司年度的合规管理报告、企业对外发布的企业年度合规总结,也包括专项合规报告、个人合规绩效总结报告、对突发事件的合规预警报告等,这些书面报告可以帮助企业总结问题,持续改进。合规报告无须过度关注形式,能准确、真实地反映企业合规状况即可。

同时,企业应当对每个年度合规报告的出具制订计划,如月度常规报告、某一重要项目的阶段性合规报表、部门合规报告、负责人合规报告等。

另外,合规报告尽量以已发生的事实及数据为例进行论证,还应当关注信息的保密制度。

法国反腐败机构(Agence Francaise Anti-Corruption)在评估企业合规健全性的

过程中,特别关注企业合规报告制度的有效性,合规案件查处的时效性、合理性以及相应处置的公正性,并将这些作为考核的核心要素。

3. 注重审计工作

企业可通过合规审计发现问题,进而实现持续改进。合规稽核是基于《中央企业合规管理办法》"合规管理三道防线"理论提出的,该理论明确了业务及职能部门(第一道防线),合规管理部门(第二道防线),以及稽核监察部门(第三道防线)的合规管理模式。以下简要介绍《中央企业合规管理办法》在"合规管理三道防线"方面对企业提出的指导性建议。

第一道防线是合规管理的核心。作为直接参与生产经营活动的"首发队员",业务部门不仅要承担创造企业发展价值的职责,更要守住合规红线的底线,当好"排头兵"。从《中央企业合规管理办法》中可以看出,业务部门和职能部门在合规管理中具有重要地位,需要履行自我预警、自我审查、自我报告、自我管理等职责,确保合规义务得到直接、丰富、严格的履行。

第二道防线是职能支持部门,通常是合规管理部门。合规管理部门的主要职责包括:组织制定合规管理的基本制度、具体制度、年度计划和工作报告;负责审查规章制度、经济合同和重大决策;组织开展合规风险识别、预警和应对处置工作;受理违规举报并调查处理;组织和协助业务、职能部门进行合规培训、信息化建设、提供咨询服务。在这一层面,合规管理部门应重点关注第一道防线的合规执行情况,通过检查、指导和支持业务部门工作等方式,确保合规管理工作无疏漏。

第三道防线是合规审计,由独立的监察、审计部门负责。合规审计是对企业生产经营管理活动及其相关资料是否合规进行的经济监督活动。审计部门应在其职权范围内实施监督,调查企业风险管理或合规要求的执行情况,并追究违规人员的责任。合规审计的目标是评估业务内容及管理模式的合法合规性,审计人员将从法律法规、行业标准、内部规章制度等方面审核企业是否符合要求,并指出存在的合规问题和法律风险。在审计过程中,金融类企业应特别关注融资业务合规性、反腐败和反贿赂、隐私和个人资料保护、反洗钱、利益冲突、消费者权益保护以及关联交易等方面。

在审计阶段,企业可以邀请专业的第三方机构(如法律、财务审计、咨询公司)参与,利用其专业知识和经验为企业提供法律、财务、税务、管理运营等方面的指导和支持,确保企业在日常运营中遵守法律法规和行业、地区的合规要求。

4. 建立举报机制

有效的合规举报制度是助力企业持续改进的关键环节,借助"吹哨人"机制,企业能够迅速察觉并解决在经营过程中出现的合规风险和实际问题。ISO 37301 国际标准以及《中央企业合规管理指引(试行)》均将企业拥有畅通的举报渠道列为管理要求的一部分。

笔者认为,企业在构建举报制度时,应主要关注以下几点:一是确保举报环境的安全与公正,鼓励员工积极举报不合规行为,同时保障举报员工不会受到打击报复;二是确保举报制度不被滥用,避免恶意举报对企业正常运营造成干扰;三是优化举报流程,确保举报信息的及时处理和反馈;四是加强举报制度的宣传和培训力度,提高员工的合规意识和举报意愿。通过这些措施,企业能够更有效地发现和处置经营管理中存在的不合规行为及相关合规风险。

(1)设置畅通的举报通道,简单且多元化的举报方式。企业可以设立由专人负责的举报热线、举报邮箱,并通过官网宣传外部人员举报通道,宣传管理层支持并鼓励员工对真实且不合规的事实进行举报的积极态度,同时管理层应当明确所有的举报信息将由专门部门在几日内(建议 3 ~ 5 日)回复确认,并在几周(建议 2 ~ 4 周)内向管理层及举报人反馈调查情况。同时建议企业在内部及外部发放举报登记表的撰写模板,明确告知简易的操作步骤。合规管理部门还应当对所有收集到的举报信息创建年度台账,注意严格保密,以便日后审核。企业还应当在内部宣传文件及外部官网上严肃说明诬告陷害的后果及法律责任,禁止伪造材料、隐瞒事实、弄虚作假等。恶意举报人应当承担公司及个人所有的直接和间接损失、承担全部法律责任、承担企业内部严格处罚的后果。

(2)保证举报人的安全。企业应注意保护善意举报人,并制定严密的保密措施。如要求信息收集部门签署严格的《保密协议》,关注内部举报人是否遭受报复,包括职务调换、降低薪资、负面评估、解雇、骚扰和威胁等,当外部举报人面临威胁时,协助举报人向相关监管部门反映事实,请求外部协助。

(3)建立举报奖励制度。企业举报奖励制度的建立,体现了企业在合规经营上的决心,也为企业的可持续发展增添了有力帮手。

5. 及时处理不合规行为

当企业发生不合规行为时,管理者可参考 ISO 37301 的“不合格、不合规及纠正措施”章节中的指导,及时作出处理。

第二章

融资租赁企业合规管理概述

融资租赁(financial lease),是目前国际上使用最普遍、最基本的一种融资手段和金融工具,公司可借此种融资方式达到融资目的。20世纪50年代初,租赁业在美国开始发展,随后在英国和日本也开始快速发展,以缓解中小企业在获得长期贷款方面的困境。在行业高速发展的同时,一些发达国家的租赁法律体系也在不断完善,政府在租赁市场的建设和行业的发展中扮演着重要的调节者角色,经常利用融资租赁业务来实施特定的经济政策,以促进经济的发展。① 在我国,伴随国内国际经济形势的不断变化和融资租赁行业的不断探索,在市场基础不断完善的过程中,监管对行业的合规要求也在日益增加。本章针对当前金融租赁公司业务流程中普遍存在的问题,从监管动向、合规管理等方面进行分析并提供相应应对措施,以期为金融租赁公司建立有效的合规制度提供思路。

第一节　我国融资租赁企业合规管理的发展历程

一、融资租赁企业的监管沿袭与变革

我国融资租赁企业的合规管理经历了从无到有、逐步探索的过程。其发展历程可以概括为四个阶段。

(一)初步发展阶段(1981～2004年)

1. 行业起步与法规初探

1981年,随着中国国际信托投资公司、北京机电设备公司和日本东方租赁公司共同创办中国东方租赁有限公司,我国融资租赁行业正式起步。这一时期,融资租赁作为一种新兴的融资方式,开始在国内市场崭露头角。然而,由于行业刚刚起步,相关的法律法规和监管政策尚不完善,融资租赁企业的合规管理处于初步探索阶段。

2. 监管体系初步形成

外商投资融资租赁企业由原对外贸易经济合作部审批,内资租赁公司则由原国内贸易部审批(国内贸易部被撤销后由原国家经济贸易委员会管理),而金融租

① 参见姜萍:《央企租赁公司发展策略及监管环境浅析》,载《冶金管理》2023年第14期。

赁公司则由原银监会监管。在此阶段，融资租赁行业的监管体系开始逐步形成。这种分头监管的格局在一定程度上促进了融资租赁行业的多元化发展，但也为后续的监管统一带来了挑战。

3. 法规建设逐步推进

随着融资租赁行业的不断发展，相关的法规建设也逐步推进。1999 年，原《中华人民共和国合同法》首次设立了融资租赁合同专章，为融资租赁业务提供了基本的法律框架。此后，2000 年《金融租赁公司管理办法》、2001 年《外商投资租赁公司审批管理暂行办法》（已废止）、2001 年《企业会计准则——租赁》等法规，为融资租赁企业的合规管理提供了重要的法律依据。

4. 合规管理意识初步觉醒

随着法规的逐步完善和监管力度的不断加强，企业逐渐认识到合规管理的重要性。一些企业开始建立内部合规管理制度，加强员工合规培训，提高合规意识。在此阶段，融资租赁企业的合规管理意识开始初步觉醒。然而，由于行业整体仍处于起步阶段，合规管理的水平和效果仍有待提高。

5. 行业风险与合规挑战

由于法规尚不完善、监管体系尚不健全以及市场经验不足等，一些企业存在违规经营、风险防控不力等问题。这些问题不仅损害了企业的自身利益，也影响了整个行业的健康发展。在此阶段，融资租赁行业也面临一定的风险和合规挑战。因此，加强合规管理、防范行业风险成为这一时期的重要任务。

综上所述，在初步发展阶段，我国融资租赁企业的合规管理经历了从无到有、逐步探索的过程。随着行业的不断发展和法规的逐步完善，企业的合规管理意识开始觉醒，但企业同时仍面临一定的风险和合规挑战。这一时期为融资租赁行业的后续发展奠定了重要基础。

（二）商务部监管阶段（2004～2018 年）

2004 年，商务部接管融资租赁行业监管职责后，陆续出台了一系列规范文件，对融资租赁企业的准入条件、经营规则等进行了详细规定。

1. 监管职责的确立与调整

2004 年，随着原国家经济贸易委员会和原对外贸易经济合作部有关融资租赁行业的管理职能划归商务部，商务部正式接手融资租赁行业的监管职责。同年 10 月，商务部和国家税务总局联合发布了《关于从事融资租赁业务有关问题的通知》（商建发〔2004〕560 号），明确了内资融资租赁试点企业的准入条件、申请材料、业务禁止范围、杠杆倍数等，为行业监管提供了政策依据。

这些规范性文件对融资租赁企业的设立、经营、监管等方面进行了全面规范，不仅细化了监管要求，还提高了行业的准入门槛和经营标准。商务部在监管过程中，注重对融资租赁企业的业务指导，并加强信息披露和风险防控等方面的监管，推动行业健康有序发展。

2. 行业发展的推动与规范

商务部监管时期，国家出台了一系列政策推动融资租赁行业发展。例如，允许融资租赁企业兼营与主营业务有关的商业保理业务，并在全国范围内推广这一改革事项。这些政策为融资租赁企业提供了更广阔的发展空间和市场机遇。

在此期间，国家还通过税收优惠政策等方式，鼓励融资租赁企业加大投入、拓展业务。这些政策措施有效降低了企业的运营成本，提高了企业的盈利能力。

随着监管政策的不断完善和实施，融资租赁行业的规范化程度不断提高。商务部通过加强对融资租赁企业的日常监管和风险防范，有效遏制了行业内的违法违规行为。

同时，商务部还推动融资租赁企业加强信息披露工作，提高信息透明度。这有助于投资者和公众更好地了解企业的经营状况和风险状况，为行业健康发展提供了有力保障。

3. 行业发展的特点与趋势

在商务部监管期间，融资租赁企业的数量快速增长。这得益于国家政策的支持和市场需求的不断扩大。大量新企业的涌入为行业注入了新的活力和动力。然而，随着企业数量的增加，市场竞争也日益激烈。部分企业在激烈的市场竞争中脱颖而出，成为行业内的领军企业；部分企业则因经营不善或违规操作等被淘汰出局。

在商务部监管期间，融资租赁企业不断探索新的业务模式和服务方式。例如，通过引入互联网、大数据等先进技术手段，提高业务处理效率和风险管理水平；通过拓展业务领域和客户群体，实现业务的多元化和差异化发展。融资租赁企业还积极服务实体经济，为中小企业提供融资支持和技术改造服务。这有助于推动产业升级和经济发展方式的转变。

综上所述，商务部监管时期的融资租赁行业在监管职责的确立与调整、行业发展的推动与规范等方面都取得了显著成效。这些成果为行业未来的健康发展奠定了坚实基础。

(三)原中国银行保险监督管理委员会统一监管阶段(2018~2023年10月)

在原中国银行保险监督管理委员会(以下简称银保监会)统一监管阶段,融资租赁行业进入了一个全新的发展阶段。在这一阶段,融资租赁行业的监管体系得到了进一步的完善和优化,为行业的健康有序发展提供了有力保障。

1. 监管职责的集中与统一

2018年,商务部将融资租赁企业的业务经营和监管职责划给原银保监会,融资租赁行业结束了长期以来的多头监管局面,实现了监管职责的集中与统一。这一变革有助于消除监管空白和重复监管的问题,提高监管效率、改善监管效果。原银保监会作为专业的金融监管机构,具备丰富的金融监管经验和资源,能够更好地履行对融资租赁行业的监管职责。

2. 监管政策的完善与细化

原银保监会统一监管后,针对融资租赁行业出台了一系列监管政策和规范性文件,如《融资租赁公司监督管理暂行办法》等。这些政策性文件不仅明确了融资租赁企业的业务范围、租赁物范围、禁止从事的业务或活动等基本要求,还加强了监管指标约束和风险防控要求。例如,对融资租赁企业的融资租赁和其他租赁资产比重、风险资产总额、固定收益类证券投资业务比例等进行了明确规定,引导融资租赁企业专注主业、加强合规经营。

3. 监管力度的加强与风险防控

原银保监会统一监管后,加大了对融资租赁行业的监管力度和风险防控力度。一方面,通过加强对融资租赁企业的日常监管和现场检查,及时发现和纠正违法违规行为;另一方面,建立健全风险预警和应急处置机制,有效防范和化解行业风险。此外,原银保监会还积极推动融资租赁企业加强内部管理和风险控制体系建设,提高风险防控能力和水平。

4. 行业发展的规范与引导

原银保监会统一监管后,注重加强对融资租赁行业发展的规范和引导。一方面,通过制定行业发展规划和政策措施,推动融资租赁行业向专业化、特色化、差异化方向发展;另一方面,加强对融资租赁企业的业务指导和培训,提高从业人员的专业素养和业务能力。同时,原银保监会还积极推动融资租赁企业服务实体经济、支持中小企业发展。

5. 市场环境的优化与竞争秩序的维护

原银保监会统一监管后,通过加强市场监管和竞争秩序维护,为融资租赁行业营造了良好的市场环境。一方面,加强对市场准入和退出的管理,防止低水平重复建设和无序竞争;另一方面,加强对市场行为的监管和约束,打击违法违规行为和不正当竞争行为。这些措施有助于维护市场的公平、公正和有序竞争秩序,促进融资租赁行业的健康发展。

综上所述,原银保监会统一监管阶段为融资租赁行业带来了诸多积极变化。通过集中与统一监管职责、完善与细化监管政策、加强监管力度与风险防控、规范与引导行业发展以及优化市场环境与维护竞争秩序等措施的实施,融资租赁行业正逐步走向健康有序的发展轨道。

(四)国家金融监督管理总局监管新时期(自 2023 年 11 月起)

自国家金融监督管理总局成立以来,其监管框架的进一步优化为金融市场注入了新的活力,特别是在金融租赁与融资租赁领域的监管策略上,展现了前所未有的力度与精度。这一时期,不仅明确了对金融租赁公司的直接监管职责,还通过一系列创新举措,促进了行业的健康转型与可持续发展。

1. 强化金融租赁公司监管,回归业务本源

非银机构监管司对金融租赁公司的监管力度显著增强,重点聚焦于租赁物适格性的严格审查,确保每笔业务都紧密围绕实体经济需求,有效地防止了金融租赁业务"空转"或"脱实向虚"。通过细化监管规则,鼓励金融租赁公司优化资产结构,加大对先进制造业、绿色能源、乡村振兴等重点领域的支持力度,引导其回归服务实体经济、促进产业升级的本源。

2. 融资租赁行业整合升级,非法金融活动严打不贷

融资租赁企业等金融组织在打击非法金融活动局的统一监管下,经历了一场深刻的清理整顿。该局不仅建立健全了非法金融活动的监测预警体系,还拓宽了公众举报渠道,提高了违法违规行为的发现与处置效率。针对融资租赁行业中存在的虚假宣传、非法集资、高利贷等乱象,监管机构实施了精准打击,有效地净化了市场环境。同时,通过制定更为科学合理的监管制度,鼓励融资租赁企业转型升级,向专业化、特色化方向发展,提升行业整体竞争力。

3. 加强跨部门协作,提升监管效能

国家金融监督管理总局在强化金融租赁与融资租赁行业监管的同时,还注重加强与中国人民银行、证监会等相关部门的沟通协调,建立健全跨部门信息共享与协作机制。这种机制的建立,有助于及时发现并有效应对跨市场、跨行业的金融风险,为行业稳定发展提供了坚实的制度保障。此外,国家金融监督管理总局还积极

引导地方金融监管部门提升专业能力,增加基层监管力量,确保监管政策能够精准落地,取得实效。

4. 推动行业文化建设,增强自律意识

在加强监管的同时,国家金融监督管理总局还注重引导金融租赁与融资租赁行业加强文化建设,倡导诚信经营、合规发展的行业风尚。通过组织培训、交流研讨等形式,提升从业人员的专业素养与合规意识,推动行业形成自我约束、自我规范的良好氛围。此外,还鼓励行业协会等自律组织发挥积极作用,制定行业准则,加强行业自律管理,共同维护行业的健康稳定发展。

国家金融监督管理总局在新时期的监管工作中,以更加精准有力的措施,推动了金融租赁与融资租赁行业的规范发展,为构建更加安全、高效、开放的金融市场环境奠定了坚实基础。

二、融资租赁企业规范化的重要性

当代企业发展需要建立科学合理、完备的内控体系。企业能否实现战略目标,不仅取决于内部控制制度能否有效执行,更重要的是能否维护良好的信誉和形象。企业的各项规章制度应结合外部环境变化及自身实际情况,及时、有体系、有连贯性地进行修订,以确保公司内部控制规则体系的一致性、整体性。

具体而言,内部控制制度对融资租赁企业发展的意义表现为以下几个方面。①

(一)有效保障融资租赁企业经营目标的实现

融资租赁企业在发展过程中,为了实现经营目标、创造最大价值,会结合市场外部情况制定相应的发展战略。完善的内控制度是实现这些目标的关键。为确保融资租赁企业经营目标的顺利实现,实施有效的内控制度是基础。在企业的发展过程中,各个环节的有序进行至关重要,任何环节的失误都可能影响企业的发展方向。完善的内控制度能够确保及时发现并纠正存在的问题,保证整体经营战略目标的实现,促进企业长远发展。

(二)确保融资租赁企业内部的财务信息资料准确

随着市场竞争的加剧,提升企业内部财务管理水平变得尤为重要。内控制度的建设是优化财务管理工作的关键。完善的内部控制体系能够确保融资租赁企业

① 参见徐小敏:《融资租赁企业内部控制建设关键点探索》,载《财会学习》2022 年第 4 期。

内部的财务信息资料更加准确和完整。良好的财务环境能够使财务管理人员规范自身行为。同时,内控制度的建设还能使财务管理人员接受有效监督,防止贪污腐败等事件的发生。

(三)保障融资租赁企业内部的战略规划正常执行

在经济水平全面提升的背景下,融资租赁企业应结合实际情况,严格按照国家相关要求,制定符合自身发展的战略规划。通过内部控制体系,对企业内部各项控制活动和项目进行有效监督,确保企业能够认真贯彻执行总体战略规划,使各项工作在企业内部有序进行。

第二节　融资租赁企业合规管理的主要内容

融资租赁企业合规管理是一个系统性战略工程。企业结合实际情况,制定符合自身发展战略的合规管理的关键性内容包括:金融监管合规管理、反洗钱合规管理、反舞弊合规管理、数据合规和数字保护、刑事风险防范。

一、融资租赁企业的金融监管合规

融资租赁企业的金融监管合规是融资租赁企业在其运营过程中必须严格遵守的法律法规和监管规定的总和。作为一种重要的金融工具和融资手段,融资租赁业务不仅关乎公司的稳健运营,还直接影响金融市场的稳定和投资者的利益。因此,融资租赁企业必须高度关注业务合规,确保所有业务活动在法律框架内进行。

金融监管部门对融资租赁企业的监管主要通过非现场检查、现场检查和监管评级等方式进行。非现场检查包括报表数据报送、经营管理等内外部信息的采集与核查,以及风险监测与评估。现场检查则是对公司实际运营情况进行深入考察,确保业务合规。同时,监管部门还会根据监管评级结果,对不同级别的融资租赁企业采取不同力度的监管措施。

在监管要求方面,融资租赁企业需要满足一系列财务和风险管理指标,如杠杆率、财务杠杆倍数、拨备覆盖率等。此外,公司还需建立完善的治理结构,明确各治理主体的职责边界和履职要求,确保权力合理分配和法人治理结构的透明公正。在业务开展过程中,融资租赁企业还需遵循特定的业务流程,如项目推荐、合同签订、租赁物管理等,确保每一步都符合监管要求。

二、融资租赁企业的反洗钱合规

融资租赁企业作为一类重要的金融组织,已被明确纳入反洗钱义务主体范畴。这不仅是因为国际反洗钱体系对全球金融机构及非金融机构提出了严格的要求,而且是国内金融监管趋势的必然结果。自2003年起,中国人民银行即开始布局反洗钱工作,并通过一系列法规明确了金融机构的反洗钱义务。到2020年,《融资租赁公司监督管理暂行办法》的发布,更是将融资租赁企业纳入与银行类金融机构相同的监管体系,强调了其反洗钱义务。此外,随着《中华人民共和国反洗钱法》(以下简称《反洗钱法》)的修订和完善,对洗钱行为的定义和打击力度不断扩大,所有金融机构及非金融机构必须履行反洗钱义务,以防范和遏制相关违法犯罪行为。

融资租赁企业的反洗钱监管主要包括以下几个方面:

一是制度建设。融资租赁企业需建立健全反洗钱内部控制制度,包括设立专门的反洗钱部门或指定内设部门负责反洗钱工作,制定反洗钱内部操作规程和控制措施,并定期对员工进行反洗钱培训。这些制度要确保公司能够全面覆盖洗钱风险,从管理架构、管理策略到管理计划等方面均要有明确的安排。

二是风险评估。融资租赁企业应建立洗钱风险自评估制度,对自身的洗钱风险进行全面、客观、准确的评估。评估需涵盖公司全部经营地域、客户群体、产品经营及交易渠道,以识别并应对潜在的洗钱风险。

三是客户身份识别与交易监测。按照反洗钱法律法规的要求,融资租赁企业需建立完善客户身份识别制度和交易记录保存制度。在业务开展过程中,需对客户进行充分的尽职调查,了解客户的身份信息、资金来源及交易背景,并对大额交易和可疑交易进行监测和报告。

四是监管合作与信息交流。融资租赁企业需与中国人民银行等金融监管机构保持密切合作,及时报告反洗钱工作情况和可疑交易信息。同时,还需加强与其他金融机构和国际组织的交流与合作,共同打击跨国洗钱犯罪活动。

融资租赁企业关注反洗钱合规不仅是法律法规的强制要求,也是公司稳健经营和可持续发展的必要保障。通过建立健全反洗钱合规制度体系、加强风险评估与监测、提升员工意识和应对能力等措施,融资租赁企业可以有效履行反洗钱义务并防范洗钱风险。

三、融资租赁企业的反舞弊合规

融资租赁企业作为金融行业的重要组成部分,业务涉及巨额资金流动和复杂的财务交易。因此,舞弊行为对公司、投资人及市场均构成重大风险。舞弊行为不仅可能导致直接的经济损失,如资产侵占、虚假财务报告等,还可能严重损害公司的信誉和形象,影响公司的长远发展。此外,随着法律法规的不断完善,对于舞弊行为的打击力度也在不断加强,一旦被发现,公司将面临严厉的法律制裁和经济处罚。因此,融资租赁企业必须高度关注反舞弊合规,建立健全的内部控制和合规管理体系,以防范和减少舞弊行为的发生。

在融资租赁企业的反舞弊合规监管方面,国内主要通过法律法规和监管政策来实施。具体而言,国家金融监督管理总局、原银保监会等监管机构发布了一系列规范性文件,如《关于促进金融租赁公司规范经营和合规管理的通知》《融资租赁公司监督管理暂行办法》等,对融资租赁企业的治理结构、内部控制、风险管理等方面提出了明确要求。这些文件不仅要求公司建立健全内部控制制度,还明确了监管部门的职责和监管手段,如非现场监管、现场检查、行政处罚等。通过这些方式,监管部门能够全面了解和掌握融资租赁企业的运营状况,及时发现和纠正违法违规行为。

融资租赁企业高度关注反舞弊合规,是出于对自身利益、投资人利益及市场秩序的维护。通过完善治理结构、建立健全内部控制制度、加强风险管理和推动合规文化建设等措施,公司能够有效提升反舞弊合规管理水平,降低舞弊行为发生的风险。同时,监管部门也将继续加强监管力度和监管要求,确保融资租赁企业合规稳健运营。

四、融资租赁企业的数据合规和数字保护

在数字化时代,数据已成为融资租赁企业的核心资产。数据保护与安全合规是数字合规管理的首要任务。企业应建立完善的数据保护机制,确保客户信息、交易数据、财务数据等敏感信息的保密性、完整性和可用性。这包括采取数据加密、访问控制、安全审计等技术手段,以及制定严格的数据管理政策和操作流程。同时,企业还需关注与数据安全、隐私保护相关的法律法规,如《中华人民共和国个人信息保护法》(以下简称《个人信息保护法》)、《中华人民共和国网络安全法》(以下简称《网络安全法》)等,确保自身业务活动符合法律法规要求,避免数据泄露、滥用等风险。

技术系统是融资租赁企业数字化运营的基础设施,其合规性直接影响企业的业务安全和合规效率。企业应建立符合监管要求的技术系统,确保系统的稳定性、可靠性和安全性。在系统设计和实施过程中,应充分考虑监管机构的各项要求,如

信息系统安全管理、反洗钱和反恐怖融资系统建设等。此外,企业还需制定详细的技术操作规程,规范员工的技术操作行为,防止操作不当导致的合规风险。同时,企业还需建立应急响应机制,以应对技术系统故障、数据泄露等突发事件,确保业务连续性和客户资金安全。

融资租赁企业的业务流程和交易环节复杂多样,涉及多方利益主体和多个法律法规领域。因此,优化业务流程与加强交易合规管理是数字合规管理的关键所在。企业应通过数字化手段优化业务流程,提高业务透明度和效率,降低操作成本和风险。在业务流程设计和交易执行过程中,应充分考虑相关法律法规的要求,如融资租赁合同管理、租金支付管理、租赁物管理等。此外,企业还需建立完善的交易监控系统,对交易过程中的异常情况进行实时监控和预警,防止交易欺诈、洗钱等违法行为的发生。同时,企业还需加强与客户、供应商等合作方的沟通与协作,共同维护交易的真实性和合法性。

五、融资租赁企业的刑事风险防范

在融资租赁行业中,除常见的行政监管合规风险外,刑事风险同样不容忽视。刑事风险,主要是指融资租赁公司在经营过程中,因违反国家刑事法律法规而可能面临的刑事责任。这类风险往往涉及更为严重的违法行为,可能导致公司及其高级管理人员被追究刑事责任,进而对公司的声誉、经营以及未来发展造成致命打击。

融资租赁企业可能面临的刑事风险主要有以下方面:

首先,是欺诈类犯罪。融资租赁业务涉及大量资金流转和复杂交易结构,为不法分子提供了可乘之机。若公司高级管理人员或员工利用职务之便,以虚构融资租赁项目、伪造交易文件或虚构承租人等方式,骗取公司资金或第三方投资,则可能触犯诈骗罪、合同诈骗罪等罪名。此外,若公司明知承租人提供虚假信息仍进行交易,也可能构成诈骗罪的共犯。

其次,是非法集资类犯罪。近年来,一些融资租赁公司打着“金融创新”的旗号,变相吸收公众存款或非法发行证券,进行资金池运作。这种行为不仅违反了金融监管规定,还可能触犯非法吸收公众存款罪、集资诈骗罪等严重刑事犯罪。一旦资金链断裂,将引发大规模的社会稳定问题,对公司和投资者造成巨大损失。

再次,是洗钱类犯罪。融资租赁业务中的资金流动频繁且数额巨大,容易被犯罪分子利用作为洗钱渠道。若公司未建立有效的反洗钱机制,未对客户进行充分的尽职调查,或对可疑交易未采取必要的监控和报告措施,则可能触犯洗钱罪等相关罪名。这不仅会导致公司受到法律制裁,还可能对公司的声誉和客户关系造成长期负面影响。

最后,融资租赁公司还可能违反税收法律法规、环境保护法律法规,这些风险虽然不如前述几种常见,但同样不容忽视。

第三章

融资租赁企业金融监管合规管理

第一节　融资租赁企业金融监管概述

一、融资租赁企业金融监管的目标

融资租赁企业金融监管的目标，即融资租赁企业金融监管的具体方向，主要是确保融资租赁行业的稳健运行，保护投资者和消费者的合法权益，进而维护金融市场的稳定和健康发展。融资租赁企业金融监管的目标包括一般目标和具体目标，一般目标和具体目标紧密连接，共同构成了保障融资租赁行业稳健运行、维护市场秩序和保护各方利益的重要框架。

融资租赁企业金融监管的一般目标是促进金融市场的稳定与安全，系整个金融体系健康运作的基石。通过实施有效的监管措施，能够有效防范和化解潜在的金融风险，确保融资租赁业务不会对整体经济造成不利影响。同时，还能有效保护投资者和消费者的合法权益，建立健全的投资者保护制度，提升市场透明度和公平性，增强公众对融资租赁市场的信心。

融资租赁企业金融监管的具体目标则更加细化和具有针对性。首先，监管应当加强构筑物作为租赁物的适格性监管，防止地方政府利用融资租赁渠道违规融资，新增地方政府隐性债务。其次，禁止开展非设备类售后回租业务，防止此类业务异化为抵押贷款业务，维护金融市场的公平竞争环境。再次，保护个人消费者权益，融资租赁往往涉及大额资金和长期合同，监管需确保合同条款的透明度和合理性，防止欺诈和误导个人消费者，保障消费者在融资租赁交易中的知情权和公平交易权。最后，具体的监管目标应当注重推动行业创新与升级：在风险可控的前提下，鼓励融资租赁公司进行技术创新和服务模式创新，提升行业服务效率和质量，进而促进传统产业的转型升级，进一步支持实体经济发展。

融资租赁企业金融监管的一般目标是维护金融市场稳定、保护投资者权益，而具体目标则侧重于防控风险、促进公平竞争和提升行业信用，两者系相辅相成关系，共同推动融资租赁行业的健康、可持续发展。

二、融资租赁企业金融监管的原则

融资租赁企业金融监管的原则是确保融资租赁行业健康、稳定和可持续发展的基础，涉及多个方面，旨在保障市场的公平性、透明度和安全性。

（一）依法监管原则

依法监管是融资租赁企业金融监管最为基本的原则。依法监管，是指融资租赁企业金融监管所有监管活动都必须严格依据相关法律法规进行，确保监管行为的合法性和权威性。监管机构应参照既有的融资租赁行业的法律法规体系，为融资租赁业务提供明确的法律指导，确保市场参与者在法律法规规定范围内开展业务。

（二）合理监管原则

合理监管要求监管机构在制定和执行监管政策时，必须从市场的实际情况出发。监管措施应合理适度，既要有效控制风险，又要避免过度干预市场，保持市场的活力和效率。监管机构应平衡好监管与创新之间的关系，鼓励融资租赁公司进行技术创新和服务模式创新。鼓励融资租赁公司突出其特色，回归融资与融物相结合的经营模式，支持传统产业改造升级和战略性新兴产业发展。

（三）风险为本原则

风险为本原则是融资租赁企业金融监管的核心。监管机构应全面、客观、准确地评估融资租赁公司的风险状况，包括信用风险、市场风险、操作风险等，并持续监测和评估这些风险的变化。同时，监管机构应督促融资租赁公司提升风险防控能力，建立健全的风险管理体系，增加风险识别种类，优化融资租赁公司的风险管理体系。如现行监管政策要求融资租赁企业坚守本源发展，严控房地产租赁业务，防止“跷跷板”效应，确保企业按监管计划逐步完成压降目标。此外，通过规范融资租赁公司的业务模式和租赁物管理审查规则，确保租赁物权属清晰，具有特定化、可处置性、经济价值，并能够产生使用收益，从而有效控制和降低融资租赁公司的经营风险。

（四）特定监管原则

针对融资租赁业务的特殊性，监管机构应实施特定监管，包括对金融性租赁业务及从业资格的特定监管，以及对非金融性租赁业务的差异化监管。通过特定监管，可以有效防控融资租赁业务中的特定风险，保障市场的稳健运行。例如，针对行业“空壳”“失联”企业较多等问题，监管机构提出了清理规范要求，指导地方稳妥实施分类处置措施。

(五)法人监管原则

法人监管原则要求监管机构加强对融资租赁公司法人机构的监管。这包括对公司的治理结构、内部控制、业务发展、公司合规等方面进行全面监管,确保公司合法、规范地开展业务。同时,监管机构还应建立健全的法人监管机制,明确监管责任和监管措施。现行金融监管部门要求融资租赁公司应当建立健全内控和合规管理机制,提升融资租赁公司服务实体经济的专业能力。

(六)联动监管原则

联动监管原则强调监管机构之间的协作与配合。在融资租赁企业金融监管中,监管机构不同职能部门应加强信息共享和沟通协作,形成监管合力。通过联动监管,可以有效提高监管的有效性和震慑力,共同维护融资租赁市场的稳定和健康发展。通过完善多方会谈机制,逐步加速构建稳定的金融生态环境,同时应当注意加强多部门的金融反腐合作,形成有效的监管合力。

为此,融资租赁企业金融监管的原则是一个多维度、全方位、密切联系的体系。这些多维度的原则共同构成了融资租赁企业金融监管的基石,保障了融资租赁行业的合法性和规范性,促进市场的公平、透明和安全发展。

三、融资租赁企业金融监管的方式

根据现行监管体系,金融租赁监管部门和融资租赁监管部门主要通过非现场检查、现场检查和监管评级进行监管。

(一)非现场检查

非现场检查主要表现为融资租赁企业向监管机构提供报表数据、经营管理等内外部信息。监管机构对信息进行交叉比对和分析处理后,可对融资租赁企业作出经营评价和风险预警,甚至可采取进一步措施。非现场检查主要包括开展信息采集与核查、风险监测与评估、信息报送与运用、监管措施落实四个阶段的非现场检查工作。监管机构将重点关注融资租赁企业在公司治理状况、内部控制状况及风险管理能力等方面的外部经营环境变化情况,以及资产质量、变现能力等指标的变动情况。监管机构通过非现场检查,可以全面了解融资租赁企业的经营状况和风险状况,对于监管过程中发现的监管指标异常变化,可以采取风险提示、约谈、现场走访、要求整改等具体措施。一些严重违反监管指标的公司,也可能被金融租赁监管机构处以罚款。

(二)现场检查

现场检查主要由监管机构工作人员或受监管机构委托的独立第三方,就有关检查事项向融资租赁企业或个人提出询问,要求其解释说明、配合调查,并进入融资租赁企业实际场所进行现场检查的一种制度。现场检查还涉及对融资租赁企业的信息系统进行审查,查阅或复制相关文件(对可能被毁损的文件资料予以提前登记保存),并最终生成现场检查报告。在非现场检查中发现问题的可疑企业会被要求进行现场检查,另外金融监管部门还可能对被监管企业进行抽查或全面的现场检查。和非现场检查一样,发现监管指标异常变动等情况,监管部门可以采取风险提示、约谈、要求整改等措施。

(三)监管评级

金融租赁监管部门对金融租赁公司进行监管评级,评级要素主要包含以下内容:公司治理、资本管理、风险管理、专业能力、信息科技管理五个部分。其中各个要素占比如下:公司治理(20%)、资本管理(15%)、风险管理(30%)、专业能力(25%)、信息科技管理(10%)。监管评级和金融租赁公司等级分为1级、2级(A级,B级)、3级(A级,B级)、4级、5级,一共5个级别7个档次。越大的级数说明评级越差,越容易受到监管部门注意。

对于监管评级,可根据以下标准进行分类:得分在90分及以上的为1级;70分及以上但不高于90分的为2级,其中80分及以上但不高于90分的为2A等级,70分及以上但不高于80分的为2B等级;50分及以上但不高于70分的为3级,其中60分及以上但不高于70分的为3A等级,50分及以上但不高于60分的为3B等级;40分及以上但不高于50分的为4级;40分以下的为5级。对于监管评级,需要视具体情况决定是否进行降级处理,如金融租赁公司发生重大刑事案件、财务造假、被行政处罚或被采取监管强制措施,应当根据具体的情形确定是否采取下调措施,且最终的监管评级结果不高于2级。如果企业不能正常运营,导致严重的信用危机,债权人利益和金融秩序的稳定受到严重影响,监管评级结果应该是5级。

在监管评级看重的要素上,融资租赁监管部门并没有统一的标准,以天津地区为例,主要有内部控制与风险管理、业务运行与财务情况、经营合规与信用管理、调整项目、禁止项目五个部分;上海地区的监管评级则分为法人治理情况、业务运行情况、内控管理情况、配合监管情况、合规经营情况和风险暴露情况几个方面。监管评级一般分为A级、B级、C级、D级、E级等几个等级。融资租赁监管部门通常还会规定,不得评为A级、不得评为B级以及直接评为E级的各类情况。如天津融资租赁监管部门规定,如果融资租赁公司存在禁止项目,监管评级将不得高于D级或者直接评为E级。

第二节 融资租赁监管的法律后果

融资租赁监管的法律后果,是指金融租赁监管部门在对融资租赁企业实施监管的过程中,对违反金融监管规定的行为进行处罚或制裁所产生的一系列法律效果。

一、风险提示、约谈、现场检查

对于在非现场检查中发现的比较轻微的违规行为,监管部门通常采用提示的方式处理。如果情况较为严重,可能导致监管部门约谈乃至监管部门进行上门走访和现场检查。

二、整改

在非现场检查的过程中,若发现的问题较为严重,且具有持续性,如融资租赁公司向地方金融资产交易所募资,则融资租赁监管部门会要求融资租赁公司进行整改,通常监管部门会给融资租赁公司一个期限,在期限内将不合规的业务或者融资清退完毕。

三、分类监管

金融租赁监管部门根据监管评级的结果,会针对金融租赁公司的具体情况采取不同力度的监管措施。

针对评级为1级的金融租赁公司,主要采取非现场监管的方式,在创新业务试点等方面给予必要支持的同时,定期监测各项监管指标和业务数据,视情况开展现场检查。

针对评级为2级的金融租赁公司,为获取最新的业务状况,将通过走访、谈话、调研等方式,加强日常非现场监管分析,并保持一定的现场检查频率。对公司经营管理中出现的风险和问题,及时发现并督促风险管理和内控工作不断改进。

针对评级为3级的金融租赁公司,高度关注其存在的薄弱环节,必要时可约谈董事会成员及高级管理人员。督促公司在符合法律规定的前提下,采取行动改善经营管理,积极化解风险,对经营活动实行必要的限制措施。加强持续高度监管,确保全面及时掌握公司风险、问题和变化趋势。

针对评级为4级的金融租赁公司,应当注意全面、及时掌握公司风险及问题情况,对变化趋势给予高度、持续监管关注。监管评级为4级的金融租赁公司应被列为现场检查重点对象,制订有针对性的现场检查计划,提高与董事会和高级管理层的监管会谈频率,对一些经营中遇到的风险,要求其立即采取措施改善经营状况降低风险水平,区别性地根据情形依法采取责令暂停部分业务,限制分配红利和其他收入,责令调整董事、高级管理人员或限制其权利,责令控股股东转让股权或者限制有关股东的权利等措施。

针对评级为5级的金融租赁公司,要制定应急处置预案,条件成立时,及时组织实施。已经无法采取措施进行救助的,依法启动市场退出机制。

四、行政处罚

在融资租赁行业中,较为常见的合规风险是行政处罚的合规风险,即通常意义上的融资租赁公司违反监管规定而面临的行政处罚。经过对融资租赁公司被处罚的具体案件的分析与对比,可以发现融资租赁公司受到行政处罚主要有以下几个方面的原因:

1. 违反审慎经营规则。如原北京银监局于2017年5月4日公布的“北银金融租赁有限责任公司行政处罚决定书”(京银监罚字〔2017〕13号),原北京银监局认定北银金融租赁有限责任公司违反审慎经营规则,依据2014年《金融租赁公司管理办法》第58条[现变更为《金融租赁公司管理办法》(2024年)第83条]、《中华人民共和国银行业监督管理法》(以下简称《银行业监督管理法》)第46条的规定,对当事人北银金融租赁有限责任公司作出责令改正的行政处罚,并罚款人民币40万元。

2. 未明示服务费标准及违规搭售。如原银保监会于2018年4月19日以银监罚〔2018〕4号对兴业金融租赁有限责任公司作出处罚,指出其两项违规事实:一是未制定明确的服务收费标准并予以公示;二是办理金融租赁业务时搭售金融产品。原银保监会根据《关于整治银行业金融机构不规范经营的通知》第1条、第2条,《银行业监督管理法》第21条、第46条的规定,给予兴业金融租赁有限责任公司110万元罚款的行政处罚。

3. 违规向平台公司进行融资。如“山东汇通金融租赁有限公司行政处罚决定书”(鲁银监罚字〔2017〕15 号)由原山东银监局下发:因违规向平台公司提供融资,山东汇通金融租赁有限公司被处以 20 万元罚款。2010 年 6 月 10 日,国务院印发《关于加强地方政府融资平台公司管理有关问题的通知》(国发〔2010〕19 号),对只承担公益性项目融资任务且主要依靠财政性资金偿还债务的融资平台公司进行清理。故该公司违规向平台公司进行融资,不被监管机构认可,而受到处罚。

第三节 我国融资租赁企业的金融监管合规要求

虽然我国金融监管制度在不断完善,但现阶段我国融资租赁行业在实践中仍面临较多疑难问题,这些问题有待研究与解决,为此笔者选取了以下几个较为典型的方面进行分析。

一、融资租赁企业治理和内控管理要求

(一)金融租赁公司治理和内控管理要求

1. 加强党的领导。国有资本占主体的公司应当将党的领导融入公司治理各个环节,把党委研究讨论作为决策重大经营管理事项的前置程序。依法设立党组织机构,发挥党组织在政治上的核心作用,民营企业或其他社会资本为主体的公司可以更加注重党组织的作用。为此,金融租赁公司应当严格把控公司治理和内控管理的核心要求,加强党的领导。

在金融租赁公司治理中,加强党的领导能够确保公司始终沿着正确的方向发展,以高效合理的金融资源配置,强化全局观念、系统思维、前瞻意识,促进经济的优质发展。坚持“党委领导,董事会决策,经营班子落实”的治理机制建立金融租赁公司。为此,党委在公司治理中要起模范带头作用,保证公司各项决策与党的路线、方针、政策和国家的法律法规相一致。同时,董事会作为公司的决策机构,应当充分发挥其战略决策作用,而管理层则负责执行落实董事会的决策。金融租赁公司最终要建立起完善的“三道防线”,加强内控风险制度的构建,确保业务部门的主体责任、合规管理部门的管理责任、内审部门的监管义务等都得到有效的落实。此外,金融租赁公司还应当加强股东股权管理,确保股东依法依规行使权利,防止大股东和董事的不当干预。

总体而言,金融租赁公司在治理和内控管理方面加强党的领导,有助于确保公司的合规经营和稳健发展,为经济高质量发展贡献金融力量。

2. 做好股东义务管理。董事长作为首要责任人,主要责任是做好股东义务管理。股东义务主要包括以下几个方面:

一是股东必须以来源合法的自有资金入股,除非法律法规或监管规定另有要求,否则不得使用委托资金或借入资金等非自有资金入股。

二是股东持股比例、机构持股数量等方面需达到监管的要求。持有金融租赁公司股份的股东,不能委托他人持股,也不能接受他人委托持股。

三是股东如实向金融租赁公司披露自身的经营状况、财务信息、股权结构、资金来源、控股股东、实际控制人、关联方、一致行动人、最终受益人,以及在其他金融机构的出资情况等。

四是对于重要变动情形,相关股东应立即向金融租赁公司提交书面通知,如控股股东、实际控制人、关联方、一致行动人、最终受益人变更;公司合并、分立,或进入解散、清算、破产程序时,可能被采取责令停业整顿、指定托管、接管、撤销等措施。股东必须遵守法律法规和监管要求,及时书面通知法定代表人、公司名称、经营场所、经营范围或公司其他重要事项的变更情况。

五是股东所持金融租赁公司股份,若涉及诉讼、仲裁,被司法机关采取强制措施,被质押或解押等,需及时以书面形式将有关情况告知金融租赁公司,并严格按照法律法规和监管规定处理有关事项。

六是股东与金融租赁公司发生关联交易,必须符合有关法律法规和监管规定,在不损害其他股东和金融租赁公司利益的情况下进行。

七是股东及其控股股东、实际控制人不得滥用股东权利或者利用关联关系,损害金融租赁公司、其他股东及利益相关者的合法权益,不得干预董事会、高级管理层根据公司章程享有的决策权和管理权,不得越过董事会、高级管理层直接干预金融租赁公司经营管理。

八是如果金融租赁公司出现重大案件、风险事件或严重违规行为,股东需要协助监管机构调查和处置风险。

九是主要股东自取得股权之日起 5 年内不得转让所持有的股权,经国家金融监督管理总局批准采取风险处置措施、责令转让、涉及司法强制执行或者在同一出资人控制的不同主体间转让股权等情形除外。

十是主要股东需承诺不对其所持金融租赁公司股权进行质押、设立信托。

3. 完善公司治理结构。金融租赁公司应当建立包括股东会、董事会、高级管理人员在内的公司治理结构,需要依据法律法规和监管条例,明确各治理主体的职责边界和履职要求。不断强化风险管理,建立持续提升公司治理水平的监督与激励机制。

具体而言，首先，金融租赁公司应当按照需要设立董事会、监事会、高级管理团队以及内部审计与风险控制等部门。董事会是公司治理结构的核心，主要职责包含战略决策、风险管理、财务管理、人事任免、公告内部管理，以及股东关系管理；监事会对董事会的行为负有监督责任，对股东权益负有保护责任；高级管理团队承担日常经营管理的具体工作；内部审计与风险控制部门则负责审查和控制公司的内部业务，以保证公司运作的合规性和风险控制的有效性。其次，完善决策机制用以保证公司的长期利益和可持续发展。金融租赁公司要建立完善的决策程序，保证公平、合法地决策。同时，金融租赁公司的决策应遵循民主协商原则，根据公司整体利益进行权衡。董事会作为最高决策机构，应明确决策事项的权限和程序，遵循多数原则进行表决。公司还应设立独立的审议和决策机构，制定决策流程和相关程序，加强内外部沟通和合作，确保决策的科学性和合理性。

4. 健全内控管理制度。金融租赁公司应当建立健全内部控制制度，按照全面、审慎、有效、独立的原则，持续开展防范、控制、化解风险的内控监督、评价和整改工作，强化对专业化子公司的并表管理，确保公司安全稳健经营。金融租赁公司还应在内控系统中明确，以下事项需要与国家金融监督管理总局或其派出机构沟通并得到肯定答复后方可进行：一是变更名称；二是变更组织形式；三是调整业务范围；四是变更注册资本；五是变更股权或调整股权结构；六是修改章程；七是变更公司住所；八是更换董事、高级管理人员；九是合并或分立。

5. 完善信息管理系统监管规则。金融租赁公司信息管理系统监管规则是公司为确保信息系统安全、稳定、可靠而制定，是为公司长远发展提供有力保障而必须高度重视并认真执行的一项十分重要的制度。金融租赁公司要确保及时准确记录经营管理信息，建立覆盖全部业务和流程的信息系统，加强系统控制功能建设。金融租赁公司在填写信息时，应做到信息真实完整，连续准确，可追溯。

金融租赁公司信息管理系统监管的合规构建，可以参照以下几个方面：一是金融租赁公司必须建立和完善信息系统，信息系统应覆盖所有业务和所有流程。信息系统既要加强对业务和管理活动的系统控制功能，又要做到信息真实完整、连续准确、可追溯，及时准确地记录经营管理信息。二是为了保障信息系统的安全性和稳定性，金融租赁公司还得采取一系列的技术和管理措施。如针对黑客攻击、数据外泄等加强网络安全防护；完善资料加密和备份机制，做到资料齐全有备份。三是金融租赁公司还需建立年度信息披露管理制度，编写年度信息披露报告，将机构基本情况、财务会计报告以及风险管理信息等相关内容通过官方网站等途径向社会公众公布。以上制度的有效建立,能够让投资者和监管者更多地了解公司的运作和风险状况,从而在决策上做到胸中有数。

6. 完善信息披露制度。金融租赁公司机构基本信息、财务会计报告、风险管理信息、公司治理信息、消费者咨询投诉渠道信息以及重大事项,应当在每年 4 月 30 日前通过官方网站等途径向社会公众公开。金融租赁公司需要制定信息披露的年度管理制度,并对信息披露情况进行年度报告撰写。建设官方网站并遵守监管规定公开相关信息,是金融租赁公司信息披露制度合规内容应当关注的重点内容。

具体而言,金融租赁公司的信息披露制度通常包括以下几个方面:一是财务报表披露。金融租赁公司需要定期公布其财务报表,包括资产负债表、利润表、现金流量表等,以反映公司的财务状况和经营成果。二是经营成果披露。金融租赁公司需要披露经营成果,包括营业收入、净利润、资产回报率等指标,以反映公司的盈利能力和经营效益。三是重大事项披露。金融租赁公司需要及时披露公司的重大事项,如重大合同、重大诉讼、重大资产重组等,以便投资者和其他利益相关者了解公司的经营情况和风险状况。四是公司治理信息披露。金融租赁公司还需披露其公司治理信息,包括公司董事会成员、监事会成员、高级管理人员及其他人员的构成及变动情况,以及公司内部控制制度建设情况等。信息披露制度对于金融租赁公司来说非常重要,不仅可以提高公司的透明度和公信力,增强投资者的信心,促进公司的健康发展,而且可以保护投资者的合法权益,防止信息不对称和信息欺诈等问题的发生。

7. 建设内部审计网站。金融租赁公司为促进合法经营和稳健发展,需要建立完善的内部审计机制,审查和评估经营活动、风险管理、内部控制以及公司治理的效果。为确保合规、透明、稳定的公司运作,金融租赁公司的内部审计网站必不可少。

内部审计网站是一个在线平台,旨在为公司内部审计活动提供便利,提升审计活动透明度。这个制度应确保审计活动的系统性、规范性和有效性,以便全面、准确地审查和评价公司的经营活动、内部控制、风险管理等方面的具体情况。

具体来说,金融租赁公司可以从以下几个方面着手构建内审网站体系:一是审核信息发布。工作计划、进度、报告等内审信息应由网站定期发布,保证审计工作的最新进展情况能够及时被公司内外各利益相关方所了解。二是审计流程管理。通过该网站,内部审计部门可以实现在线分配审计任务、跟踪进度、控制质量等,提高审计工作的效率和准确性。三是审计文档存储。网站应具备安全的文档存储功能,用于存储和管理审计过程中产生的各种文档和资料,方便审计人员随时查阅和使用。四是线上审计工具。审计人员可以通过网站提高审计工作的专业性和准确性,如可以使用数据分析工具、风险评估工具等多种线上审计工具。五是培训与交流。网站还有助于审计人员不断提高专业技能和知识水平,为审计人员与其他部门的交流与合作提供培训资源与交流平台。

在制定和实施内部审计网站制度时,金融租赁公司应确保该制度符合相关法律法规和监管要求,并充分考虑公司的实际情况与需求。同时,为保证内部审计活动的独立性和有效性,公司还应建立完善的内部控制机制。金融租赁公司的内部审计网站制度是一个重要的管理工具,有助于提高公司运营的合规性、透明度和稳健性。公司通过该项制度的制定和实施,能够使投资者的合法权益得到更好的保护,对金融租赁公司长远发展起到促进作用。

(二)融资租赁公司治理和内控管理要求

1. 建立稳健的公司治理机制。明确股东(大)会、董事会、监事会和高级管理层的权责和分工协作关系,建立融资租赁公司“三会一层”相关制度;通过对公司股东(大)会、董事会、监事会、总经理(总裁)办公会议形成的决议、会议记录等材料的审查,按照公司法和公司章程的规定,对“三会一层”具体履行各自相应职责情况进行检查。其中,股东必须实缴资本,且融资租赁公司应保证其注册资本用于公司运营,不得通过向股东或关联方借款的方式减少公司实际用于经营的注册资本。

具体而言,融资租赁公司在加强公司治理方面,可以从以下几个方面着手:

首先,构建权力合理分配的法人治理结构,明晰各项责任。如公司的战略规划、重大决策等,都是由董事会以最高决策机构的身份来负责;监事会负责监督董事会及高级管理人员的行为,确保其按照法律法规及公司章程的规定履行职责;高级管理团队具体负责公司的日常经营管理工作。

其次,法人治理结构还要注重透明度和公正性。公司必须建立完善的信息披露机制,确保公司的经营和财务状况向股东和社会公众及时、准确、完整地披露。同时,公司还要遵循公正原则,确保各利益相关方的权益得到平等和公正的对待。在融资租赁公司中,由于业务涉及大量的资金流动和风险管理,因此法人治理结构尤为重要。同时,对于发现的问题,公司内部也要加强监察稽核工作,做到发现一起纠正一起,防患于未然。

融资租赁公司的公司治理状况是其能否长期稳健发展的关键因素之一。公司应建立完善的法人治理结构,确保权力分配合理、职责明确、透明度和公正性得到保障,为公司的长期发展奠定坚实的基础。

2. 构建有效的内控制度。融资租赁公司应当制定完备的合规制度，设立相应的部门或人员进行合规管理。如建立健全基本管理制度、风险控制制度、审批权限制度、财务管理制度、信息披露制度等内部控制制度，实现对主业的全覆盖；保证公司制定的各项制度合法合规，确保各项制度得到切实贯彻执行等。此外，参照中国人民银行关于《地方金融监督管理条例(草案征求意见稿)》的规定，下述事项应当经省级地方金融监督管理部门批准：融资租赁公司合并、分立或减少注册资本、变更业务经营区域范围、变更股东或者实际控制人5%以上股权等事项。在具体的实践操作中，融资租赁公司股权变动的，应与区级以上地方金融监督管理部门沟通，得到肯定答复后方可进行。

在具体构建上，融资租赁公司可以参考以下几点合规建议：首先，融资租赁公司需有明确的风险决策机构，如同公司风险委员会一样，负责确定公司的风险偏好和制定风险防范策略，构建完善的内控和风险防范制度。其次，项目决策机构也是必不可少的，就像项目评审委员会，专门审批公司融资租赁等各类项目，确保项目的顺利进行。可见，对于融资租赁公司来说，业务部门和风险管理部门至关重要。业务部门负责开拓市场，执行具体的风险管理制度和规范操作流程；风险管理部门则负责监控和评估风险，确保公司的稳健运营。

总体而言，在内控制度的具体内容上，融资租赁公司需建立完善的风险评估和监控体系，及时发现和应对各类风险。同时，合规性也是非常重要的，公司需确保自身在法律法规和监管要求方面的合规性，制定相关的内部规章制度，明确业务操作的合规要求。此外，信息系统和数据管理也是融资租赁公司内控制度中的重要内容。融资租赁公司必须建立完善的信息系统，且如实制定确保数据准确可靠的数据管理规范，这样才能保证业务数据的安全完整。

3. 完善从业人员管理。融资租赁公司应关注公司总经理、副总经理及风险控制、合规稽核、财务部门负责人等的资信状况、必要的任职经历和专业素质；按相关规定设置必要的部门和岗位，明确其职责权限。同时，公司应注意关键岗位之间的相互兼职现象，按照职责不相适应、职责相分离的原则，对会计、出纳和营销、审批等岗位进行约束。

4. 明确业务流程情况。融资租赁公司应当明确融资租赁、外部融资、对外投资等主要业务流程及操作规范；应当对租赁业务申请、审批和执行进行必要的调查，对租赁业务中涉及的各种担保、反担保措施进行管理，同时对事中事后风险监测处置等进行必要规定和安排等；应当建立客户信用风险评价体系、风险预警机制、风险资产处置机制、定期检查监督和内部问责机制，同时建立个人客户权益保护工作机制。

具体来说,融资租赁业务的合规流程可以参考以下几个方面(以直租业务模式为例):

第一,在项目推荐阶段,公司客户应填写申请表等文件,向融资租赁公司递交融资租赁申请书。对于公司客户的情况,融资租赁公司接到申请后应当在一定期限内,认真诊断分析并出具解决方案。评估通过后,双方将就设备租赁期限、租金付款方式、起租日期、还款安排、担保要求、办理方式等合作细节进行协商,之后进入签约阶段。

第二,在合同签订阶段,融资租赁公司将与设备生产公司签订代客采购设备的《采购协议》。此外,融资租赁公司也会与公司客户签署《融资租赁合同》,通常情况下融资租赁公司会要求公司客户签署《保证合同》,也可能要求第三方担保人签署《保证合同》。上述合同可以对双方保证合作顺利进行的权利和义务作出明确规定。

第三,在合同实施阶段,客户需要缴纳一定比例的保证金。融资租赁公司在收到保证金后,将设备货款支付给设备制造商,而设备制造商将租赁物直接交付给承租人,设备开始租赁。融资租赁公司在合同履行期间,应当对客户进行回访和动态监管,保证客户对定期支付租金。

第四,设备的保养与维护也是业务流程中的重要内容。一般情况下,设备的维护以及相关的技术服务等,都会由设备制造商直接负责。

二、融资租赁业务合规要求

在融资租赁企业开展的交易模式中,最常见的主要有直接租赁和售后回租两种模式,此部分的融资租赁业务合规暂不涉个人客户,个人客户的业务合规将在本书的其他章节讨论。

融资租赁直租模式,即出租人将自有资金或在市场上筹集的资金用于购买设备,再将设备直接租赁给承租人使用的融资租赁模式。在业务开展过程中,承租人对设备不享有所有权,但承租人可以在承租期内对设备进行使用,并对设备进行维修、维护。直租模式的主要优点包括以下几点:一是可以帮助承租人获得所需资产的使用权,无须很多的启动资金,从而降低承租人的融资压力。二是租赁合同可以根据承租人的具体需求进行定制,包括租期、租金支付方式等,具有灵活性。三是出租人通常会提供相关的维护服务,确保设备在租赁期间保持良好的工作状态,让承租人没有后顾之忧。

在售后回租模式中,承租人会先向融资租赁公司出售现有设备或资产,获得一笔流动资金。后承租人再与金融租赁公司或融资租赁公司签订租赁合同,将这些设备或资产租回继续使用。这样一来,承租人就可以在不改变对设备或资产实际使用的情况下,快速获得流动资金,解决资金短缺的问题。这种交易方式的优点在于可以帮助承租人实现资产结构的优化,提高其资产使用效率,还可以帮助承租人进行多元化的融资,降低其财务开支;除提高承租人的资金流动性,缓解其资金压力外,通过售后回租承租人还可以将固定资产变现。

就融资租赁企业开展租赁业务而言,最核心的就是融资租赁物。融资租赁物是一种特殊的租赁方式的物品,即具体的业务开展过程中,根据承租人的需求,由出租人购买并租赁给承租人使用的物品。这些物品可以是各种设备、机器、车辆等,它们都是用于生产、经营或其他特定用途的固定资产。由于融资租赁业务的特殊性,故开展业务的租赁物也具有特殊性,即租赁物需要满足"融资""融物"的双重属性,因此对融资租赁业务中的租赁物提出了特殊的要求。

具体而言,融资租赁业务对合规租赁物主要有以下几个方面的要求。

(一)适格租赁物

无论是金融租赁公司还是融资租赁公司都有融资租赁业务,目前两者都被划归到国家金融监督管理总局的监管之下,所以融资租赁公司对租赁物的要求一般都可以参照金融租赁公司的标准。

1. 租赁物一般要求

一是租赁物权属清晰且无权利负担。租赁物权属合规是明确的经营要求,租赁业务的租赁物所有权与使用权分离,租赁物所有权归出租人所有,使用权归承租人所有。因此,融资租赁业务的租赁物具有"融资""融物"的双重属性。就直接租赁交易而言,所有权通常在厂商交付给承租人的时刻转移,融资租赁公司应重点关注租赁物交接手续并实际取得租赁物交付给承租人的相关材料,如入库单、交接单等。融资租赁公司在售后回租的交易模式中,首先要确定租赁物的所有权归属问题。如果承租人的所有权是受让取得,融资租赁公司应审查承租人持有的原始购买合同和当时开具的发票;如果承租人的所有权系划拨所得,融资租赁公司应检查租赁物的对应划拨函;如果承租人的所有权是无偿划转所得,则出租人应检查划转函以及划出人和划入人的股东会决议。此外,对于已经抵押、所有权存在争议的或被法院查封扣押的财产,融资租赁公司不得接受作为租赁物。

二是租赁物可以被特定化。特定化,是指租赁物的可区分性。例如,融资租赁公司以100棵苹果树作为融资租赁的租赁物,但100棵苹果树分别位列于有500棵苹果树的果树林当中,有可能出现融资租赁公司无法确认哪100棵苹果树为其所有租赁物的情况。在该种情况下需要判断租赁物的适格性,即要判断该种租赁物是否可以被特定化。在前述假设中,融资租赁公司可以逐棵贴标或者划定区域的方式确定100棵苹果树为融资租赁公司所属的苹果树,故而以特定的方式确认的苹果树可以作为适格的租赁物。

三是租赁物能够产生收益。能够产生收益,是指融资租赁物能持续产生经济效益,从而创造经济回报的能力。在租赁物的选取方面,因种猪可以生小猪,可以持续创造收益,所以种猪可以作为租赁物;但是,肉猪只能以出卖的形式一次性获益,其本身并不能产生持续创造收益,所以不能作为租赁物。另外,仓储物,如存货汽车,因为无法产生收益所以不能作为融资租赁的租赁物。因此,能够作为融资租赁物的核心审核要件,便是租赁物能够持续产生经济收益。

四是租赁物具备可处置性。可处置性,是指在承租人未能按约足额支付租金的情况下,融资租赁公司希望通过清算租赁物的形式挽回损失,此种情况下要求租赁物可以被处置。在实际操作中,可以采用以下方法处置租赁物:(1)承租人未支付租金而产生的损失,融资租赁公司可以取回租赁物并进行评估,以评估价值充抵承租人未能支付租金带来的损失。(2)融资租赁公司可主张承租人以拍卖、变卖或折价等方式对租赁物进行处置,还可要求承租人预先支付全部租金对租赁物进行处置。租赁物只要能够满足上述的任一种处置方式,则可被认为具有可处置性。

2. 几种适格的租赁物

一是设备与配件、附属设施。《金融租赁公司管理办法(征求意见稿)》第4条、第53条规定,金融租赁公司开展售后回租业务时,应当以设备资产作为租赁物。在同一租约中,与设备安装、使用、处置不可分割的必要附件及附属设备,虽可作为设备资产进行管理,但其价值总和不得超过设备本身价值。不得超过设备本身中"设备"应作广义层面的理解,除了工厂的生产线,运营性车辆、飞机、船舶铁路等运输设备,亦应作为设备理解。需要注意的是,融资租赁物一般都要符合且满足设备的基本条件。如手机作为一种设备,一般被认为是不能够产生收益的消费品,因此不能作为融资租赁的租赁物。另外,装修材料等低值易耗品,亦不能作为融资租赁的租赁物。

二是生产性生物资产。生产性生物资产,是指如树木、种猪、奶牛等能够产生持续回报的生物资产。值得注意的是,融资租赁公司对于生产性生物资产的所有权通常不适用于生物资产的孳息,如种猪所产小猪,在融资租赁法律关系中属于租赁物产生的收益,所有权归承租人所有。

三是新购消费型乘用小微型汽车。融资租赁的租赁物必须用于生产,但基于行业发展的历史原因,消费型的小微型汽车被排除在租赁物之外。《金融租赁公司管理办法》第 52 条第 2 款明确规定:"金融租赁公司不得以低值易耗品作为租赁物,不得以小微型载客汽车之外的消费品作为租赁物,不得接受已设置抵押、权属存在争议或已被司法机关查封、扣押的财产或所有权存在瑕疵的财产作为租赁物。"该规定也明确禁止小微型载客汽车之外的消费品作为租赁物。同时为了区别于车抵贷业务,个人以旧汽车用售后回租方式获得融资的,属于不合规业务,当然也是不被允许的。融资租赁公司可以以直接租赁或售后回租的方式,帮助个人消费者以全新的乘用型小微型汽车为融资租赁对象,开展融资租赁业务。

四是知识产权。无形资产并非法律上的物,但是知识产权作为一种融资租赁物已经存在广泛的实践,国内部分地区也对此予以认可。如《上海市浦东新区绿色金融发展若干规定》第 18 条第 2 款规定:"支持登记注册在浦东新区的融资租赁公司探索开展绿色低碳相关技术专利等无形资产的融资租赁业务。"该规定由上海市人民代表大会常务委员会公告发布,属于省级地方性法规,为无形资产能够作为租赁物开展融资租赁业务提供依据。

3. 几种被禁止的租赁物

一是具有公益性的、不能产生收益的构筑物。根据原银保监会办公厅《关于加强金融租赁公司融资租赁业务合规监管有关问题的通知》的规定,金融租赁公司要加强对融资租赁业务的合规监管,严禁将实体设施(如道路、市政管线、水利管线、桥梁、堤坝、堰坝、水道、山洞等)进行抵押或质押,开展融资租赁业务;不得将可能存在以下问题的上述实体设施作为租赁物的构筑物:处置后可能影响公共服务正常供应的非设备类在建项目、涉嫌新增地方政府隐性债务等。

二是有关文件明令禁止的租赁物。根据国家金融监督管理总局《关于促进金融租赁公司规范经营和合规管理的通知》(金规〔2023〕8 号)的规定,金融租赁公司不得将古玩玉石、字画、办公桌椅、报刊书架等列为租赁物。

4. 售后回租业务当中应准确评估租赁物的价值

租赁物价值应超过租赁交易项下租赁物的购买价格。租赁物具有担保债权实现的功能,融资租赁是一种特许经营的非银行业务,如果允许融资租赁公司以极高的价格购买价值显著较低的租赁物,就会导致融资租赁公司以融资租赁的方式开展实质为借贷的业务。如融资租赁公司以 1 亿元的价格购买景区的某块石头,但是石头的实际价值仅有 100 万元左右,在此情况下该石头无法担保融资租赁的租金债权,融资租赁监管部门和法院均会将该种情况认定为“名为租赁,实为借贷”,属于不合规业务。

(二)融资租赁监管指标

1. 金融租赁公司的监管指标规定

根据《金融租赁公司管理办法(征求意见稿)》第72条和《关于促进金融租赁公司规范经营和合规管理的通知》的规定,金融租赁公司的经营指标需按照以下标准执行:

一是资本充足率。金融租赁公司各级资本净额与风险加权资产的比例不得低于国家金融监督管理总局对各级资本充足率的监管要求。金融租赁公司的资本净额是金融租赁公司核心资本和附属资本减去资本扣减项后的净额。它代表了公司可用于吸收潜在损失的资本量。核心资本通常包括股本和公开储备等,而附属资本包括重估储备、一般准备等。资本扣减项是从总资本中扣除的一些特定项目,如商誉、对未并表银行机构的资本投资等。风险加权资产则是根据资产和债务的不同风险特性,使用相应的风险系数进行加权计算后得到的数额。这一指标将不同类型的资产根据其风险大小进行划分,从而更准确地反映公司资产组合的整体风险水平。资本充足率就是用资本净额和风险加权资产比较,得到一个比例。这一比例越高,说明金融租赁公司的资本相对于其承担的风险越充足,从而能够更好地抵御潜在的市场风险、信用风险等。反之,如果比例较低,则可能意味着金融租赁公司的资本不足以覆盖其面临的风险,存在较大的风险敞口。

二是杠杆率。金融租赁公司一级资本净额与调整后的表内外资产余额的比例不得低于6%。通常调整后的表内外资产都会按照金融租赁监管部门的规定进行调整。

三是财务杠杆倍数。根据监管指标,金融租赁公司的总资产不得超过净资产的10倍,总资产代表其全部资产规模,包括各种融资租赁资产、投资资产等。净资产,则是指公司的所有者权益,即资产总额减去负债总额后的净值。

四是拨备覆盖率。租赁应收款损失准备与不良租赁应收款余额之比不得低于100%。租赁应收款损失准备是针对按照以摊余成本计量的金融资产、租赁应收款和合同资产的预期信用损失计提方面的准备。不良租赁应收款余额,是指金融租赁公司中那些不能按预先约定的期限、利率收回本金和利息的融资租赁项目的租金余额。

五是单一客户融资集中度。按照监管指标,金融租赁公司对单一承租人的融资余额不得超过上季末资本净额的30%。

六是单一集团客户融资集中度。按照监管要求，对单一集团的融资余额不得超过上季末资本净额的50%。

七是单一客户关联度。按照监管要求和监管指标，金融租赁公司对一个关联方的融资余额不得超过上季末资本净额的30%。

八是全部关联度。按照监管指标，金融租赁公司对全部关联方的融资余额不得超过上季末资本净额的50%。

九是单一股东关联度。按照监管指标，金融租赁公司对单一股东及其全部关联方的融资余额不得超过该股东在金融租赁公司的出资额，且须同时满足单一客户关联度的规定。

十是流动性比例、流动性覆盖率。金融租赁公司的变现比例和变现覆盖率，是评估其短期偿债能力和变现风险的重要指标。流动性比例，是指金融租赁公司流动资产与流动负债之间的比例。流动性覆盖率是一个比较具体的指标，用来衡量金融租赁公司在面临流动性压力的情况下，其优质的流动性资产可以覆盖流动性缺口的程度。这个指标有助于确保金融租赁公司在各种市场环境下都能够保持充足的流动性资产，以应对可能的流动性风险。

需要注意的是，流动性比例和流动性覆盖率的具体计算方法和标准可能因国家或地区的监管要求不同而有所不同。因此，在实际操作中，金融租赁公司需要根据国家金融监督管理总局或当地的监管规定来确定这些指标的具体计算方法和标准。

十一是同业拆借比例。按照规定的监管标准，金融租赁公司同业拆入和同业拆出资金余额均不得超过资本净额的100%。

十二是固定收益类投资业务。按照规定的监管标准，金融租赁公司可以开展满足流动性管理需求的固定收益类投资业务。除金融租赁公司投资本公司发行的风险自留部分的资产支持证券外，投资业务余额原则上不得超过上季末资本净额的20%。投资范围涵盖：国家金融监督管理总局认可的国债、中央银行票据、金融债券、货币市场基金、公募债券型投资基金、固定收益类理财产品、AAA级信用债券以及国家金融监督管理总局认可的其他资产。

十三是售后回租的业务比例。国家金融监督管理总局在《关于促进金融租赁公司规范经营和合规管理的通知》中明确要求，力争到2026年，实现全年新增直租业务比重不低于50%的目标，同时明确要求需要压降金融租赁公司的售后回租业务比例。《关于促进金融租赁公司规范经营和合规管理的通知》附件中规定，各金融租赁公司确定售后回租业务第 7 条规定的金额时，可以从售后回租业务中剔除下列租赁资产：(1)承租人为小微企业、涉农企业；(2)租赁物为飞机、船舶、车辆；(3)因税收、补贴、登记等政策对农业机械装备、机动车等设备资产的购买主体有特殊要求，金融租赁公司开展的形式上采用售后回租模式，实质仍为直租业务的新购设备资产融资租赁业务；(4)监管部门认可的其他新购设备资产融资租赁业务。

根据《关于促进金融租赁公司规范经营和合规管理的通知》的相关规定，经国家金融监督管理总局认定，可以适当调整特定行业、特定企业的单一客户融资集中度、单一集团客户融资集中度、单一客户关联度、全部关联度以及单一股东关联度方面的要求。

2. 融资租赁公司的监管指标规定

《融资租赁公司监督管理暂行办法》于 2020 年由原银保监会发布，旨在进一步加强对融资租赁公司的监督管理，规范相应经营行为，化解经营风险，推动行业规范、有序、可持续发展。其中对融资租赁公司的监管指标主要有以下几个方面的规定：

一是主业集中控制指标。监管指标要求融资租赁公司融资租赁和其他租赁资产比重不得低于总资产的 60%，这是衡量融资租赁公司是否专注于主业的重要标准。

二是杠杆率监管指标。融资租赁公司的风险资产总额不得超过净资产的 8 倍，以确保风险处于可控状态。企业资产总额减去现金、银行存款和国债所得的剩余资产，能够确定风险资产总额。

三是固定收益类证券投资占净资产的比例。融资租赁公司开展的固定收益类证券投资业务，不得超过净资产的 20%。在开展固定收益类证券投资业务时，包括但不限于国债、短期融资券、可转让存单等，融资租赁公司的投资规模不得超过公司净资产的 20%。这类投资通常可以按期获取金额固定的利息，并在到期时收回本金。固定收益类证券的收益率在购买时已经确定，使投资者可以预测未来的现金流收益，因此其被视为一种相对低风险的投资工具。在实际操作中，建议融资租赁公司参考金融租赁公司的规定，做到合法合规。

此项监管指标是为了确保融资租赁公司能够保持其主营业务的稳定性和盈利能力，同时控制投资风险。这一监管指标规定是监管部门对融资租赁公司进行风险管理和监督的重要手段之一，旨在保护投资者的利益，维护金融市场的稳定。因此，融资租赁公司在开展固定收益类证券投资业务时，需要严格遵守相关监管规定，确保业务规模和投资风险在可控范围内。

四是单一客户融资集中度。融资租赁公司对单一承租人的全部融资租赁业务余额不得超过净资产的30%。通过最大客户融资余额与公司资本净额之比,可以衡量该融资租赁公司的客户融资集中度。简单来说,就是这家融资租赁公司中,某一客户的融资额度占公司所有融资额度的比例。这个比例的高低,直接反映了公司业务的集中度,以及可能面临的风险。如果某一家客户的融资余额占比过高,一旦这家客户出现违约或经营困难的情况,融资租赁公司就可能面临较大的损失。

五是单一集团客户融资集中度。融资租赁公司对单一集团的全部融资租赁业务余额不得超过净资产的50%。融资租赁公司单一集团客户融资集中度,是指融资租赁公司对某个单一集团的全部融资租赁业务余额占该融资租赁公司净资产的比例,该比例不能超过50%。这是为了确保融资租赁公司能够合理分散风险,避免融资租赁公司过度依赖单一客户而导致经营出现问题,也是为了避免过度融资给某一集团带来潜在风险。单一集团客户融资集中度也是金融监管机构对融资租赁公司进行监管的重要指标之一,以保障金融市场的稳定和健康发展。

六是单一客户关联度。融资租赁公司对一个关联方的全部融资租赁业务余额不得超过净资产的30%。该项比例不得超过30%,是为了防止融资租赁公司对单一客户的依赖度过高,从而带来的潜在风险。这样的监管指标规定有助于确保融资租赁公司的稳健运营,避免因为单一客户的状况变化而对公司产生过大的影响。

七是全部关联度。融资租赁公司对全部关联方的全部融资租赁业务余额不得超过净资产的50%。该项比例不得超过50%,是为了防止融资租赁公司对关联方的融资过度集中,从而引发的潜在风险。这一监管指标不仅能对投资者利益和债权人利益起到保护作用,还有助于确保融资租赁公司稳健经营,降低风险。

八是单一股东关联度。对单一股东及其全部关联方的融资余额,在满足《融资租赁公司监督管理暂行办法》对单一客户关联度规定的同时,不得超过该股东在融资租赁公司的出资额。这是监管层为了保障融资租赁公司的稳健运营,防止风险过度集中而设立的规定。

对单一客户融资集中度、单一集团客户融资集中度、单一客户关联度、全部关联度、单一股东关联度等方面的要求,国家金融监督管理总局可以根据需要适当调整。

(三)租赁物管理的要求

《金融租赁公司管理办法(征求意见稿)》对金融租赁公司提出了明确的租赁物管理要求,融资租赁公司可参照金融租赁监管部门的要求对租赁物进行管理。租赁物品的所有权应当由金融租赁公司合法取得。为保证对租赁物的合法权益,金融租赁公司在必要时采取的有效措施,需在国务院规定的统一登记平台完成融资租赁登记。

金融租赁公司应根据承租人的要求,在签订融资租赁合同或确定融资租赁业务意向前购买租赁物。在特殊情况下,如果需要提前购买租赁物品,要保证该业务与自身的风险管理能力、专业操作水平相匹配,与自身现有业务领域或业务规划保持一致。

在资产评估管理方面,金融租赁公司需按照《金融租赁公司管理办法(征求意见稿)》的规定,按照评购分离、评处分离、集体审核的原则,开展资产评估管理工作,并对公司进行资产评估。对内部部门设置和岗位职责分工进行优化,原则上应当保持评估和定价的部门人员与负责购买和处置租赁资产的部门及人员分离。同时金融租赁公司需建立完善的租赁物估价制度,对合理确定租赁物资产价值的评估程序、考虑因素、方法等制定估价定价管理办法,严禁低值高价购买。

在金融租赁公司的评估工作管理上,评估人员不能仅依靠外部评估结果,而是要开展自身的调查取证和分析工作,需要具备专业资质,对评估机构采用的评估方法的合理性、可靠性进行深入分析。

对于租赁物的管理要求,《金融租赁公司管理办法(征求意见稿)》也进行了明确规定:金融租赁公司应在加强租赁物风险缓解作用的同时,不断提升租赁物资产管理能力。金融租赁公司还充分利用信息技术,制定有效的风险管理方案,对租赁物的经营状况、价值波动情况、融资租赁债权风险覆盖率水平等进行严密监控,降低租赁物持有期的风险。同时,《金融租赁公司管理办法(征求意见稿)》对租赁物未担保余值管理问题也有所回应,金融租赁公司应加强对租赁物未担保余值的估值管理,对未担保余值进行定期评估,并进行减值测试。根据会计准则的要求,租赁物未担保余值发生减值征兆时,应计提减值准备。同时,对于未担保余值占比较高的融资租赁资产,金融租赁公司应根据业务规模、业务性质、复杂程度及市场状况等因素,加强对未担保余值比例较高的融资租赁资产的风险限额管理。

金融租赁公司在处理租赁物时,还需要注意加强对租赁期限届满返还或因承租人违约而取回的租赁物的风险管理,建立完整的对应制度和流程,如建立完善的租赁物变卖及处理的制度和程序。

(四)其他业务要求

1. 咨询服务付费业务。金融租赁公司在提供融资租赁咨询服务时,需要严格按照国家价格主管部门的规定收费,同时要按照国家金融监督管理总局的规定执行。对于融资租赁咨询付费服务应当坚持质价相符原则,不得以租收费,不能在未提供实质服务的情况下向承租人收取租金,不能强迫承租人接受无理的服务。

2. 保证金业务。为防范风险,金融租赁公司应合理确定保证金比例,规范保证金收取程序,可向承租人或融资租赁业务相关方在法律许可范围内收取保证金。禁止直接或间接扣除融资额度所需的保证金。

3. 担保及与保险相关活动。金融租赁公司对融资租赁业务中有关担保、保险等事项,应当充分尊重承租人的公平交易权,明确约定对其提供的各种金融服务的内容和实质并向承租人真实披露。金融租赁公司应当拒绝与不能提供直接或间接增信服务的无担保资质的合作机构合作,拒绝与缺乏信用保险和保证保险业务资格的企业进行合作。同时,对于资产质量的控制,不得因引入担保增信而放松资产质量管控。

4. 合作机构管理。金融租赁公司应当设置准入、退出标准,并在定期评估后进行调整,由金融租赁公司设立合作机构名录。在选择合作方时,金融租赁公司应遵守适度分散的原则,避免因对单一合作方的过分依赖而产生风险。为确保合作事项合法合规、符合监管要求,金融租赁公司应明确合作机构不得擅自将产品和服务以金融租赁公司的名义向承租人推销。

5. 关联交易管理。根据《金融租赁公司管理办法(征求意见稿)》的规定,金融租赁公司应确保重大关联交易事项获得董事会通过。重大关联交易,是指上季末金融租赁公司与某关联方单笔交易金额占金融租赁公司上季末资本净额5%以上,或累计达到金融租赁公司上季末资本净额10%以上的交易。

金融租赁公司与单个关联方的交易金额累计达到前述标准后,其后发生的关联交易,每累计达到上季末资本净额5%以上,应当重新认定为属于重大关联交易。但金融租赁公司关联交易也存在豁免的情形:如金融租赁公司与其设立的独资专业子公司、项目公司之间的交易,金融租赁公司专业子公司与其设立的项目公司之间的交易,不适用关联交易相关监管要求。金融租赁公司从股东及其关联方获取的各类融资,因与非关联方开展直租业务向其非金融股东及其关联方购买租赁物的交易,可以豁免重大关联交易管理的相关监管要求,但应当按照一般关联交易相关规定加强关联交易限额管理,做好信息披露工作。

金融租赁公司设立的专业子公司从金融租赁公司或本公司股东及其关联方获取的各类融资,因与非关联方开展直租业务向金融租赁公司或本公司的非金融股东及其关联方购买租赁物的交易,适用豁免重大关联交易管理的相关监管要求。

三、针对个人的融资租赁业务合规

（一）金融租赁公司个人业务合规要求

对于个人业务，金融租赁公司需按照真实、准确、完整、及时的原则，建立全面履行告知责任的消费者权益保护制度，确保消费者的基本权利，如知情权、公平交易权等；明确每年综合成本等可能对消费者重要决策产生影响的关键信息，禁止强制捆绑销售、不正当催收、滥用消费者信息等行为。

针对个人业务的开展，金融租赁公司应采用易于消费者接受和了解的通俗易懂的语言，以及有利于披露产品和服务信息的方式，与消费者充分沟通后进行确认，并对关键信息提示、消费者确认和反馈等环节制定完整客观的可回溯管理制度，如销售过程的录音录像、关键信息提示的完整记录等。

综上所述，金融租赁公司开展个人业务，在合规方面应当注意以下问题：首先，金融租赁公司在开展个人业务时，必须确保业务符合相关的法律法规和行业规范，不能有任何违规行为。其次，金融租赁公司需要建立完善的内部管理制度和风险控制机制，确保个人业务的风险在可控范围内。除此之外，公司需要增强员工的合规意识和风险意识，加强对员工的培训和教育。最后，金融租赁公司在经营业务中，必须遵循平等自愿、诚实守信的原则，对个人客户的基本权利，如知情权、自主选择权、公平交易权等给予充分尊重和保障。为此，公司还需加大信息安全管理力度，确保客户资料的保密性和安全性。

此外，在进行个人业务时，金融租赁公司还需注意以下事项：对客户进行严格的身份认证和风险评估，确保客户符合公司的业务要求和风险控制标准。严格遵守利率和费用规定，不得随意提高利率或增加费用，确保客户的利益不受损害。建立健全的催收和处置机制，对于逾期或违约的客户，公司需要采取合法合规的方式进行催收和处置。总之，在开展个人业务时，金融租赁公司必须严格遵守相关法律法规和行业规范，加强内部管理和风险控制，确保业务合规、风险可控，确保客户利益得到保证。

（二）融资租赁公司个人业务合规要求

上海市地方金融监督管理局于 2021 年 1 月 21 日发布《上海市融资租赁公司、商业保理公司涉个人客户相关业务规范指引》，根据该规范指引的具体内容，可知：个人融资租赁业务主要指承租人为自然人（个体工商户也包含在其中），或还款义务人（担保人除外）为自然人的融资租赁业务。实践中较为普遍的个人融资租赁业务主要为个人汽车融资租赁业务。针对融资租赁公司个人业务的合规管理,主要应当注意从以下几个方面进行把控。

1. 融资租赁公司内控制度。建立融资租赁公司内部控制制度,首先要重视融资租赁公司合规开展个人业务,重点考虑以下几个方面:一是个人客户风险等级评估制度;二是相关产品、服务及业务合同制度的信息披露与查询;三是营销宣传及管理制度的推广;四是客户信息保护制度;五是处理客户投诉的制度;六是个人客户权益保护工作考核评价制度,及相关内部监督和责任追究制度;七是客户权益保护重大事项应急处理系统;八是国家金融管理部门及市地方金融监督管理局要求建立健全的其他个人客户权益保护工作制度。针对融资租赁公司特别是金融租赁公司,明确要求其建立薪酬管理、绩效考评机制等,以加强公司治理监管。此外还应当建立追索扣回机制。

2. 融资租赁公司禁止展业内容。《上海市融资租赁公司、商业保理公司涉个人客户相关业务规范指引》特别禁止了因融资租赁公司的特殊性而开办的个人业务,禁业范围主要包括以下内容:一是在校学生或缺乏必要清偿能力的个人客户作为承租人或其他在校学生或个人客户作为承租人、还款义务人的相关业务;二是为个人客户提供或变相提供融资担保服务。该规定主要考量到在校学生本身的经济偿还能力和冲动的消费情绪,因此对此类业务进行了禁止。变相提供担保主要是指在一些助贷业务当中,融资租赁公司首先与个人签订融资租赁合同,再将租赁债权转让给银行或其他租赁公司。

3. 审慎展业。《上海市融资租赁公司、商业保理公司涉个人客户相关业务规范指引》中明确规定,不支持上海市融资租赁公司开展以下业务:一是与相关运营机构合作开展以个人客户为承租人(保理融资人)、还款义务人的相关业务,如在长租公寓、医疗美容、教育培训等高风险领域开展业务;二是向商业银行等其他金融组织提供客户推介、信用评估等服务过程中,在相关个人客户实际从其他金融组织取得融资前,以融资租赁、商业保理业务形式为其提供短期过渡性融资;三是对个人客户而言,不得开展以购置租赁标的物为主要融资用途的融资租赁业务。

4. 营销宣传禁止行为。《上海市融资租赁公司、商业保理公司涉个人客户相关业务规范指引》对融资租赁公司营销宣传禁止行为进行了明确规定,主要涉及以下几个方面:一是超出法定业务范围的宣传,如宣传发放贷款、委托投资理财等;二是虚假、欺诈、隐瞒、误导性宣传;三是引用不真实、不准确的数据、资料或隐瞒限制条件等,对有关产品和服务进行夸大宣传;四是利用金融管理部门对公司或相关产品、服务的审核或者备案程序,误导客户认为金融管理部门为本公司或相关服务提供了保证；五是明示或者暗示相关交易无风险。

5. 信息披露的合规要点。融资租赁公司应向个人客户及时、真实、准确、全面地披露下列重要信息：一是合同标的的相关产品、服务、权利归属等信息的相关法律属性，租赁物等合同标的物的权利归属；二是客户融资总金额、具体项目融资金额，客户支付租金（或偿还资金、费用）的金额（或标准）、时间、方式；三是客户违约可能导致的主要法律后果（包括但不限于记入个人征信系统、提起司法诉讼等）及需承担的费用、违约金数额或计算方式；四是介入交易过程的其他第三方机构的完整名称，融资租赁公司、商业保理公司通过该第三方机构提供的服务及收取的费用（或收费标准）；五是合同文本获取方式及方法；六是有关产品和服务引起争议的投诉和处理办法；七是实际提供相关产品、服务，承担合同义务的融资租赁公司、商业保理公司的完整中文公司名称。

6. 个人客户违约后的救济途径。个人客户违约后，应当以适当方式催告其在合理期限内及时履约，并应当明确告知其仍不及时履约时可能采取的具体措施：一是包括但不限于记入个人征信系统、提起司法诉讼等。二是采取的催收或其他风险处置措施应当有充分的法律或合同依据，不得实施暴力、辱骂行为，不得冒充国家工作人员或编造虚假信息威胁恐吓，不得采取其他危害客户人身安全、社会公共安全及违背公序良俗的催收或风险处置措施。三是除依法向违约客户本人和相关担保人，或约定的联系人及租赁物的实际占有人、使用人进行催收外，一般不得向其他主体进行催收（相关法律法规、行业监管制度另有规定，或有关合同、协议另有约定的除外）；如违约客户本人确实无法取得联系的，可以适当方式通过其他合理渠道转达催收信息。四是通过电话、传真、短信、微信等方式进行催收的，除有特殊情况或另有约定外，每日有效催收一般不得超过两次，每日晚上10时至次日上午8时一般不得进行催收。对个人业务开展进行合法催收进行了明确的规定，为融资租赁公司开展相关业务提供了更多的合规性支撑。

7. 个人客户业务中的投诉处理。上海市融资租赁公司和商业保理公司可以按照《上海市融资租赁公司、商业保理公司涉个人客户相关业务规范指引》的规定和精神，认真落实处理个人客户投诉的主体责任，建立健全的客户投诉及时回复和处理机制。明确具体的责任部门，为其配备充足的人力、物力，为保证客户投诉能够得到妥善处理，应当及时将处理情况告知客户。

四、融资租赁企业的融资合规

(一)金融租赁公司的融资方式

1. 转受让融资租赁资产业务。转受让融资租赁资产业务,即融资租赁合同的所有权利义务由另一融资租赁公司概括承受。金融租赁公司在开展融资租赁资产转让与受让业务时,一定要保证真实、完整、干净地转让租赁债权和租赁物的所有权。作为受让方的金融租赁公司,应当严格按照自身业务准入标准开展尽职调查和审查审批。融资租赁资产转让和受让的业务相关方不得签订任何显性或隐性的回购条款、差额补足条款或“抽屉协议”。

2. 保理融资业务。金融租赁公司应收账款可通过有追索权保理方式转让给商业银行。金融租赁公司应当按照金融租赁资产的原始价值全额计提资本,对资产进行风险分类,风险分类并计提拨备,不得终止确认该融资租赁资产。

3. 同业拆借。禁止与其他金融租赁公司相互拆借,只有符合条件的金融租赁公司才可以进入银行间拆借市场获得融资。

(二)融资租赁公司的融资方式

1. 转受让融资租赁资产业务以及租赁债权转让。融资租赁监管部门对融资租赁公司转让融资租赁资产业务没有明确限制,除向其他租赁公司转让租赁资产外,融资租赁公司还可以对外转让租赁债权的方式获得流动性资金。

2. 保理融资业务。除银行融资外,融资租赁公司还可以和商业保理公司合作,以租赁应收账款进行有追索和无追索的保理业务。

3. 同业拆借。融资租赁公司之间进行同业拆借一般需要满足一定的条件,如通常要求公司近2个年度连续盈利,另外进入同业拆借市场的融资租赁公司还需以法人为单位,通过全国银行间同业拆借中心的电子交易系统进行同业拆借交易。但融资租赁公司和商业保理公司之间,并未被允许借入资金。

除以上几种融资方式外,融资租赁公司还可以通过银行贷款、发行债券(如资产证券化、公司债券等)等方式进行融资。

第四章

融资租赁企业反洗钱合规管理

第一节　融资租赁企业反洗钱义务概述

2003年,我国刚刚开始布局反洗钱全国工作之时,中国人民银行印发了《2003年反洗钱工作要点》,其中明确指出,中国人民银行各分行、营业管理部、省会(首府)城市中心支行要将该通知转发至各融资租赁企业,从而明确了融资租赁企业等金融组织需要承担反洗钱的义务。

一、反洗钱义务与反洗钱监管

(一)反洗钱义务的概念

《反洗钱法》第2条第1款规定:"本法所称反洗钱,是指为了预防通过各种方式掩饰、隐瞒毒品犯罪、黑社会性质的组织犯罪、恐怖活动犯罪、走私犯罪、贪污贿赂犯罪、破坏金融管理秩序犯罪、金融诈骗犯罪和其他犯罪所得及其收益的来源、性质的洗钱活动,依照本法规定采取相关措施的行为。"反洗钱义务则是指金融机构和特定非金融机构为预防洗钱活动所应当采取预防、监控措施的义务,包含建立健全反洗钱内部控制制度,进行客户尽职调查、客户身份资料和交易记录保存、大额交易和可疑交易报告,采取反洗钱特别预防措施等。

1. 反洗钱义务的国际发展情况

涉及反洗钱相关内容的法律在美国法律体系中不胜枚举,如美国于1956年颁布的《麻醉品控制法》首次明确规定了反洗钱的内容;1970年颁布的《银行保密法》首次明确规定各个金融机构有义务为美国政府的反洗钱调查提供支持和信息;此后美国还颁布了《洗钱控制法案》《爱国者法案》。在反洗钱领域,美国将反洗钱的职责逐步拓展到了所有的金融机构,并将相关机构和组织的一系列反洗钱义务细化到了各个方面,这些相关的法律法规共同构成了美国较为完备且全面的反洗钱法律体系。

除美国外,其他国家也相继启动了反洗钱立法进程。澳大利亚在1987年和1988年相继制定了《犯罪收益法》和《金融交易报告法》。法国在1990年出台了90－614号法令,即《反洗钱法》。

20世纪80年代之后,随着各国国内立法的建立和完善,金融业反洗钱从加强国内立法阶段走向制定全球统一公约和组建全球专门组织的新阶段。1981年,欧洲议会部长委员会最早提出有关金融业反洗钱的倡议。1988年12月,巴塞尔银行监管委员会通过了《关于防止犯罪分子利用银行系统洗钱的原则声明》。1989年，反洗钱金融行动特别工作组（Financial Action Task Force on Money Laundering，FATF）在巴黎成立。该组织是目前国际上最权威的反洗钱国际组织，其于1990年制定的《反洗钱四十条建议》被其成员国家作为构建本国反洗钱法律体系的基础，是国际上反洗钱工作层面最具权威性的文件。2010年，FATF发布了首份《全球洗钱与恐怖融资威胁评估》报告，报告指出金融机构和特定非金融机构应对各类洗钱风险予以充分重视和积极应对，应切实有效配置资源防范洗钱风险。

2. 反洗钱义务在我国的发展情况

相较国际发展而言，我国的反洗钱工作起步较晚，全面开展反洗钱工作始于21世纪初。

2003年，在反洗钱工作开展之初，中国人民银行就发布了一系列规定和办法，其中最主要最核心的文件，即“一个规定、两个办法”，搭建了我国反洗钱工作的基本框架，明确提出了相关义务机构的监管要求，同时标志着我国相关领域的反洗钱工作开始走上正轨。

2004年，我国在国内积极布局反洗钱工作的同时，还广泛参与反洗钱国际合作，在反洗钱工作起步之初，就迈出了反洗钱国际合作的重要一步——与俄罗斯等6个国家共同发起成立了欧亚反洗钱和反恐怖融资组织（The Eurasian Group on Combating Money Laundering and Financing of Terrorism，EAG），这是我国加入反洗钱国际合作的关键举措。

2006年，全国人大审议通过了我国第一部反洗钱专门法律《反洗钱法》。此后数年间，中国人民银行、原银保监会等金融监管机构或单独或联合制定并发布了一系列有关反洗钱的具体监管规定，相关机构和组织的反洗钱义务由此得到了较为详细的阐明。

2017年国务院办公厅公布的《关于完善反洗钱、反恐怖融资、反逃税监管体制机制的意见》，更是明确将金融领域和非金融领域的反洗钱工作上升为国家战略。因此，企业在日常经营和业务管理中履行反洗钱义务，开展反洗钱合规与风险管理，对企业自身发展和监管义务履行都具有十分重要的意义。

2021年6月，中国人民银行发布了《反洗钱法（修订草案公开征求意见稿）》，公开征求修订意见，其中修改了《反洗钱法》第2条规定的反洗钱的定义，①在原先

---

① 《反洗钱法（修订草案公开征求意见稿）》第2条第1款规定：本法所称反洗钱，是指为了预防通过各种方式掩饰、隐瞒犯罪所得及其收益的来源和性质的洗钱活动，遏制相关违法犯罪活动，依照本法采取相关措施的行为。

第 2 条的基础上更进一步，不再对上游犯罪种类及犯罪类型作任何限定，而是将一切掩饰、隐瞒犯罪所得及其收益的来源和性质的活动都定义为“洗钱”。反洗钱的目的是防范和遏制相关违法犯罪行为，将洗钱范围和洗钱手段扩大意味着我国对于洗钱行为的打击力度越来越严厉，顺应了当前国际趋势。

2024 年 4 月 23 日，《反洗钱法》修订草案提请十四届全国人大常委会第九次会议审议，标志着自 2007 年 1 月 1 日起施行的《反洗钱法》时隔 17 年后，迎来首次重大修改。2024 年 11 月 8 日，《反洗钱法》经由中华人民共和国十四届全国人大常委会第十二次会议修订通过，自 2025 年 1 月 1 日起施行，共 7 章 65 条。本次修订围绕明确法律适用范围、加强反洗钱监督管理、完善反洗钱义务和法律责任规定等内容，对相关制度进行补充和完善，并加大对违法行为的处罚力度。在加强反洗钱监督管理方面，修订草案明确职责分工，规定反洗钱行政主管部门监督检查金融机构履行反洗钱义务的情况，同时明确特定非金融机构的范围，主要包含房地产开发企业、房地产中介机构、会计师事务所、律师事务所、公证机构、贵金属和宝石现货交易商等。除此之外，还规定有关主管部门监督检查特定非金融机构履行反洗钱义务的情况，根据需要提请反洗钱行政主管部门协助。在反洗钱义务方面，修订草案完善了金融机构的反洗钱义务，主要包括建立健全反洗钱内控制度并有效实施；开展客户尽职调查，了解客户身份、交易背景和风险状况；保存客户身份资料和交易记录；有效执行大额交易报告制度和可疑交易报告制度。同时，修订草案还规定单位和个人不得从事洗钱活动或者为洗钱提供便利，应当配合金融机构和特定非金融机构依法开展客户尽职调查等。在处罚力度方面，修订草案第 49 条至第 54 条提高了对违反反洗钱法规行为的处罚力度，包括对金融机构及其董事、监事、高级管理人员、直接责任人员的处罚。金融机构违规，可处高达人民币 1000 万元或涉及金额 50% 以上 2 倍以下或所造成直接经济损失 5 倍以下的罚款；个人违规面临的罚款幅度提高至 20 万元至 100 万元；金融机构及其董事、监事、高级管理人员、直接责任人员可能会被有关金融管理部门限业或者禁业。对于以上个人而言，需证明自己已勤勉尽责地采取了反洗钱措施方可免责。

（二）反洗钱监管

1. 国际反洗钱监管

早年间，信息互通不便，网络发展缓慢，各国在本国开展单独的反洗钱活动较为普遍，此时洗钱活动规模小、危害性低、范围窄。但洗钱活动国际化的迹象越来越普遍，并且随着犯罪活动的国际化以及金融处理技术的提高，各国单独对跨国进行的洗钱和犯罪活动的打击较难实现,因此促进了反洗钱的国际合作。自 20 世纪 80 年代以来,国际社会通过不断发起和创立反洗钱国际组织,订立反洗钱国际公约以及加强双边或多边合作,严厉打击各类跨国跨地区的洗钱和犯罪活动,形成了较为稳定的国际统一反洗钱监管体系。国际组织中从事反洗钱工作的组织一般可以分为两类,一类是专门为反洗钱而成立的国际组织,专门从事反洗钱工作;另一类是联合国、世界银行等其他国际组织,这些国际组织并非专门从事反洗钱工作,但其也在反洗钱领域承担重要责任。

FATF 是目前国际上反洗钱领域最权威的专门国际组织,在国际上一直承担着反洗钱领域的重要职责。该组织制定的《反洗钱四十条建议》至今仍被认为是国际上反洗钱工作层面最具权威性的文件。FATF 对其成员国审查严格,要求所有成员国家通过年度自我评估和双边评估,严格监督自身的反洗钱执行情况,《反洗钱四十条建议审查意见》则提供帮助,作为各成员国遵循 40 条建议的行为指南。2005 年 2 月,我国政府代表团首次出席参加了 FATF 在巴黎召开的当年度全体会议。我国于 2007 年成为 FATF 的正式成员,并通过了 FATF 于 2019 年发起的第四轮反洗钱互评估。FATF 总体上对我国的反洗钱工作予以了肯定,同时指出了包括反洗钱处罚力度与金融资产的规模不符、针对特定非金融行业的反洗钱监管不足等在内的我国反洗钱工作还存在的问题与不足。同年,FATF 还与国际金融情报组织艾格蒙特集团(The Egmont Group)共同发布了研究报告,旨在让金融机构等专业服务提供者了解其面临的法律风险,并对洗钱犯罪分子如何利用法人来隐匿财富和非法资产的相关问题进行了评估和分析。

其他非专门从事反洗钱工作的国际组织中最具代表性的是联合国,联合国开展反洗钱国际工作由来已久,其在 1988 年主导签署的《联合国禁止非法贩运麻醉药品和精神药物公约》(以下简称《维也纳公约》),是国际性法律规范文件中第一部明确惩治跨国洗钱犯罪的。联合国多项决议均要求各成员国落实 FATF 提出的全面打击洗钱行为的综合性国际标准,并提出要加强联合国反恐机构与 FATF 的联合工作,全面广泛打击国际洗钱行为和恐怖融资行为。自 2001 年起,世界银行和国际货币基金组织要求受益于金融和结构援助项目的国家实施有效的反洗钱控制措施,同时鼓励各国制定充分的反洗钱法律。除此之外,还有其他众多倡导反洗钱和反恐怖融资活动的国际性组织,如非洲发展银行、亚洲开发银行、国际刑警组织等。

2. 国内反洗钱监管

我国 2004 年就制定了国务院反洗钱工作部际联席会议制度,并在此后一直不断完善改进。该制度由中国人民银行牵头,统筹指导全国的反洗钱工作、制定反洗钱相关政策、协调各部门开展反洗钱工作，是我国反洗钱和反恐怖融资工作的最高议事协调机制。

在监管方面，根据《金融机构反洗钱规定》《金融机构反洗钱和反恐怖融资监督管理办法》的规定，中国人民银行是国务院反洗钱行政主管部门，中国人民银行及其分支机构对金融机构的各项反洗钱工作依法进行监督管理。中国人民银行内设中国人民银行反洗钱局，牵头拟订相关政策规章，监督相关义务机构的反洗钱履职情况，并且统筹全国范围内的反洗钱和反恐怖融资工作；同时，对于法律规定的反洗钱监管职责履行情况，在其职责范围内开展调查活动、查处可疑交易以及实施其他监管。中国反洗钱监测分析中心是根据联合国公约的原则和 FATF 的建议，结合我国国情建立的，直属于中国人民银行。该分析中心的职责是收集、分析、监控和提供反洗钱的各种情报。此外，根据《中华人民共和国中国人民银行法》的规定，国务院的其他部门和机构在法定反洗钱职责范围内也应履行相应的反洗钱监管职责。

二、反洗钱义务的主要内容

（一）反洗钱内部控制制度

根据《反洗钱法》及相关法律法规的规定，金融机构及特定非金融机构应当依法建立健全反洗钱内部控制制度。具体而言，其应当在机构内部设立反洗钱专门机构或者指定内设机构负责反洗钱相关工作，并根据自身的经营规模和洗钱风险状况配备相应的人力资源。该专门机构应按照要求制定公司内部的反洗钱操作规程和控制措施，并定期对员工开展反洗钱培训和宣传工作。此外，还应当通过内部审计或独立审计等方式，监督检查反洗钱内部控制制度的实施情况，机构负责人应当对反洗钱内部控制制度的有效实施负责。

（二）风险自评估制度

金融机构及特定非金融机构应当建立洗钱风险自评估制度，评估机构洗钱风险状况并制定相应的风险管理措施，确保反洗钱资源配置、洗钱风险管理策略与评估所识别的风险相适应。具体而言，评估应遵循全面性原则、客观性原则、匹配性原则和灵活性原则，在对固有风险、控制措施有效性、剩余风险等内容进行评估的基础上，制定、完善相应的洗钱风险控制措施。

（三）客户尽职调查制度

在开展业务的过程中，金融机构及特定非金融机构应当按照规定建立客户尽职调查制度、客户身份识别制度，通过尽职调查了解客户身份、交易背景和风险状况，识别存在不同洗钱风险或恐怖融资风险特征的客户，并采取相应的风险管理措施。具体而言，金融机构及特定非金融机构在建立业务关系或提供一次性金融服务时，应当识别并核实客户、交易的受益所有人、代理人和被代理人身份，了解客户建立业务关系和交易的目的和性质、资金的来源和用途；在与客户业务关系存续期间，应持续关注并审查客户状况及交易情况，对先前获得的客户身份资料的真实性、有效性或者完整性有疑问，或者怀疑客户涉嫌洗钱或恐怖主义融资的，应当重新识别客户身份。

（四）客户身份资料和交易保存记录

根据相关规定，金融机构及特定非金融机构应建立客户身份资料和交易记录保存制度，确保每一笔交易及相关工作都可追溯。在业务关系存续期间，客户身份资料发生变更的，应当及时更新客户身份资料。客户身份资料在业务关系结束后，客户交易信息在交易结束后，应当至少保存 5 年。且对于相关信息的保存，金融机构及特定非金融机构应采取相应的管理措施和技术措施。

（五）大额交易报告制度和可疑交易报告制度

金融机构及特定非金融机构应当对大额交易和可疑交易严格监管并出具报告，针对大额交易和可疑交易报告制度，应当及时向中国人民银行或其总部所在地的中国人民银行分支机构报备。针对大额交易，金融机构及特定非金融机构可结合自身实际拟定风险数额；针对可疑交易，金融机构及特定非金融机构在发现或有合理理由怀疑时，无论是否在业务存续期内都应当向相关监管机构提交可疑交易报告。

（六）反洗钱培训和宣传工作

金融机构及特定非金融机构有义务按照反洗钱预防、监控制度和相关监管要求开展反洗钱培训和宣传工作。具体而言，应建立反洗钱培训制度、制定反洗钱培训计划，并对反映反洗钱培训工作的有关资料及时归档、留存。此外，还应建立反洗钱宣传制度，通过向公司内部人员宣传反洗钱法律法规，逐步促进反洗钱宣传培训工作的制度化、常态化和系统化。

三、融资租赁企业的反洗钱现状

(一)融资租赁企业的反洗钱困境

目前,法律并没有明确规定融资租赁企业的反洗钱工作如何开展,融资租赁企业建立的反洗钱制度体系基本停留在比照监管金融租赁公司等金融机构的法律法规以及借鉴银行等金融机构制度的层面,融资租赁公司的反洗钱工作还存在一些困境。

1. 缺乏成熟的“合规为本”监管方式

银行这类金融机构,存在的洗钱风险较大,但其经过常年规范的反洗钱监管,已经普遍建立了一套完整的反洗钱机制。针对非银行业金融机构反洗钱义务的现有的法律法规已经初步形成制度体系,工作指引已较为完备,但在一些具体规范上仍略有欠缺,仍需参照银行业金融机构的相关规定,对于融资租赁企业来说更是如此。随着监管理念和方法的不断更新换代,中国人民银行开始全面推行“风险为本”的反洗钱工作方法(以“风险为本”的反洗钱监管,是指应该对不同组织机构和业务类型所面临的洗钱风险进行科学评估,并在此基础上决定监管资源的投入方向和比例,确保有限的反洗钱监管资源优先投入高风险机构和业务领域,更好地实现预防和发现洗钱活动的目的)。但“风险为本”始终需要以“合规为本”作为工作前提,只有在监管实践中积累了一定经验,内部反洗钱组织框架等达到合规要求才具备从“合规为本”的监管方式转变为“风险为本”的监管方式的条件。在法规缺乏精细化、标准化的规则指引的情况下,融资租赁企业开展反洗钱工作仍然存在一定困境。在“风险为本”的监管理念下,融资租赁企业须充分发挥主观能动性,结合自身风险确定反洗钱义务的履职方式,但当前大部分融资租赁企业甚至尚且缺乏“合规为本”的监管模式,这使完善以“风险为本”的反洗钱履职模式更加困难。

2. 自身开展反洗钱履职工作存在困难

融资租赁企业在开展业务的过程中,反洗钱工作人员需要识别不同业务类型可能存在的风险,并对各种风险采取及时有效的风险防控措施,这不仅要求反洗钱工作人员具备充分的专业知识,还要求其具备成熟的实操能力。但我国反洗钱工作起步较晚,专业人才储备有限,银行类金融机构在长期反洗钱监管实践中积累了一定经验,具备一定的人才储备,但绝大部分融资租赁企业反洗钱工作刚刚起步,还处于探索和发展阶段,未设置相关人才岗位,也未配备相关的专业人员。且从人力资源的角度来看,企业为了自身发展,更倾向于将相关资源偏向业务部门,而非反洗钱合规部门,这在一定程度上使企业的反洗钱资源得不到扩充,履行反洗钱义务存在困难。

3. 反洗钱义务意识相对淡薄

当前,对于融资租赁企业的反洗钱义务并没有级别较高的法律文件予以明确规定,地方政策又有差别,导致融资租赁企业对于反洗钱工作的履职现状不一。一些规模较大、业务面广的大型融资租赁企业已经开始顺应金融监管潮流,着手实施了一系列反洗钱合规计划建设,并取得了一些成效。但大部分规模适中的融资租赁企业,在法律法规没有明确的强制性规定的情况下,其自身从高级管理层到业务工作人员,反洗钱履职意识淡薄,对于业务过程中的洗钱风险并不明晰,未能及时跟上反洗钱合规建设的步伐。

对此应明确,反洗钱工作是覆盖全体金融机构和非金融组织的,融资租赁企业也包含其中。融资租赁企业在自身企业合规过程中,要加强反洗钱意识,提升公司反洗钱监管履职能力,建立健全成熟的"合规为本"的监管体系,顺应监管潮流,逐步向"风险为本"的监管理念过渡,充分学习借鉴银行业金融机构及非银行业金融机构在反洗钱履职过程中反洗钱合规方面的经验,设置相应部门或机构,合理配置资源,分配相应岗位,扩充人才储备,做好反洗钱的建设工作。

(二)融资租赁企业的洗钱风险

融资租赁企业的洗钱风险虽然没有银行业金融机构的洗钱风险大,但亦可能存在于公司各项业务活动中,主要涉及基于租赁物而产生的收取租金的洗钱风险、基于特殊业务模式而产生的融资洗钱风险、跨境业务中承租人涉联合国制裁名单的识别风险和部分国家管辖风险等。

1. 租赁业务的洗钱风险

一是第三方代付。当承租人与融资租赁企业约定由第三方代付租金时,融资租赁企业应开展充分的客户尽职调查,避免出现承租人与第三方串通,由第三方以合法租金的名义将犯罪所得及其收益等非法来源资金支付给融资租赁企业,再由承租人向第三方支付其经营所得的合法收益,从而为第三方提供洗钱途径的情形。

二是提前偿还租金。在承租人与融资租赁企业签订融资租赁合同,明确约定付款期数与金额后,承租人提出提前偿还租金时,融资租赁企业应开展相关调查,了解提前偿还的资金来源,避免承租人将非法资金用于偿付租金,在获得租赁设备后将其折价、变卖以获得收益从而达到洗钱目的。

三是租赁物。在直接租赁的经营模式中,融资租赁企业在与客户进行交易时,要谨防价格欺诈,应建立完善的询价机制,其中涉及确定租赁物的采购价格及其租赁条款。对于供应商提供的服务内容,融资租赁企业需要进行全面评估,包括价格、产品质量以及供应商的信誉等,询价过程应公正、透明,避免承租人与不良设备供应商串通,通过价格欺诈骗取价款资金用于非法目的。

四是回租资金。在售后回租的业务模式中,承租人通常需要变现融资,将标的物出售给融资租赁企业获得资金,再将标的物租回使用。该种业务模式下客户通常需要回租资金充当流动资金以及进行多元化投资等。融资租赁企业应跟踪资金用途,避免承租人改变回租资金用途以致不能形成新的产能及租金来源,同样要避免承租人将变现的资金用于各种非法活动。

2. 筹集资金业务的洗钱风险

融资租赁企业自身资本来源有限,在进行业务交易的过程中,其融资能力直接关系公司的发展。我国融资租赁企业开展业务过程中的资金来源主要包括股权性融资、发行企业债券融资、债权性融资项目融资等。在筹募资金的过程中,同样需要防范不法分子利用非法资金出资或者向融资租赁企业增资,再通过介绍业务、转让股权等方式掩盖真实目的,从而将非法资金清洗。

3. 跨境业务的洗钱风险

大型融资租赁企业通常需要进行跨境业务,在开展涉及别国金融管辖的跨境业务过程中,尤其需要注意来自美国财政部海外资产控制办公室(Office Of Foreign Assets Control,OFAC)的金融制裁。如果该机构将公司的合作方列入其制裁名单,只要在美国的"长臂管辖"能够控制和影响的范围内,被制裁者的所有金融行为都可能面临被拒绝、财产被冻结的风险,从而影响公司的利益。此外,其余各国、各国际组织都有自身的金融制裁名单,融资租赁企业在开展跨境业务时需要额外注意。因此,融资租赁企业在开展项目的尽职调查时,如果未能识别出承租人和担保人等业务相关人员与美国等国家或国际组织的制裁名单相关,就可能面临被制裁的风险。

第二节 融资租赁企业的反洗钱合规制度架构

一、反洗钱内部控制制度

依据相关法律法规,融资租赁企业应当能够依法建立健全企业自身的反洗钱内部控制制度,这就要求其应该在公司内部设立反洗钱专门机构或者指定公司内设机构负责反洗钱相关工作，该机构同时应负责制定公司的反洗钱内部操作规程和控制措施，并且应定期对公司员工进行反洗钱相关培训，提升公司全体员工的反洗钱履职意识和工作能力，推进公司整体反洗钱工作进程。

完整的反洗钱风险管理制度体系和内控机制，需要对公司的整体架构和整个业务流程进行全面、充分的覆盖，主要应具备以下几个基本要素：管理架构、管理策略、管理计划、管理政策和程序、信息系统与数据治理、稽查及绩效考核与奖惩机制、教育培训、客户身份识别、大额交易和可疑交易报告、身份资料和交易记录保存、保密等；内容应当涵盖反洗钱履职所涉及的方方面面。

（一）管理架构

融资租赁企业应能建立组织健全、结构完整、职责清晰、规则明确的反洗钱风控组织架构，在架构上明确职责分工，建立起层次分明、相互协调、有效协调的运行机制，确保各个环节的反洗钱工作都畅通进行。

（二）管理策略

融资租赁企业应当定期评估其策略的有效性，制定出科学、清晰、可行的反洗钱风险控制策略，并根据每期的评估情况适时进行调整完善。

融资租赁企业的反洗钱风险控制策略应针对反洗钱监管要求的“风险为本”来规划，与本公司的风险偏好相适应。融资租赁企业可根据风险的性质以及危险程度，选择不同的风险应对策略。常见的风险应对策略包括风险规避、风险控制、风险转移等。比如，反洗钱合规管理可选择风险规避策略，坚持底线思维，对董事、高级管理人员和其他员工的严重违纪违法行为零容忍，对重大金融违法犯罪行为要坚持守住底线不发生，不能让融资租赁业务成为洗钱、恐怖融资等违法犯罪活动的便捷通道。

通过员工培训教育、专门政策宣传等形式，反洗钱风控策略可以在机构内部得到充分传递，成为完善相关制度和工作机制的基础，反洗钱资源在人员、资金、制度等方面也能够得到合理配置和统筹安排。

（三）管理计划

1. 总体要求

融资租赁企业应按照年度制定反洗钱工作计划，并由反洗钱管理部门牵头组织实施，明确各部门、各事业部的反洗钱风险控制工作目标、措施和要求。

融资租赁企业应当在每年的第一季度完成计划制订工作，报高级管理层批准后实施，并在下一年的第一季度完成上一年度的计划执行工作报告（反洗钱工作报告），向高级管理层及董事会报告。

2. 报告制度

融资租赁企业应建立反洗钱风险和合规工作报告制度。境内外分支机构、相关部门应当及时向融资租赁企业总部报告反洗钱风险评估情况、风险事件、风险异动等情况。各部门、事业部应及时向融资租赁企业的反洗钱管理部门报告反洗钱风险评估情况、风险事件、风险异动等情况。对于反洗钱风险评估情况、合规管理工作情况、反洗钱工作计划执行情况、风险事件、风险异动等，反洗钱管理部门应及时向董事会和高级管理层报告。

3. 应急计划

融资租赁企业应制定明确的应急预案制度，提出有针对性的应对措施，对反洗钱工作可能遇到的洗钱、恐怖融资、制裁合规等风险进行研究，并据此对公司董事会、高级管理层及各部门和事业部的风险应对行为进行指导。

融资租赁企业应根据自身战略、业务和技术的更新换代情况，及时、有效地完善和更新应急预案，并定期进行演练或测试，确保发生突发事件时，该应急计划能够及时应对和处理现实中的紧急情况。

4. 应对措施

针对各种风险事件，融资租赁企业要能够迅速建立起分类型、分层级的风险应对小组，同时及时召集相关部门进行商议，形成风险应对初步预案，并在第一时间上报董事会。风险事件的风险程度越严重、风险级别越高，相应应对小组牵头负责的领导人的层级也应该越高，这样才能确保应对小组有足够的资源调度能力。

二、风险自评估制度

融资租赁企业应在总部层面建立洗钱风险自评估制度，洗钱风险自评估的目的是为企业的洗钱风险管理工作提供必要的基础和依据，公司应充分运用风险自评估结果，确保反洗钱资源配置、洗钱风险管理策略、政策和程序与评估所识别的风险相适应。

（一）评估原则

1. 全面性原则

该原则要求风险自评估工作涵盖本公司的全部经营地域、客户群体、产品经营

（包括服务）、交易或交付渠道；覆盖所有涉及洗钱风险管理的境内、境外分支机构和部门；保证充分考虑到了各方面的风险因素，贯穿决策、执行和监督的各个管理环节。

2. 客观性原则

该原则要求对公司可能存在的洗钱风险和管理漏洞进行全面、准确地揭示，以客观、公正的态度为基础，以充分、完整的事实为依据，收集有关数据和资料。

3. 匹配性原则

洗钱风险自评估的性质和程度应当与融资租赁企业自身经营的性质和规模相匹配，在国家洗钱风险评估或中国人民银行认可的行业风险评估报告中被认定为中等以下风险水平的行业机构，或经营规模较小、业务类型简单、客户数量较少的机构和组织，在评估过程和评估内容上可以适当简化。

4. 灵活性原则

反洗钱专门机构应当根据经营管理、外部环境、监管法规、洗钱风险状况及其他因素的变化，适时调整自评估指标和自评估方法。对于存在较大风险的地区和领域，应当缩短自评估周期，提高自评估频率。

（二）评估内容

评估内容应包括固有风险评估、控制措施有效性评估、剩余风险评估等。固有风险评估可反映出融资租赁企业在不具备控制措施的情况下，可能被利用进行洗钱和恐怖融资的概率。控制措施有效性评估可反映出融资租赁企业在采取了相应控制措施的情况下，对固有风险进行管理和缓释的有效程度，进而可对尚未得到有效管理和缓释的剩余风险进行评估。

融资租赁企业应当建立与其经营规模、复杂程度相匹配的洗钱风险自评估指标和模型，确保有效识别风险管理漏洞，提高自评估结论的准确性和针对性。

（三）结果运用和管理

融资租赁企业应当以自评估报告和结论为基础，制定或持续调整、完善经高级管理层批准的洗钱风险管理政策、控制措施和程序，并关注控制措施的执行情况。

融资租赁企业应当建立洗钱风险自评估成果共享机制，明确共享的内容、对象和方式，以及信息保密要求，确保相关条线、部门和分支机构在推动洗钱风险管理措施在全系统落地实施时，对与之相关的洗钱风险特征和程度做到清晰明白。

融资租赁企业应当动态、持续关注风险变化情况，及时更新完善本企业的自评估指标及方法,特别是在可疑交易监测分析结果或外部协查情况与评估结果出现明显偏差时,应及时分析原因并调整风险评估方法或改进可疑交易监测模型。

融资租赁企业应当积极加强内部的自评估相关系统建设,建立并定期维护产品业务种类清单、客户类型清单等,逐步实现自评估所需的各类数据信息的准确提取,提高自评估工作实效。

三、客户身份识别制度

在开展融资租赁业务的过程中,融资租赁企业应当根据有关规定,建立健全并充分落实客户身份识别制度,对存在不同洗钱风险或者恐怖融资风险特征的客户、关联业务或者交易种类,严格遵循“了解你的客户”原则,采取相应的识别措施,确认客户的真实性,确认其交易目的和交易性质的真实性,知悉此次交易的实际控制人及此次交易的实际受益人情况。

(一)基本要求

在公司内部建立专门的客户身份识别制度系统,将客户身份识别制度中的各项要求融入日常业务流程、操作规程,并在必要时采取相应的技术手段与方式,确保下列基本要求的实现:

1. 勤勉尽责,了解客户从事业务和交易的真实情况和真实目的、意图。

2. 对于非自然人客户,了解其真实受益者的情况;对于自然人客户,了解交易是否由其本人操作,其是不是此次交易的实际受益人,他人代为操作的,要了解代理情况的真实性。

3. 对于身份不明或者拒绝提供身份证明、拒绝身份查验的各类客户,不允许在任何情况下为其开立匿名或者假名账户,不允许向其提供任何服务或者与其进行任何交易。

4. 对于明显或较大可能具有非法目的的客户,不得与其建立各类业务关系。

(二)制度规范

融资租赁企业应严格遵循并具体执行下列要求,以有效建立客户身份识别制度或操作规程:

1. 充分了解客户等在内的客户身份识别工作的基本原则,建立对客户的基本管理政策,包括客户准入、拒绝交易的各种情况等,登记、采集、核实、留存和更新客户信息和身份资料。

2. 明确客户身份识别措施及其规范要求，包括需要采集的资料信息，留存资料等，识别、核验身份信息的方式等。

3. 在企业内部建立客户风险分级分类标准及规程，逐步建立起持续性的客户身份识别措施，另外在企业内部还需要逐步建立不同类型客户的客户身份识别制度，如非自然人客户受益人的识别、外国政要或有一定影响力人物及其特定关系人的识别、与其他金融机构等开展业务合作时的识别、对特定高风险客户的针对性强化性身份识别，针对不同客户的身份识别结果，采取相应的风险应对措施。

四、客户身份资料和交易记录保存制度

根据安全、准确、完整、保密的原则，融资租赁企业应当妥善保存涉及客户身份的相关资料和全程交易记录，确保在必要时（客户身份存疑、可能存在异常交易、涉及洗钱情况）能够及时有效提供调查所需的资料，确保能重现每项交易。

（一）基本要求

相关规定要求，融资租赁企业应建立健全并妥善落实客户身份资料和交易记录保存制度，强化内部管理措施，统筹考虑并严格遵循保存范围、方式和期限的规定，及时更新保存技术手段，逐步完善相关信息系统，确保客户身份资料信息和交易记录能够完整、准确和有效保存，确保每一笔交易及相关工作都可追溯，相关交易过程能够完整重现。

融资租赁企业应当在遵循保护个人信息要求的同时，采取必要的管理措施和技术手段，以适当的方式记录工作过程，在开展保存工作时，应当确保洗钱风险管理人员方便获取相关信息。

对于开展反洗钱工作所必需的信息和数据，融资租赁企业不得违反规定设置信息获取障碍，影响或阻止反洗钱工作部门的正常获取。融资租赁企业应当建立适当、便捷、高效的授权流程机制，明确获取信息和数据的工作程序，向相关监管部门快速、便捷、准确地提供客户身份信息和按照规定进行的交易记录。

（二）保存范围

融资租赁企业保存的客户身份资料应该覆盖业务、交易的全过程，包括公司开展客户身份识别工作的情况记录，确保每一笔交易、每一项工作都能够完整再现，保证任何情况下都能真实、完整、安全、合规地保存客户身份资料和交易记录。

1. 保存期限

参照银行业金融机构的相关监管要求，自业务关系结束当年，客户身份资料和客户交易信息应至少保存5年。各个融资租赁企业可根据公司实际情况，制定自身的保存制度，确定保存期限。

当存在以下情况时，应将保存时间延长：如果相关信息资料可能与正在被调查的与反洗钱有关的可疑交易活动相关，且该调查活动在最低保存期限内仍未结束，融资租赁企业在其规定的最低保存期限届满后还应将相关信息资料保存至该调查工作结束。如果公司破产或者解散，应当向监管机构指定的机构移交客户身份资料和交易记录。

2. 保存方式

对相关信息的保存应做到科学、合理、安全，为防止客户身份资料、交易记录等的缺失和损坏，严防客户身份信息和交易信息的泄露，确保信息资料保存的完整、准确，融资租赁企业应采取相应的管理措施和技术措施。

五、大额交易和可疑交易报告制度

融资租赁企业应当学习银行业金融机构制定内部管理制度和操作规程，针对大额交易和可疑交易，依照相关监管要求，严格监管并出具报告，并对大额交易和可疑交易报告制度的执行情况进行监督管理。对于大额交易和可疑交易报告制度，融资租赁企业应当向中国人民银行或其总部所在地的中国人民银行分支机构报备。

对于大额交易和可疑交易报告的具体数额和情况，融资租赁企业可参考银行业金融机构或其他金融机构执行的具体金额及情形标准，结合自身公司规模、业务模式、客户风险等情况，制定适合本公司的具体制度并遵照执行。

（一）大额交易报告

针对公司与非自然人客户，及自然人客户发生的当日单笔或者累计交易人民币数额达到一定风险数额或外币等值达到一定风险数额的款项划转，该风险数额由融资租赁企业结合自身实际，以具体制度形式拟定。

（二）可疑交易报告

不考虑交易所涉及的资金金额或资产价值大小，当没有发生大额交易，但融资租赁企业发现或者有合理理由怀疑客户、客户的资金或者其他资产、客户正在进行的交易或者试图进行的交易存在疑点，或可能与洗钱、恐怖融资等犯罪活动相关的，无论是否在业务存续期内，融资租赁企业都应当向相关监管机构提交可疑交易的报告。

融资租赁企业应当结合自身经营交易情况，制定适合本公司的交易监控标准，并对其有效性负责。交易监测标准应充分参考相关规范性指引和官方报告，力求做到全面、客观、有效。

参照中国人民银行对于非银行支付机构大额交易报告所应具备的要素的要求，融资租赁企业可比照表4－1的示例，编制报告。

表4－1　报告公司基本信息

报告公司名称：	报告公司所在地区编码：
上报类型：	
客户基本信息	
自然人客户	
客户姓名：	客户联系方式：
客户身份证明文件类型：	客户身份证明文件编码：
客户号：	客户职业类别：
客户国籍：	客户住址：
非自然人客户	
客户名称：	客户地址：
客户身份证明文件类型：	客户身份证明文件编码：
法定代表人	
姓名：	联系方式：
身份证明文件类型：	身份证明文件编码：
报告交易信息	
客户交易的银行账户类型：	客户交易的银行账号：
客户银行账号的开户银行名称：	客户支付账户类型：
异常交易时间：	交易发生地：
货币资金转移方式：	资金用途：
交易币种：	交易金额：

续表

大额或可疑交易信息描述	
情况描述：	疑似涉案类型：
其他说明/补充：	报送紧急程度：

报告人签字/盖章： 联系电话： 报告日期：

六、反洗钱培训和宣传工作

融资租赁企业有义务开展公司反洗钱培训和宣传工作，应当按照反洗钱预防、监控制度和相关监管要求进行。

（一）培训

建立反洗钱培训制度，制订反洗钱培训计划，确保全体工作人员充分理解反洗钱的监管政策和应尽的义务，提高全员反洗钱意识水平和工作水平。

反洗钱培训制度应当包括新员工的入职培训，管理、业务人员的持续培训，反洗钱岗位人员专业培训等不同形式、不同规格的反洗钱培训，覆盖从董事会成员到基层员工等各个层面的人员，兼顾不同人群、不同层次，培训范围涵盖反洗钱工作的各个层面。原则上，每名业务人员应每年至少接受一次与本岗位反洗钱工作职责相匹配的反洗钱培训教育。必要时，反洗钱培训应延伸至重要的商业合作伙伴、重要的客户及其工作人员。

对反映反洗钱培训工作的有关资料应及时归档、留存，确保能够完整地反映培训工作的开展情况，以便于监管机构对培训工作进行评估和考核。

（二）宣传

建立反洗钱宣传制度，确保在公司内部形成良好的金融秩序和社会风气，夯实反洗钱及反恐怖融资工作的社会基础，通过向公司内部人员宣传反洗钱法律法规，逐步推动反洗钱宣传培训工作的制度化、常态化和系统化。

第三节　融资租赁企业反洗钱合规制度建设示例

一、某融资租赁公司反洗钱合规制度示例

(一)编制目的

为有效预防、监控、及时制止不法分子利用某融资租赁企业融资租赁业务从事各类洗钱活动,促进公司健康有序发展,构建有效的公司合规体系,根据《反洗钱法》等有关法律法规和中国人民银行等监管机构颁布的各项明确规定和具体规章制度,结合某融资租赁企业自身的实际风险管理现状,经过认真调查、研究、分析总结后制订本合规方案计划。

(二)编制原则

1. 合法性原则

公司以《反洗钱法》为核心,围绕反洗钱相关法律法规、规章和规范性文件以及涵盖反洗钱内容的附属性法律规范,在符合实体正当性和程序正当性要求的同时,构建自身的规范性制度体系。

2. 科学性原则

以反洗钱法律法规为依据,结合公司自身实际情况,制定更为具体明确、具备可操作性的合规计划。公司将结合具体工作安排,及时修改和完善反洗钱合规制度,并根据反洗钱监管政策的变化情况进行相应的修订和完善。

3. 全面性原则

在反洗钱工作方面,反洗钱合规计划应覆盖反洗钱的所有工作,就公司的内部结构而言,要涵盖各个部门,包括董事会、监事会、高级管理层、业务部门、内部审计部门等;就内部制度而言,要涵盖涉及反洗钱的各项法律法规等规范性文件要求的所有职责内容;就公司业务而言,要覆盖公司所有的产品与服务。

(三)方案设计

1. 建立和完善合规的反洗钱管理组织架构

为更好贯彻落实反洗钱工作,公司拟组建反洗钱合规管理机构,将其作为负责公司各类反洗钱合规工作的独立部门,进一步明确公司的反洗钱职责。公司对洗钱风险管理中的全部门,包括董事会、监事会、高级管理层等高管部门,以及业务部门、内部审计部门、人力资源部门、信息技术部门、法务部门和相关附属部门的职责分工进行了明确规定,建立起清晰的层级运作机制,相互协调、有效配合。

2. 健全反洗钱内部控制制度

公司应将反洗钱内部控制与公司的日常经营管理和业务活动有机融合，将其纳入公司的基本框架并成为有效的制衡机制。公司健全系统完备、内容完善的反洗钱内部控制制度，明确各项工作制度的操作流程和责任分工等，确保反洗钱各项工作的有效开展。公司修订内控审核制度、会计账簿制度等，加强业务、财务监督，与相关部门负责人签订责任书。

3. 开展洗钱风险自查

公司严格遵守反洗钱相关法律法规，建立洗钱风险自评估制度，遵守各项评估原则，完善自评估指标及方法，重点开展以下自评估工作：企业及有关人员是否对反洗钱相关法律法规有充分、全面的了解；企业及有关人员是否对洗钱行为的危害有充分、全面的了解；公司高层、反洗钱合规管理部门是否明晰各项反洗钱监管法律规定，是否发挥了企业反洗钱的组织协调及监督作用；企业是否定期更新业务交易信息及客户信息等。

4. 严格执行各项内部控制制度

对于公司的各项反洗钱管理政策和规章制度，公司全体员工应严格遵照执行。资金流通、会计账簿等事项，应严格经过反洗钱合规管理部门的审查，未经审查不得发生资金来往。

5. 开展不定时反洗钱培训

为增强公司员工反洗钱的能力，提高其自觉性，公司对全体员工进行不定期的反洗钱知识培训和宣传，开展反洗钱合规建设培训工作，有针对性地提高反洗钱合规管理部门相关人员及高层管理人员的合规建设水平。公司建立洗钱风险举报制度和奖惩制度，设置洗钱风险合规考核指标，视情况对及时发现相关风险隐患的人员予以不同的奖励，对具有违规行为的责任人员按严重程度追究相应的责任。

（四）反洗钱合规建设领导小组

为更好组织统筹反洗钱合规建设，开展反洗钱合规工作，公司拟成立反洗钱合规建设领导小组。

组长：公司法定代表人。

成员：公司财务负责人、公司法务负责人。

必要时应聘请外部资深专家担任相关领域的咨询顾问。

（五）合规计划实施

公司为建立长效合规机制，保证持续、有效、规范运营，现拟定6个月的合规建设计划如下。

20××年××月×日至20××年××月×日——建立反洗钱合规管理机构，完善公司各项规章制度。

1. 合规管理机构

公司建立反洗钱合规管理机构，将其作为反洗钱合规的独立工作部门，部门设立反洗钱专员岗位，由公司财务审计人员和法务人员兼任，必要时聘请外界资深行业专家作为顾问。部门关于洗钱风险管理政策和程序以及各项反洗钱规章制度的制定和起草，由高级管理层负责审核，最终由董事会审批。公司制定专门规章，明确机构设置和变更、人员任职、任命、人事变更及保密义务等相关事项，并实时以纸质或电子形式记录、更新相关信息，以便监管单位和审计机构能够及时查证。

2. 合规规章制度

建立健全反洗钱工作相关的制度，具体包括：

(1)建立客户身份识别制度，明确规定识别的要求、方法、流程以及管控措施，以保证客户及公司安全。针对不同业务类型的客户，制定相应规章，完善具体需求，如首次识别、持续识别和重新识别等。

(2)建立客户洗钱风险登记制度，区分不同业务类型、行业类型等，按照客户的特点，建立客户洗钱风险等级制度，严格按照制度要求对客户进行等级划分，并根据实际情况进行变通，适当调整风险等级。

(3)建立客户身份资料及交易记录保存制度，在遵守相关信息保存的法律规范的前提下，在建立内部信息互通机制的同时明确客户身份资料、保存内容以及保存方式，保证保存的秘密性。

(4)建立大额交易和可疑交易报告制度，对相关流程进行实时监控和分析，形成识别、拦截、审查机制，并及时向合规管理机构报告相关风险业务，以及时预警、避免不当交易行为。

3. 合规履职责任

反洗钱合规管理机构牵头开展反洗钱合规建设工作，对各部门的反洗钱工作进行组织、协调、沟通和落实，并作为独立的反洗钱合规工作部门负责公司各项反洗钱合规工作。

反洗钱工作领导小组负责反洗钱合规建设工作协调统一开展，围绕反洗钱合规建设工作的专业性和针对性，有效组织相关部门整合内部资源开展工作。

强化反洗钱法人监管，强化董事会、监事会、高级管理层的反洗钱履职责任，确保董事会、监事会、高级管理层能够及时获取公司洗钱风险信息和反洗钱合规信息，对公司反洗钱合规管理与执行情况做到实时明确。具体而言，由董事会领导授权并进行审核；高级管理人员牵头实施，执行董事会决议，并将工作情况上报董事会；监事会履行监督管理责任，并及时建言献策。

明确业务部门反洗钱的责任与义务，发挥业务部门在反洗钱工作尤其是洗钱风险管理方面的积极作用。一线业务人员要深度参与反洗钱工作，熟悉相关业务，充分了解客户，有效评估洗钱风险。

审计部门对反洗钱工作实行定期内部检查与审计，要做到及时发现问题、及时整改、及时落实执行；法务部门提供相关法律及合规支持；人力资源部门保障人员选用符合相关标准，建立反洗钱绩效考核和奖惩机制，为反洗钱培训与宣传提供支持；其余附属部门为反洗钱信息系统提供日常维护和必要的技术支持，配合其他相关部门开展日常工作。

4. 合规评估机制

反洗钱合规管理机构定期对各个环节的合规建设、运营情况开展评估和审查，确保反洗钱合规工作落到实处，并持续关注法律法规及各项规章制度的更新、变动，对各项规章制度及公司重要文件强化审查，要求跟进修改，保证合法合规、切合实际。

合规管理机构制定相应的合规管理制度，针对公司具体情况，制定员工合规行为规范，针对重点业务领域和重点交易，按风险程度制定专项合规管理制度。

5. 合规监督机制

建立全员参与、全员监督的反洗钱合规监督机制，公司员工在日常经营管理及业务往来中应能及时、有效发现违规行为并将可能涉及违规的事项及时上报合规管理机构审查研究。

合规管理机构认为有违反合规、存在反洗钱风险的事项，应及时勒令相关部门及人员进行整改，有关部门应及时作出回复并积极整改。合规管理机构内部对相关事项存在争议的，应上报董事会，由董事会作出决议。

6. 合规风险应对机制

建立和完善合规风险识别预警机制、风险防范机制等，由合规管理机构牵头，定期发布合规风险报告，对业务经营活动中可能存在的合规风险进行全面系统的梳理。同时，对存在较大可能产生一定严重后果的风险，发布预警并定期出具风险预警报告，就初步应对措施作出说明。

当风险切实发生时，合规管理机构应配合相关司法机关调查并进行后续处理。

7. 合规绩效考核机制

将反洗钱合规工作履职情况纳入绩效考核体系，督促公司各级及一线员工切实履职。公司建立反洗钱奖惩机制，明确规定相关人员的处理权限，对切实履行反洗钱合规计划、认真遵守各项规章制度、及时发现合规风险的员工给予适当的物质奖励；对未能认真履职、存在违规行为的员工追究相关责任，依轻重给予不同惩罚。

8. 合规培训机制

公司通过多种渠道和途径宣传反洗钱方面的合规文化，在公司内部营造良好的合规氛围。

合规管理机构制定反洗钱合规宣传和培训计划，针对不同主体，包括一线业务人员、合规员工、公司高层等，制定相应的合规宣传和反洗钱培训计划，由人力资源部门协助实施，并制定不同培训方案，以保证相关人员在每一季度都能获得一定的培训时长。

（六）结语

公司高度重视反洗钱合规建设，为保证公司持续平稳发展，公司全体员工应积极参与、认真履职，将合规计划全面落实。

二、某融资租赁公司客户身份识别制度示例

第一章　总　　则

第1条　本客户身份识别制度（以下简称本制度）为了保障国家反洗钱工作的有效实施，加强本公司的客户身份识别工作，防范洗钱风险，根据《反洗钱法》等相关法律法规制定。

第2条　本制度作为公司反洗钱内部控制制度体系的一部分，适用于本公司及境内分支机构的全体员工。

第3条　本制度所称客户身份识别，是指公司针对具有不同洗钱或恐怖融资风险的客户，在与客户建立各类业务关系或者为其提供融资租赁服务时，采取相应的措施，做好尽职调查，核实并记录客户的真实身份。同时，了解客户的企业情况、经营情况、交易目的、交易性质、资金来源、资金用途、租赁物用途、实际收益等，做到对客户的身份信息和资料的及时更新，在业务关系、交易存续期间跟进调查。

第4条　本公司全体员工应认真阅读本制度的规定，并严格遵守本制度及其他反洗钱内部控制制度体系内的全部要求。

第二章　一般原则

第5条　开展工作时，全体员工应遵守“了解你的客户”原则，了解客户的真实目的和本次交易的真实性质，了解实际控制客户的自然人和本次交易的实际受益人。

第6条　为保证客户身份资料的完整性，应在客户识别过程中收集客户的全部必要信息。

第7条　员工对于客户的身份信息应严格遵循公司的保密制度、数据安全制度和数据存储与传输制度等，严防信息泄露。

第三章　客户准入

第8条　存在下列情形，公司应拒绝为客户提供融资租赁服务及进行业务往来：

(1)本次交易实际控制客户的自然人和交易的实际受益人未能确定；

(2)客户或其控股股东、实际控制人或者实际受益人属于“制裁名单”范围内的实体或个人，包括但不限于中国政府发布的恐怖组织、恐怖分子名单以及联合国等国际组织与美国等国家发布的制裁名单；

(3)客户或其控股股东、实际控制人或者实际受益人来自FATF认定的高风险国家或地区；

(4)客户隐瞒或者提供不实的身份信息、经营信息及交易信息；

(5)客户要求以匿名、假名建立业务关系或者开展融资租赁合作；

(6)客户与“制裁名单”范围内的实体和个人进行业务往来。

第9条　存在下列情形，公司应认定存在高风险，应以高标准开展客户尽职调查，提高客户准入门槛：

(1)客户涉嫌违法犯罪；

(2)客户被银行认定为高风险客户；

(3)客户或其控股股东、实际控制人、实际受益人为外国政要（现任或者离任、即将离任的在外国履行重要公共职能的人员，包括但不限于国家元首、政府首脑、高层政要、政府部门高级官员、政党要员、公立机构高级管理人员等，以及与外国政要有密切关系的人员，包括但不限于其父母、配偶、子女、兄弟姐妹等亲属）或有一定影响力的人物；

(4)客户提供的开户资料存在明显瑕疵或客户行为明显异常；

(5)客户操作存在较高洗钱风险的板块；

(6)客户在一定时间内频繁发生大量现金或非面对面交易；

(7)客户信用等级低，但经常从事高额度、高风险类业务；

(8)其他存在高风险因素的情形。

第10条　存在下列情形，可认定为低风险客户：

(1)非营利性社会事业单位或机构，如公立学校、公立医院等；

(2)省级以上大型国有企业;

(3)在中国境内或FATF成员国证券交易所上市的上市公司;

(4)公司已经充分了解,经综合评定后认为洗钱风险较低的客户;

(5)其他可认为具有较低洗钱风险的情形。

第四章 客户识别

第11条 在本公司业务范围内与客户进行业务往来、提供融资租赁服务时,识别客户身份,包括实际控制客户的自然人和本次交易的实际受益人。了解客户的基本情况,包括经营背景、营业场所、经营范围、财务状况、征信信息等基本信息。核查客户的有效身份证件及其他身份证明文件,必要时可寻求公安、工商、税务等部门协助。登记客户身份信息,并留存相关复印件或影印件。

第12条 客户业务由他人代理的,应当在向被代理人和代理人落实相应的客户认定措施的同时,采取合理的方式确认代理关系真实有效。

第五章 尽职调查

第13条 公司首先开展对所有客户的基本尽职调查工作,同时加大对高风险客户的尽职调查力度。

第14条 个人客户基本尽职调查:

(1)核对客户有效身份证件;

(2)登记客户基本身份信息,包括客户的姓名,性别,国籍,民族,职业,住所地或者工作单位地址,联系方式,身份证件或者有效身份证明文件的种类、号码和有效期限等,并留存相关复印件或影印件。

第15条 单位客户基本尽职调查,个体工商户比照单位客户办理:

(1)查验客户法定代表人或其实际控制人的有效身份证件,核对企业营业执照信息;

(2)登记客户基本身份信息,包括客户的名称、住所、经营范围、营业执照号码及有效期,控股股东或者法定代表人、实际控制人的姓名、身份证件或有效身份证明文件的种类、号码和有效期限等,并留存相关复印件或影印件;

(3)根据实际情况,通过询问客户、要求客户提供相关资料、委托有关机构协助调查,或者其他可行方式进一步了解客户公司的所有权结构;

(4)根据实际情况,采用上门核实、电话回访、邮寄等方式核实确认客户的实际情况,并记录、保存相关调查情况。

第16条 个人客户加强型尽职调查:

(1)要求客户补充提供身份证明文件,职业、住所、资金等信息,包括但不限于户口簿、机动车驾驶证、社会保障卡等。对外国公民,要求其提供护照或在中国境内的外国人居留证或临时居留证等,并协调公安部门或采取合法措施对该客户账户相关身份信息进行核查。客户职业信息证明文件包括工作证等,客户住所信息包括客户地址的产权证明文件、租房合同等,资金信息包括收入或支付证明材料、商业合同等。

(2)根据实际情况,通过电话回访、邮寄资料、约见面谈等方式核实确认客户的实际情况。

(3)必要时向公安部门等证件签发部门核实客户身份。

第17条　单位客户加强型尽职调查:

(1)补充查询工商信息、登记记录、注册资料及客户公司章程,审核客户股东结构、业务范围等;

(2)要求客户提供经营性资料,如财务报表、合同、运单、发票等,了解客户资金来源及用途、交易对象及交易标的,了解客户经营规模、经营现状、企业发展等;

(3)向工商部门等证件签发部门核实客户身份。

第六章　客户身份持续识别

第18条　业务交易关系存续期间,公司应当对客户及其日常经营活动、业务存续情况、交易情况等采取积极有效的客户身份识别措施并持续关注,客户身份资料、信息发生变更的,及时提醒客户并更新资料信息。

第19条　存在以下情况,应当对客户身份信息进行重新识别:

(1)客户要求变更重要信息,包括但不限于变更姓名、身份证件种类、号码、注册资本、经营范围、法定代表人等;

(2)客户存在交易行为或操作异常;

(3)客户姓名、名称与犯罪嫌疑人、涉及洗钱或恐怖融资分子的姓名、名称相同;

(4)有合理理由认为客户有洗钱、恐怖融资活动嫌疑;

(5)客户前后信息矛盾或不一致;

(6)先前获得的客户信息经持续审查发现存在疑点;

(7)其他经公司研究决定应当重新识别客户身份的情形。

第七章　客户身份资料保存

第20条　公司应妥善保管客户身份资料等文件资料及相关数据,防止毁损、灭失、遗漏。

第21条　对反映本公司开展客户身份识别工作的工作记录和资料,以及客户身份信息、资料、交易记录均应当保存。

第22条　客户身份信息资料，自业务关系结束当年起至少保存5年。

如果客户身份资料涉及洗钱等相关可疑交易活动且正在被调查，且在前款规定的最低保存期限届满后该调查工作仍未结束，应将客户身份资料保存至洗钱等相关可疑交易活动调查工作结束。

第八章　责任与监督

第23条　反洗钱合规管理部门和专职人员负责监督、指导、检查和考核，确保客户身份识别工作具备准确性和合规性，及时发现问题并能予以纠正。

第24条　在履行客户身份识别义务时，发现客户有可疑行为的，应立即向反洗钱合规管理部门报告，公司根据要求向中国反洗钱监测中心等相关监管部门报告。

第25条　定期对客户身份识别工作进行自查和整改，发现问题及时向反洗钱合规管理部门报告并根据要求整改。

第九章　附　　则

第26条　本制度由反洗钱合规管理部门制定，由反洗钱合规管理部门负责解释、修订和维护。

第27条　公司全体员工自印发本制度之日起遵照执行。

第五章

融资租赁企业反舞弊合规管理

第一节 反舞弊合规概述

一、舞弊的概念

(一)舞弊的定义与特征

"舞弊"是常用汉语词汇,通常用于表示使用欺骗的手段,做违法乱纪的事。我国法律目前未对舞弊作出明确的定义。反舞弊合规管理语境下的"舞弊",通常参考审计准则中的相关定义,是指管理层、治理层、员工或第三方使用欺骗手段获取不当或非法利益的故意行为。[①] 此外,美国注册会计师协会(American Institute of Certified Public Accountants, AICPA)发布的《财务报表审计中舞弊的考虑》中,将审计视角下的舞弊定义为导致审计对象的财务报表出现重大错误的故意行为,并列出了审计应当关注的两类舞弊行为,即虚假财务报告和挪用资产。[②] 美国注册舞弊审查师协会(Association of Certified Fraud Examiners, ACFE)将雇员欺诈定义为故意滥用、错用受雇组织的资源或资产,滥用职权中饱私囊,同时将舞弊界分为挪用资产、财务舞弊和腐败三个类别,其中腐败又包括了利益冲突、贿赂、非法感谢费、经济勒索四种类型。[③] 国际内部审计师协会(Institute of Internal Auditors, IIA)发布的《全球内部审计准则》将舞弊定义为个人或组织为获得不公正或非法的个人或商业利益而实施的以欺骗、隐瞒、不诚实、挪用资产或信息、伪造或违反信任为特征的任何故意行为。[④] 我国法律目前虽未对舞弊的内涵进行界分,但典型的舞弊表现形式,如挪用资产、虚假财务报告等具体行为均受到法律的强制约束,以维护私权和市场竞争秩序。

实施舞弊的主体通常是企业管理层、治理层、员工,这些主体本身处于企业内部,舞弊行为不易被察觉。同时,治理内部舞弊的成本较高,一些企业疏于防范,在面对结构性的内部舞弊时束手无策,只得任其吞噬。总体上,舞弊有以下三个特

---

① 《中国注册会计师审计准则第 1141 号——财务报表审计中与舞弊相关的责任》(2019 年 2 月 20 日修订)第 10 条规定:"舞弊,是指被审计单位的管理层、治理层、员工或第三方使用欺骗手段获取不当或非法利益的故意行为。"

② See AICPA, Consideration of Fraud in a Financial Statement Audit (AU Section 316).

③ See Lin B & Huang J. et al., *Why do Employees Commit Fraud? Theory, Measurement, and Validation*, NCBI(Oct. 6, 2022), https://pubmed.ncbi.nlm.nih.gov/36300081/.

④ See IIA, Global Internal Audit Standards, § 11.

点:一是实施舞弊行为的主体具有主观故意,舞弊行为与财务错误的显著区别就在于舞弊行为的实施者具有达成这一结果的主观故意,而后者往往是过失或操作指南存在矛盾所导致的;二是实施舞弊行为的具体方式具有欺骗性和隐蔽性,如虚假财务报告中,行为主体往往需要伪造、篡改、隐瞒财务数据,从而蒙蔽信息接收者,以达到获取非法利益的目的;三是实施舞弊行为具有利益驱动性,利益可能表现为金钱、权力、交易机会等多种形式,行为者为谋取利益而实施舞弊行为。舞弊的定义较为宽泛,把握舞弊行为所具有的共性特征有助于帮助司法机关和企业识别舞弊行为,制定更为合理有效的反舞弊内部合规管理体系。

(二)舞弊动因的相关理论

舞弊动因分析方法理论能够有效地帮助企业认识、设计反舞弊合规管理,目前主要的舞弊动因分析理论包括三角理论(Fraud Triangle Theory)、钻石理论、GONE理论等。

1. 三角理论

三角理论由美国犯罪学家唐纳德·R. 克雷西(Donald R. Cressey)提出,[①]这一理论基于白领犯罪(White-Collar Crime)一项最为显著的特征,即信任违背(trust violation)。克雷西将白领犯罪必需的要素概括为以下三点:一是犯罪者面临“不可分享”的问题,而实施某项犯罪是当前绝望处境下解决问题的唯一可能,则可能会成为犯罪的动机。需要注意的是,即使在正常的理性人分析看来,解决犯罪者面临的问题并非只能诉诸犯罪,三角理论也只关心对于犯罪者而言的心理态度,即犯罪者自身认为已经走投无路。二是犯罪者将自身受信任的职位看作实施犯罪的机会。三是所使用的合理化解释对于消解该行为是不恰当的、犯罪的观点而言,是相关联并且必需的。

后来的研究当中,通常将三角理论归纳为激励(incentives)和压力(pressures)、机会(opportunities)、态度(attitude)和合理化解释(rationalization)三项内容。[②] 舞弊行为可能始于企业向雇员施加的压力或激励。压力可能表现为来自高级管理人员或企业股东的业绩压力、纪律处分;激励则可能表现为职位晋升、绩效奖金、加薪或其他福利,但雇员必须达到一定的业绩要求和期望方可获得奖励,而迫切希望获

---

① See Alexander Schuchter, *The Fraud Triangle Revisited*, Security Journal, Vol. 29:2, p. 107 – 121 (2013).

② See Eric Gerard Ruiz, *What is the Fraud Triangle in Accounting*?, Fit Small Business (Oct. 11, 2022), https://fitsmallbusiness.com/what-is-the-fraud-triangle/.

得奖励的雇员则有可能采取舞弊的方式。例如，高级管理人员要求销售人员在需求收缩的市场条件下实现销售业绩的增长，否则将进行裁员或降薪，如此不切实际的业绩目标将给销售人员带来巨大压力，从而促使其为保住工作实施舞弊。机会通常在企业内部控制薄弱甚至缺位的情况下浮现，雇员认为以自身职务已经能够利用既存的内部管理控制中的弱点，甚至凌驾于企业内部管理控制之上，则实施舞弊行为就具备了可行性。态度和合理化解释是一项风险因素。态度通常是指企业对于舞弊行为的道德评价，如在高级管理人员对于向税务部门隐瞒收入不以为意甚至大肆吹嘘的情况下，雇员也通常不会严格遵循职业道德和法律规定，从而舞弊频发。合理化解释，是指行为者对于其违反职业道德准则和法律规定的行为具有扭曲的、不合理的评价标准，如在企业薪资制度不合理的情况下，雇员将侵占企业资产认为是合理报复，或是对于自己长期以来未得到合理回报的辛勤工作的补偿。

2. 钻石理论

舞弊的钻石理论由大卫·T. 沃尔菲(David T. Wolfe)与达娜·R. 赫曼森(Dana R. Hermanson)在2004年提出。[①] 钻石理论被认为是舞弊的三角理论的扩充，其认为在舞弊三角理论的基础上，还需增加能力(capability)这一项因素，即行为者具备实施舞弊行为的技巧和能力，否则将无法现实地达成舞弊。[②] 钻石理论认为，能力是指具备实施舞弊所需的特质或技能，其中的地位、智力、自我认知、胁迫、欺骗和压力是能力的辅助要素。并非每个拥有动机、机会和认知的人都会实施舞弊，因为他们缺乏实施、隐藏舞弊行为的能力。尤其是涉及大规模或长期欺诈时，能力这一要素更显重要。钻石理论认为，四项因素之间是相互关联且相互影响的，机会因素开启了通往舞弊的路径，激励与合理化解释引导行为者前往舞弊的大门，能力则使行为者能够认识到并且反复穿梭于舞弊的路径之上获取利益。

3. GONE理论

美国学者伯洛格那(Bologna)于1992年提出关于舞弊动因分析的“GONE”理论，认为舞弊的动因由贪婪(greed)、机会(opportunity)、需求(need)、暴露(exposure)四个因素构成。贪婪揭示了实施舞弊行为的心理因素，舞弊行为本身既

---

① See David T. Wolfe & Dana R. Hermanson, *The Fraud Diamond: Considering the Four Elements of Fraud*, CPA Journal, Vol. 74:12, p. 38 - 42 (2004).

② See Rabi'u Abdullahi, Noorhayati Mansor & Muhammad Shahir Nuhu, *Fraud Triangle Theory and Fraud Diamond Theory. Understanding the Convergent and Divergent For Future Research*, European Journal of Business and Management, Vol. 7:28, p. 30 - 37(2015).

可能违反公司制度、法律法规的规定,也是不道德的,舞弊行为者在心理上的贪婪抑制了法律与道德对自身理性的约束。机会指向了行为者具有的实施舞弊行为的可行性,包括职务、职权上的便利等行为者自身所具有的条件,也包括了企业管理制度等内部环境因素。需求是指对于行为者而言迫切需要的利益,并驱使行为者实施舞弊行为,需求通常表现为金钱、交易机会等。暴露指的是行为者的舞弊行为遭到曝光的可能程度以及预期可能因此受到的惩罚及其程度,代表了行为者实施舞弊行为的成本。此外,四因素之间相互联系,相互影响。假设在企业高级管理人员财务造假的情形中,企业高级管理人员心存贪婪,渴望通过达成企业上市的目标,提升自身未来薪资和人力市场价值,又因其职责所在和职权范围,更易接触到企业重要商业秘密与经营数据,而企业内部又疏于反舞弊合规管理,缺少相应的惩罚规则,四项因素相互联系,共同导致了这一情形下的舞弊行为。

(三)舞弊的类型

对舞弊进行分类讨论,有助于司法机关和企业识别、分析、处理、预防舞弊行为。根据前文对舞弊的定义,舞弊可依其行为性质分为侵占资产、腐败、虚假财务报告三种类型。在此基础上,依照不同的标准,还可以将舞弊区分为以下几种类型。

1. 为组织谋利型舞弊与侵害组织利益型舞弊

根据所谋利益的不同,分为为组织谋利型舞弊与侵害组织利益型舞弊。为组织谋利型舞弊通常表现为修改、伪造、篡改、隐瞒财务数据,故意进行企业关联交易等行为;侵害组织利益型舞弊通常表现为以侵占企业资产为典型的直接侵害组织利益的行为,以收受回扣操控企业选择较劣市场服务为典型的间接侵害组织利益的行为。需要注意的是,贿赂、串通投标、经济勒索等行为通常被归于腐败行为,为组织谋利而实施的腐败行为、财务舞弊则通常被认定为企业犯罪。因此,狭义的舞弊一般指的是以挪用资产职务犯罪为典型的侵害组织利益型舞弊,这一区分理解也有助于司法机关认定单位犯罪、企业合规司法程序,帮助企业厘清反舞弊合规风险。

2. 一般雇员舞弊与高级管理人员舞弊

根据实施舞弊的主体不同,分为一般雇员舞弊与高级管理人员舞弊。一般雇员舞弊的特点是非管理层雇员以其更接近业务一线、公司资产的职务便利谋取个人利益,常见的一般雇员舞弊如伪造单据、关联交易。高级管理人员舞弊的特点是管理层人员以其较高的管理权限、与债权人和投资人的信息差实施舞弊行为,通常更具隐蔽性,实施方式可能涵盖侵占资产、腐败、虚假财务报告三种类型,且危害较大。根据企业委托代理理论,投资人聘请管理人员既带来了专业化管理,也产生了一定的代理成本。此时,企业的内部管理机制将会是制约委托代理成本,维护投资人利益的重要工具,反舞弊合规管理则是保护投资人、债权人权益不受侵害的有力防线。综上,反舞弊合规管理需基于不同的实施舞弊行为的主体类型有层次地展开,根据不同的类型调整管理措施和实施强度。

3. 单独实施的舞弊与群体实施的舞弊

根据实施舞弊主体是否具有群体性分为单独实施的舞弊与群体实施的舞弊。单独实施的舞弊特点是舞弊由单一雇员实施,无其他雇员的协助。群体实施的舞弊特点是舞弊由多名雇员有预谋地共同实施,或无预先合谋地同时实施。其中,有预谋地共同实施还可能以实施舞弊行为的群体成员间的职务关系及职务在群体舞弊中产生的影响衍生出不同类别。群体实施的舞弊通常与企业内部管理的缺位相关,对企业利益的不利影响较大,进行反舞弊合规建设的成本也更高。反舞弊合规管理应尽力避免发生群体舞弊行为,在面对单独实施的舞弊行为时能够及时识别、控制、消除影响,弥补企业损失。

二、舞弊的合规风险

(一)刑事法律风险

舞弊对于企业造成的负面影响毋庸置疑,基于舞弊行为的不同类型与所违反的法律法规、严重程度等,企业的高级管理人员和员工将可能会不同程度地面临来自刑法的惩戒。2024 年 3 月 1 日起施行的《中华人民共和国刑法修正案(十二)》更是立足实践需要,修改完善了对于民营企业内部舞弊的规制,通过惩治民营企业内部人员侵害企业财产犯罪,保护民营企业产权和企业家合法权益。

如表 5 – 1 所示,《中华人民共和国刑法》(以下简称《刑法》)对于舞弊犯罪的规定涵盖了反舞弊相关理论中主要的舞弊行为类型,对企业舞弊与企业内部工作人员舞弊作出了区分,依照舞弊犯罪对组织利益造成的损失程度调整量刑。

表 5-1 《刑法》对于舞弊犯罪的规定

罪名	责任主体	责任后果	《刑法》条文
违规披露、不披露重要信息罪	直接负责的主管人员和其他直接责任人员	处 5 年以下有期徒刑或者拘役，并处或者单处罚金；情节特别严重的，处 5 年以上 10 年以下有期徒刑，并处罚金	第 161 条　依法负有信息披露义务的公司、企业向股东和社会公众提供虚假的或者隐瞒重要事实的财务会计报告，或者对依法应当披露的其他重要信息不按照规定披露，严重损害股东或者其他人利益，或者有其他严重情节的，对其直接负责的主管人员和其他直接责任人员，处 5 年以下有期徒刑或者拘役，并处或者单处罚金；情节特别严重的，处 5 年以上 10 年以下有期徒刑，并处罚金。 前款规定的公司、企业的控股股东、实际控制人实施或者组织、指使实施前款行为的，或者隐瞒相关事项导致前款规定的情形发生的，依照前款的规定处罚。 犯前款罪的控股股东、实际控制人是单位的，对单位判处罚金，并对其直接负责的主管人员和其他直接责任人员，依照第 1 款的规定处罚
	控股股东、实际控制人	是单位的，单位处罚金，单位直接负责的主管人员和其他直接责任人员按《刑法》第 161 条第 1 款的规定处罚	
		是自然人的，按《刑法》第 161 条第 1 款的规定处罚	
非国家工作人员受贿罪	公司、企业或者其他单位的工作人员	数额较大的，处 3 年以下有期徒刑或者拘役，并处罚金；数额巨大或者有其他严重情节的，处 3 年以上 10 年以下有期徒刑，并处罚金；数额特别巨大或者有其他特别严重情节的，处 10 年以上有期徒刑或者无期徒刑，并处罚金	第 163 条　公司、企业或者其他单位的工作人员，利用职务上的便利，索取他人财物或者非法收受他人财物，为他人谋取利益，数额较大的，处 3 年以下有期徒刑或者拘役，并处罚金；数额巨大或者有其他严重情节的，处 3 年以上 10 年以下有期徒刑，并处罚金；数额特别巨大或者有其他特别严重情节的，处 10 年以上有期徒刑或者无期徒刑，并处罚金。 公司、企业或者其他单位的工作人员在经济往来中，利用职务上的便利，违反国家规定，收受各种名义的回扣、手续费，归个人所有的，依照前款的规定处罚。 国有公司、企业或者其他国有单位中从事公务的人员和国有公司、企业或者其他国有单位委派到非国有公司、企业以及其他单位从事公务的人员有前两款行为的，依照本法第 385 条、第 386 条的规定定罪处罚
	国有公司、企业或者其他国有单位中从事公务的人员或委派至别处从事公务的人员	按受贿罪处罚	

续表

罪名	责任主体	责任后果	《刑法》条文
对公司、企业人员行贿罪	自然人	数额较大的，处3年以下有期徒刑或者拘役，并处罚金；数额巨大，处3年以上10年以下有期徒刑，并处罚金	第164条　为谋取不正当利益，给予公司、企业或者其他单位的工作人员以财物，数额较大的，处3年以下有期徒刑或者拘役，并处罚金；数额巨大的，处3年以上10年以下有期徒刑，并处罚金。 为谋取不正当商业利益，给予外国公职人员或者国际公共组织官员以财物的，依照前款的规定处罚。 单位犯前两款罪的，对单位判处罚金，并对其直接负责的主管人员和其他直接责任人员，依照第1款的规定处罚。 行贿人在被追诉前主动交待行贿行为的，可以减轻处罚或者免除处罚
	单位	单位处罚金	
		直接负责的主管人员和其他直接责任人员按《刑法》第164条第1款的规定处罚	
非法经营同类营业罪	董事、监事、高级管理人员	数额巨大的，处3年以下有期徒刑或者拘役，并处或者单处罚金；数额特别巨大的，处3年以上7年以下有期徒刑，并处罚金	第165条　国有公司、企业的董事、监事、高级管理人员，利用职务便利，自己经营或者为他人经营与其所任职公司、企业同类的营业，获取非法利益，数额巨大的，处3年以下有期徒刑或者拘役，并处或者单处罚金；数额特别巨大的，处3年以上7年以下有期徒刑，并处罚金。 其他公司、企业的董事、监事、高级管理人员违反法律、行政法规规定，实施前款行为，致使公司、企业利益遭受重大损失的，依照前款的规定处罚
为亲友非法牟利罪	国有公司、企业、事业单位的工作人员	致使国家利益遭受重大损失的，处3年以下有期徒刑或者拘役，并处或者单处罚金；致使国家利益遭受特别重大损失的，处3年以上7年以下有期徒刑，并处罚金	第166条　国有公司、企业、事业单位的工作人员，利用职务便利，有下列情形之一，致使国家利益遭受重大损失的，处3年以下有期徒刑或者拘役，并处或者单处罚金；致使国家利益遭受特别重大损失的，处3年以上7年以下有期徒刑，并处罚金： (1)将本单位的盈利业务交由自己的亲友进行经营的； (2)以明显高于市场的价格从自己的亲友经营管理的单位采购商品、接受服务或者以明显低于市场的价格向自己的亲友经营管理的单位销售商品、提供服务的； (3)从自己的亲友经营管理的单位采购、接受不合格商品、服务的。 其他公司、企业的工作人员违反法律、行政法规规定，实施前款行为，致使公司、企业利益遭受重大损失的，依照前款的规定处罚

续表

罪名	责任主体	责任后果	《刑法》条文
徇私舞弊低价折股、出售企业资产罪	公司、企业直接负责的主管人员	致使国家利益遭受重大损失的，处3年以下有期徒刑或者拘役；致使国家利益遭受特别重大损失的，处3年以上7年以下有期徒刑	第169条　国有公司、企业或者其上级主管部门直接负责的主管人员，徇私舞弊，将国有资产低价折股或者低价出售，致使国家利益遭受重大损失的，处3年以下有期徒刑或者拘役；致使国家利益遭受特别重大损失的，处3年以上7年以下有期徒刑。 其他公司、企业直接负责的主管人员，徇私舞弊，将公司、企业资产低价折股或者低价出售，致使公司、企业利益遭受重大损失的，依照前款的规定处罚

（二）民商事合规风险

1. 经济损失

根据ACFE发布的《2022年ACFE全球舞弊调查报告》，舞弊带来的经济损失约为各组织全年总收入的5%，每起案件的损失中值为117,000美元，每起案件的平均损失为1,783,000美元。企业发生舞弊案件，可能会面临舞弊行为本身带来的直接经济损失，调查、诉讼费用，犯罪罚金，股价下跌等一系列经济损失。

2. 合同无效或违约

反舞弊条款在民商事领域的应用日益广泛，其形式包括实务中常见的“廉洁协议”“反腐败/反商业贿赂条款”等，其中通常约定了舞弊行为发生时合同各方需承担的不利后果，且司法实践中法院通常会认定反舞弊条款有效。因此，违反反舞弊条款可能会导致高额的违约金，触发相对方对于主合同义务的履行抗辩，甚至可能导致合同无效。

3. 商誉受损

发生舞弊案件可能会导致企业的信用评价大幅降低，留下包括行政处罚在内的负面记录，使企业在获得融资、公开上市、竞标投标中举步维艰。

第二节　融资租赁企业反舞弊合规管理制度

一、国际反舞弊合规管理制度

（一）美国《〈反海外腐败法〉信息指引》

《反海外腐败法》（Foreign Corrupt Practices Act, FCPA）是美国于 1977 年颁布的一项联邦法律，该法聚焦反腐败条款，并涉及与之相关的会计内容。该法在 1998 年修订后适用于在美国境内直接或间接造成腐败行为的美国及外国的企业和个人。违反 FCPA 可能导致民事与刑事处罚、制裁及救济措施，包括罚款、没收非法所得或监禁。

为解释《反海外腐败法》及相关判例，美国证券交易委员会于 2012 年发布了《〈反海外腐败法〉信息指引》（以下简称《信息指引》），并于 2020 年 7 月对其作出了更新。《信息指引》共 10 章，分别为介绍 FCPA、反贿赂条款、会计条款、其他相关美国法律、执法指导原则、FCPA 的处罚制裁和补救措施、司法部决议、吹哨人条款及保护、司法部意见程序、结论。司法部认可任何合规方案均无法完全防范公司员工的所有犯罪行为，因此司法部也并没有要求企业的合规方案达到极度完善的标准，也没有为企业提供程式化的合规方案模板。司法部将用常识性的方式对企业合规方案进行评估，主要依托于以下三项因素：一是企业的合规方案是否经过精心设计；二是该合规方案是否得到了妥善的执行；三是该合规方案是否有效。不同的企业因其规模和业务相关风险的差异可能有不同的合规需求。《信息指引》提供了有效的合规方案的共性特征：包括高层承诺、完善的政策及程序、监督自主权和资源、作为强有力合规计划基础的风险评估、培训和可持续性建议、激励和惩戒措施、第三方尽职调查和支付事项、秘密举报和内部调查、持续改善、兼并和收购（购前尽调和购后整合）等。

2025 年 2 月 10 日，特朗普政府决定暂时中止为期 6 个月的 FCPA 相关的刑事执法及调查工作。尽管关于 FCPA 的刑事调查和执法新政策的具体细节尚需美国司法部进一步修订和完善，但特朗普政府已经对 FCPA 的执法流程和适用范围作出了长远的规划和实质性的限制。

（二）英国《〈反贿赂法〉指南》

《反贿赂法》是英国在2010年颁布的一项法律，并于2011年7月正式生效。该法设立了“预防商业机构贿赂失职罪”，对商业机构设置充分有效的预防贿赂机制提出了严格要求，商业机构在面对“预防商业机构贿赂失职罪”指控时，需要举证自身举措至少达51%以上预防贿赂行为发生的可能性，以适用“充分程序”这一免责事由。

2011年3月，英国颁布了《〈反贿赂法〉指南》，所列的六项充分合规计划的原则拟为商业机构建立完善的反贿赂合规提供指导与帮助。六项原则分别是比例程序、高层承诺、风险评估、尽职调查、沟通与培训、监测与评估。比例程序要求，商业机构依据自身的性质与规模建立与之相应的贿赂风险预防机制，并且所建立的机制需要具备可操作性；高层承诺要求，商业机构中的管理层应当承担预防贿赂行为的义务，作出反贿赂承诺；风险评估要求，商业机构收集分析信息数据，定期对可能面临的内外部商业贿赂风险作全面评估并保存记录；尽职调查要求，公司对相关人员的尽职情况进行专门调查，以减少贿赂风险；沟通与培训要求，商业机构开展反贿赂沟通与培训；监测与评估要求，商业机构对所采取的反贿赂举措与程序进行监测与评估，并持续更新。

二、国内反舞弊合规管理制度

（一）《关于促进金融租赁公司规范经营和合规管理的通知》

2023年10月，国家金融监督管理总局发布了《关于促进金融租赁公司规范经营和合规管理的通知》，从健全公司治理和内控管理机制、规范融资租赁经营行为、提升金融监管有效性和建立健全监管协作机制四个方面提出十三项监管要求。就金融租赁公司治理与内控管理而言，该通知提出四项细化要求：一是加强党的领导，金融租赁公司应当建立“党委领导、董事会战略决策、管理层执行落实”的运行机制，并将党的领导充分融入公司治理当中；民营或其他社会资本占主体的公司，则应当建立党的组织机构，坚持以党组织为政治核心开展工作。二是严格股东股权管理，董事会管理股权事务的最终责任应当予以有效落实，压实董事长的第一责任；严格遵守相关法律法规，做好股权信息登记、交易信息管理和信息披露等工作；重要治理信息及时披露，多方式多途径监测掌握股东经营管理变化情况及异常行为，按规定向监管部门报告。三是规范董事和高级管理人员履职行为，对董事的履职情况进行年度评价，以权谋私、接受不正当利益、参与或协助股东不当干预造成重大风险和损失等的，应当评定为不称职，按程序予以罢免或建议股东罢免相关董事，并相应扣减其部分或全部绩效薪酬；保障高级管理人员在其职权范围内依法开展经营管理活动，不受大股东和董事不当干预。四是强化内控和合规管理，建立健全“三道防线”，有效落实业务部门的主体责任、内部控制和合规管理部门的管理责任以及内部审计部门的监督责任，发挥三者之间制衡约束作用。内部控制和合规管理部门及相关岗位不得承担与其部门、岗位职责相冲突的其他职责。内部审计部门应当定期对公司的内部控制和合规管理情况开展审计，及时向董事会及监管部门报告审计发现、巡视移交的问题及案件线索，并监督整改落实。

（二）《融资租赁公司监督管理暂行办法》

2020 年 5 月，原银保监会发布了《融资租赁公司监督管理暂行办法》，其中第 11 条明确提出融资租赁企业应当按照全面、审慎、有效、独立原则，建立健全内部控制制度，保障公司安全稳健运行。同时，该办法要求融资租赁企业建立完善内部组织架构，明确职责分工，保证相互之间独立运行、有效制衡，形成科学高效的决策、激励和约束机制；根据其组织架构、业务规模和复杂程度，建立全面风险管理体系，识别、控制和化解风险。对于存在较大经营风险、相关指标偏高的融资租赁企业，地方金融监管部门将予以重点关注并向原银保监会报送相关情况。融资租赁企业违反法律法规及《融资租赁公司监督管理暂行办法》的规定，有关法律法规有作处罚规定的，依照该规定给予处罚；有关法律法规未作处罚规定的，地方金融监管部门可以采取监管谈话、出具警示函、责令限期改正、通报批评等监管措施；构成犯罪的，依法追究刑事责任。此外，地方金融监管部门可以根据具体情形对有关责任人员采取通报批评、责令改正、纳入警示名单或违法失信名单等监管措施；法律法规有处罚规定的，依照法律法规予以处罚；构成犯罪的，依法追究刑事责任。

此外，原银保监会于 2022 年 1 月 21 日发布的《融资租赁公司非现场监管规程》第 15 条规定，各地方金融监管部门对融资租赁企业的非现场监管，应当重点关注融资租赁企业的外部经营环境变化、公司治理状况、内部控制状况、风险管理能力、资产质量状况、流动性指标等。

三、融资租赁企业反舞弊合规管理现状

（一）融资租赁企业舞弊方面的风险点

1. 员工对公司进行欺诈

融资租赁企业首先要防范的就是员工欺诈公司的财产。融资租赁企业的主要

经营模式为向承租人融资,在这样的情况下,存在融资租赁企业员工合谋欺诈公司财产的情况。例如,某融资租赁企业1/3的业务为融资租赁企业总经理团队伪造,公司财产均流入该公司总经理设置的空壳公司,并最终被其转移。又如,另外一家融资租赁企业的业务团队以虚假的联合租赁等形式,从承租人处收取手续费,共计向各承租人收取手续费2000余万元。

2. 员工收受贿赂

融资租赁企业在业务拓展的过程中,有时依赖中介机构和人员,在这样的过程中非常容易产生腐败的现象,在实务操作中,经常出现中介机构向业务经办人员、风控人员行贿的情况。在某金融租赁公司融资租赁项目中,项目经理受贿150万元后,相关租赁物被估值超过11亿元,最终造成融资租赁企业8亿元租金无法收取的恶果。

3. 侵占商业机会

一些融资租赁企业,其业务人员负责与承租人联系和关系维护。在这种过程中就会产生业务人员侵占公司商业机会的现象,部分融资租赁企业业务人员在负责维护企业客户时,逐渐将融资租赁企业客户当作自己的客户,向融资租赁企业客户出借款项,并收取利息,从而抢夺融资租赁企业的商业机会。

4. 侵占公司财产

融资租赁企业也存在一般企业的共性问题,即员工侵占公司财产问题,如某融资租赁公司法务,在工作的数年内,以报销诉讼费的形式侵占公司财产30多万元。在公司设计报销的其他岗位,如市场、业务宣传部等同样存在类似问题。

(二)融资租赁企业反舞弊合规管理制度设置的现状

1. 反舞弊合规职能部门设置

笔者检索72家金融租赁公司通过自有网站公开的信息发现(见表5-2),除部分公司未查询到组织架构公示外,大部分公司均就法律事务及合规管理设置了单独部门,保障公司业务有序合规开展;此外,还有部分金融租赁公司设置了纪律监察室。

表5－2　金融租赁公司法律合规部门设置情况

序号	企业名称	法律合规部门设置情况	序号	企业名称	法律合规部门设置情况
1	民生金融租赁股份有限公司	法律合规部	16	邦银金融租赁股份有限公司	合规部
2	国银金融租赁股份有限公司	法律合规部	17	江南金融租赁股份有限公司	未查询到组织架构公示
3	北部湾金融租赁有限公司	合规与风险管理部	18	江西金融租赁股份有限公司	未查询到组织架构公示
4	前海兴邦金融租赁有限责任公司	法律合规部	19	苏州金融租赁股份有限公司	法律合规部
5	航天科工金融租赁有限公司	法律合规部	20	徽银金融租赁有限公司	风险合规部
6	湖北金融租赁股份有限公司	风险合规部	21	山西金融租赁有限公司	案防办
7	珠江金融租赁有限公司	风险合规部	22	重庆铋渝金融租赁股份有限公司	风险管理部
8	山东汇通金融租赁有限公司	未查询到组织架构公示	23	青岛青银金融租赁有限公司	法律合规部
9	吉林九银金融租赁股份有限公司	未查询到组织架构公示	24	工银金融租赁有限公司	法律事务部/内控合规部
10	信达金融租赁有限公司	法律合规部	25	华运金融租赁股份有限公司	官网无信息
11	渝农商金融租赁有限责任公司	综合管理部/审计监督部	26	天银金融租赁股份有限公司	内控合规部
12	哈银金融租赁有限责任公司	风险合规部	27	兴业金融租赁有限责任公司	内审稽核部
13	福建海西金融租赁公司	未查询到组织架构公示	28	中国金融租赁有限公司	综合管理部/风险管理部
14	中信金融租赁有限公司	法律保全部/合规部	29	中煤科工金融租赁股份有限公司	内控合规部
15	佛山海晟金融租赁股份有限公司	风险管理部	30	中铁建金融租赁有限公司	法律合规部

续表

序号	企业名称	法律合规部门设置情况	序号	企业名称	法律合规部门设置情况
31	徐州恒鑫金融租赁股份有限公司	未查询到组织架构公示	46	华融金融租赁股份有限公司	法律合规部
32	长江联合金融租赁有限公司	合规及风险管理部	47	交银金融租赁有限责任公司	法律合规部
33	甘肃兰银金融租赁股份有限公司	未查询到组织架构公示	48	洛银金融租赁股份有限公司	未查询到组织架构公示
34	广融达金融租赁有限公司	风险管理部	49	皖江金融租赁股份有限公司	合规法务部
35	华融航运金融租赁有限公司	法律合规部	50	浙江稠州金融租赁有限公司	法律合规部
36	华融金融租赁股份有限公司金华分公司	法律合规部	51	永赢金融租赁有限公司	未查询到组织架构公示
37	交银航空航运金融租赁有限责任公司	法律合规部	52	昆仑金融租赁有限责任公司	未查询到组织架构公示
38	农银金融租赁有限公司	内控合规部	53	厦门金融租赁有限公司	法律合规部
39	浦银金融租赁股份有限公司	法律合规部	54	中银金融租赁有限公司	法律内控部
40	太平石化金融租赁有限责任公司	法律合规部	55	贵阳贵银金融租赁有限责任公司	风险合规部
41	招银航空航运金融租赁有限公司	法律合规部	56	长城国兴金融租赁有限公司	未查询到组织架构公示
42	招银金融租赁有限公司	法律合规部	57	横琴华通金融租赁有限公司	法律合规部
43	山东通达金融租赁有限公司	未查询到组织架构公示	58	西藏金融租赁有限公司	未查询到组织架构公示
44	华融金融租赁股份有限公司宁波分公司	法律合规部	59	锦银金融租赁有限责任公司	未查询到组织架构公示
45	浙江浙银金融租赁股份有限公司	法律事务部	60	江苏金融租赁股份有限公司	法律事务部

续表

序号	企业名称	法律合规部门设置情况	序号	企业名称	法律合规部门设置情况
61	苏银金融租赁股份有限公司	未查询到组织架构公示	67	北银金融租赁有限公司	法律合规部
62	华夏金融租赁有限公司	法律合规部	68	建信金融租赁有限公司	风险管理与内控委员会
63	光大金融租赁股份有限公司	未查询到组织架构公示	69	中国外贸金融租赁有限公司	未查询到组织架构公示
64	河南九鼎金融租赁股份有限公司	风险管理部/审计监察部	70	广东粤财金融租赁股份有限公司	未查询到组织架构公示
65	冀银金融租赁股份有限公司	未查询到组织架构公示	71	河北省金融租赁有限公司	法律合规部
66	四川天府金融租赁股份有限公司	风险合规部	72	天津国秦金融租赁有限责任公司	未查询到组织架构公示

笔者检索了通过自有网站公开组织架构的 20 家不同注册资本规模的融资租赁公司,其内部法律合规相关部门的设置情况如表 5－3 所示。相较于金融租赁公司,融资租赁公司数量庞大,且注册资本规模有较大差异。大部分融资租赁公司均就业务风险控制设置了风险管理部门,但鲜少有企业单独设立内部合规控制部门,部分融资租赁公司则依托于股东集团内的中后台职能部门。融资租赁公司中内部合规控制部门的缺失将使企业内部监督与制衡机制形同虚设,风险评估机制与风险管理措施难以实行。

表 5－3 融资租赁公司内部法律合规部门设置情况

序号	企业名称	注册资本	法律合规部门设置情况
1	平安国际融资租赁有限公司	1,450,000 万元人民币	法律合规部
2	国新融资租赁有限公司	1,000,000 万元人民币	风险管理部
3	武汉光谷融资租赁有限公司	165,000 万元人民币	集团—风险管理部
4	三峡融资租赁有限公司	500,000 万元人民币	法律合规部/风险管理部
5	陕西长安汇通融资租赁有限公司	400,000 万元人民币	风险管理部

续表

序号	企业名称	注册资本	法律合规部门设置情况
6	华润融资租赁有限公司	308,433.417127 万元人民币	法律合规部
7	大唐融资租赁有限公司	289,867.1007 万元人民币	集团—法务风控部
8	重庆银海融资租赁有限公司	227,329.711093 万元人民币	法律事务部/风险管理与标准化部
9	上实融资租赁有限公司	187,387.3875 万元人民币	风控合规部
10	成都工投融资租赁有限公司	194,148.7 万元人民币	风险控制部
11	中国能源建设集团融资租赁有限公司	100,000 万元人民币	风险管理部
12	力帆融资租赁(上海)有限公司	50,000 万元人民币	法律合规部/风险管理部
13	华潍融资租赁(上海)有限公司	50,000 万元人民币	风险管理部
14	中飞租融资租赁有限公司	100,000 万美元	内审及合规部
15	杭州金投融资租赁有限公司	50,000 万美元	集团—审计法务部
16	长城融资租赁有限责任公司	37,000 万元人民币	风险控制部
17	欧力士融资租赁(中国)有限公司	28,703.639 万美元	集团—合规法务部
18	青岛城乡建设融资租赁有限公司	20,719 万美元	法务资产管理部/风控部/内控部
19	现代融资租赁有限公司	13,000 万美元	风险管理部
20	聚永融资租赁(上海)有限公司	5000 万美元	法务部/风控部

目前来看,在近年来监管趋严的引导下,融资租赁公司对风险控制日益重视,将风险管理交由单独的职能部门负责已属常态。同时可以看到,部分公司已经意识到内部控制对于预防企业风险的重要性,将合规与内部控制交由独立于业务风险控制的职能部门负责。

2. 反商业贿赂协议

反商业贿赂协议、条款或廉洁协议，是指合同各方关于商业贿赂行为、预防措施及行为后果的约定。目前已经有越来越多的融资租赁企业开始将反商业贿赂协议加入与合作伙伴、企业承租人的合作中。在民事诉讼案件的具体实践中，法院对于涉“反商业贿赂”条款违约行为的认定也有别于公法领域对于“商业贿赂”的界定标准，在一方举证足以证明存在合同约定的违约行为时，即认定违反相关条款一方承担违约责任。各方自愿签订反商业贿赂协议，用以规范交易行为、维护公平竞争，既符合法律规定，又能够有效补充企业反舞弊合规。2022 年，江苏省苏州市中级人民法院依法审结了一起买卖合同纠纷案，一方要求应自方员工要求行贿的另一方承担反商业贿赂条款约定的违约责任，该诉讼请求最终得到了苏州市中级人民法院的支持，但法院就最终赔偿数额进行了调整。由此可见，反商业贿赂协议已经较为普遍地应用于企业的业务实践中，并得到了司法判决的支持。

第三节　反舞弊合规管理制度构建

一、反舞弊合规构建

（一）反舞弊合规建设职能部门

如图 5－1 所示，并非通过某一独立部门就能够实现相应反舞弊的合规目的。反舞弊合规建设职能部门，是指企业为制订企业反舞弊合规计划、实现日常反舞弊合规监管、应对反舞弊合规风险而设立的部门，或实现以上职能的相关部门。需要指出的是，反舞弊合规并不仅是反舞弊合规建设职能部门的职责，业务部门在日常运营和管理中应当负责执行相关控制措施，应对风险。反舞弊合规建设部门负责企业风险管理以及反舞弊合规建设相关政策的制定，统筹规划并具体开展反舞弊合规建设工作，协助并监督业务部门完善其风险控制设计及执行，确保业务部门反舞弊合规的有效实施。此外，反舞弊合规评审部门应当负责对企业反舞弊合规计划是否科学合理，反舞弊合规实施是否行之有效进行评价与监督。为实现上述职能，反舞弊合规评审部门应当具有独立性，且不得承担与其部门、岗位职责相冲突的其他职责。

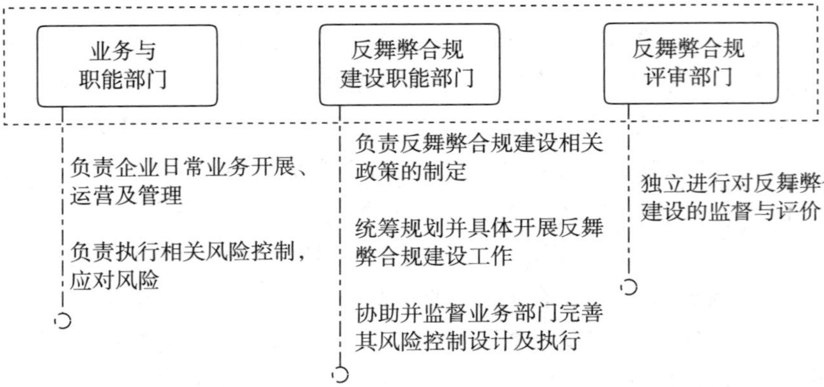

图5－1　反舞弊合规建设职能部门

在具体的反舞弊合规建设部门设置中，企业应当根据企业性质、自身规模、人员配置情况进行相应的调整，在职责范围明确的前提下灵活调配。部分依托于股东集团提供的反舞弊合规建设框架的融资租赁企业，应当在集团反舞弊合规的基础上识别、梳理自身的风险点，结合业务范围、业务流程、人员配置、企业规模等特点，调整内部反舞弊合规职责的分配，实现与集团反舞弊合规的有机衔接。例如，将反舞弊合规评审职能交由集团负责，设置反舞弊合规建设专员统筹规划融资租赁企业的反舞弊实践，监督融资租赁业务部门的舞弊风险防控。规模较小的融资租赁企业则可以将反舞弊内部调查、反舞弊合规文件制定等部分反舞弊合规内容交由常年法律顾问负责。国有融资租赁企业则需要统筹协调反舞弊合规建设职能与纪检、党委部门职能。此外，开展涉外业务的融资租赁企业，可以聘请独立的专业咨询机构，对公司的反舞弊合规框架进行复核，并对内部审计质量进行评估，以助力国际业务的正常开展。

（二）反舞弊合规的管理制度制定

反舞弊合规管理制度的制定可以参考财政部等部门在2007年发布的《企业内部控制规范——基本规范》。制定反舞弊合规管理制度能够保障相关职能部门的独立性和执行权限，为企业内部的反舞弊合规提供依据，并产生约束效力。从形式上看，反舞弊合规管理制度，可能表现为合规管理办法、合规指南、员工守则、合规手册等。融资租赁企业反舞弊合规管理制度，通常需要包括如下内容。

1. 反舞弊政策目标与基本原则。

2. 文件适用范围，包括企业高级管理人员、具有劳动或劳务派遣关系的职工、商业合作伙伴及其职工、代表或代理该企业的员工等与该公司存在日常交流与业务往来的主体。

3. 文件所涉概念定义及行为分类。

4. 与公职人员、国有企业进行业务往来的风险控制。

5. 与外资企业、境外企业及其职工进行业务往来的风险控制。

6. 租赁物核查与评估的风险控制。

7. 财务核查。

8. 日常业务交流所涉风险清单,包括商务宴请、礼品、差旅、捐资等。

9. 影响力腐败与利益冲突。

10. 举报相关内容,包括举报渠道、举报人保护制度、举报受理反馈及处理制度。

11. 违规处理机制。

此外,反舞弊合规管理制度还应就针对合作伙伴、交易相对方进行的风险审查以及须签订的反舞弊协议进行规定。融资租赁企业可以在上述合规管理制度之外增加针对合作伙伴、交易相对方的内容,包括对合作伙伴舞弊行为的举报机制、调查机制等。反舞弊协议通常应包含如下内容:

1. 协议双方权利与义务。

2. 协议适用范围,包括协议双方职员及其亲属,或与该职员具有关联关系的主体,与主合同相关的代表人、代理人、中介、咨询机构、合作方等。

3. 禁止的舞弊行为清单。

4. 违约责任。

企业制定反舞弊合规管理制度应当公开公示,以形成对所适用主体的约束。制度应当对员工或合作伙伴等提出的异议或修改建议保持谦逊开放的态度,并保留公司在制度的实际实施过程中调整修改的权利,以期制定更为完善的反舞弊合规管理制度。反舞弊合规管理制度一经制定,就应当严格按照制度规定执行,以保障其权威性。

(三)常态化反舞弊合规管理的实现

反舞弊合规要实现对于舞弊行为的预防,就必须将反舞弊合规管理常态化,渗透企业的日常经营活动。首先,反舞弊合规制度公开公示后,应与适用范围内的高级管理人员、职员、合作伙伴进行反舞弊合规培训或沟通洽谈。反舞弊合规建设职能部门应当负责定期开展培训或沟通洽谈,提升受训对象的反舞弊意识,标红反舞弊底线;使受训对象对于高风险行为和禁止行为清单有清晰认识,能够辨别舞弊行为；警示触碰反舞弊红线将对个人和企业带来的不良后果；介绍公司反舞弊举报通道和举报人保护机制等。反舞弊合规培训针对不同人群还应当有所区别，对于融资租赁业务人员，应当侧重对其业务所涉风险的反舞弊培训；对于中高层管理人员，则应当侧重于其因职务所负有的合规监督义务，以及可能为其疏于管理行为承受的负面影响；对于业务支持部门的员工，除对业务所涉风险的培训外，还应重视对风险识别和拦截的培训。培训应当定期举行，并定期对受训对象学习成果进行检验，如举行反舞弊合规培训测试。此外，对于培训内容、参与人数及占比、人均培训时数等内容均应予以记录留存。

其次，在人力资源管理方面，应当完善对新员工的背景调查与核实，尤其是企业高级管理人员的雇佣前筛查。企业可以通过书面材料审查、公开信息查询以及访谈沟通等方式进行雇佣前筛查。以舞弊动因的三角理论为基础，对雇佣人员个人风险信息的把握有助于企业预防舞弊行为，及时挽回损失，并进一步完善反舞弊合规制度。

最后，企业应当注重贯穿企业价值观、道德信念和合规文化建设，与公司组织架构及其他反舞弊合规举措相互促进。反舞弊合规文化的建设首先应当重视高级管理层对反舞弊合规的态度，由其以身作则作出反舞弊承诺，形成以高层领导者为榜样的企业反舞弊风气。企业开展反舞弊合规文化建设应当明确以“零容忍”作为基本方针，通过定期沟通、座谈会、主题演讲、张贴海报、文章漫画推送等丰富多样的方式，实现全方位的企业反舞弊文化建设。此外，企业党委更应当贯彻落实2022年中共中央办公厅印发的《关于加强新时代廉洁文化建设的意见》，把加强廉洁文化建设作为一体推进“不敢腐、不能腐、不想腐”的基础性工程抓紧抓实抓好，要夯实清正廉洁思想根基，强化理论武装，增强政治定力、抵腐定力；坚定信仰信念信心，筑牢拒腐防变思想防线；发展积极健康的党内政治文化，引领廉洁文化建设。

实现常态化反舞弊合规管理需要各部门之间相互协作。如前所述，业务与职能部门、反舞弊合规建设职能部门、反舞弊合规评审部门三线并行，相互协作，共同构筑反舞弊合规的内部环境。业务与职能部门应当系统地对业务开展和日常经营中的风险进行识别、评估和应对，并积极配合反舞弊合规建设职能部门的调查、访谈和监督行为。反舞弊合规建设职能部门应当实时监测、识别、分析反舞弊合规制度运行情况，为业务部门提供改进建议并监督其实施；对于重大舞弊风险，应当及时向反舞弊合规评审部门和管理层报告，每年度应当生成年度反舞弊合规报告呈交审阅。

(四)激励与惩戒机制

反舞弊合规制度需要考核、激励与惩戒机制,以确保其落地和进一步完善。对于反舞弊合规制度的设计与实施的考核评估可以参考表5-4。

表5-4　反舞弊合规定期考核

审核人:	考核部门:		考核期间:	
考核内容	负责人	考核标准	自查结果	考核结果
高级管理人员重视反舞弊合规建设,分工明确,责任落实		分工是否明确,责任是否落实,是否定时研究讨论反舞弊合规计划及执行情况		
专项反舞弊合规落实到岗到人,关注重点部门岗位反舞弊合规风险		专项计划是否有序开展、部署具体,重点部门岗位是否定期访谈沟通		
重视反舞弊合规文化宣传,形成反舞弊合规的企业文化氛围		反舞弊文化宣传在数量、质量上是否充分,是否实现全覆盖		
严格执行资金管理和财务报销制度		资金管理是否符合公司规定并经审批,财务报销是否严格遵守制度,报销材料是否齐全		
认真及时处理反舞弊举报,落实举报人保护制度		是否及时处理反舞弊举报,是否严谨调查并给予反馈,是否形成举报调查报告,是否执行举报人保护制度		
认真及时与第三人沟通宣传本公司反舞弊合规政策		是否及时与第三人签订反舞弊协议,是否向第三方沟通宣传合规政策并确保其正确理解		
自查风险及时上报,及时有效拦截反舞弊风险		对于重点岗位人员个人风险重大变化是否及时上报,是否及时阻断反舞弊风险		
按时按量完成反舞弊合规培训		是否按时完成反舞弊课程学习,是否通过反舞弊合规考试		

企业定期开展反舞弊合规考核是评估反舞弊合规制度设计及实施效果的重要依据,更是助力企业适应监管环境、合规风险的变化,实现反舞弊合规制度建设始终紧随市场步伐有效运作的关键。反舞弊合规不是一蹴而就的,考核机制与常态

化反舞弊合规管理密不可分,更是企业整体考核机制的一环,旨在实现反舞弊合规激励的正负两面效果。反舞弊合规定期考核应当纳入员工日常考核体系之中,将反舞弊合规考核情况作为员工奖金、晋升等激励方案的指标之一。合规绩效尤其应成为高级管理人员、关键业务岗位人员的高比重考核指标。

同时,反舞弊惩戒机制也是反舞弊合规建设的重要一环。反舞弊惩戒机制包括日常反舞弊合规考核不达标的惩戒机制和舞弊行为发生后的惩戒机制。针对日常反舞弊合规考核不达标情况,依不同原因制定阶梯化的惩戒举措:对于后果较为轻微的考核不达标,可以由部门主管予以关注和提醒;对于主观恶意大且后果较为严重的考核不达标,可以由反舞弊合规建设职能部门进行约谈整改,约谈后仍拒不整改的,扣除个人及部门绩效,予以公示批评。反舞弊合规建设职能部门收到举报、自首或自行调查发现舞弊行为后,依其严重程度予以警告、降职减薪、扣除奖金、解聘等个人惩戒;对于疏于管理的部门主管人员予以批评、扣除奖金等个人惩戒;对于产生舞弊行为的特定岗位及部门重新进行风险评估,并督促该部门及时进行整改;对于舞弊行为开展的内部调查及惩戒进行详细记录并载于年度反舞弊合规报告中上报管理层审阅。此外,舞弊行为举报来自外部或舞弊行为已经由司法机关、行政机关进行惩戒并公开的,在执行内部惩戒措施之外,还应就内部整改措施进行公开,消除负面影响,增强市场对公司内控的信心。

二、反舞弊合规机制

(一)内部举报机制

ACFE 的调查结果显示,42% 的舞弊行为是通过举报发现的,而其中又有超过半数的举报来自内部雇员。国际主要 ESG 评级——Sustainalytics ESG,将企业是否制定举报人保护制度并就其进行详细说明(或有关于举报人保护的具体举措)纳入评级指标中,并将披露公司收到的举报案件数量与披露举报案件的处理措施视为关键绩效。国务院 2019 年 9 月 6 日发布的《关于加强和规范事中事后监管的指导意见》强调:发挥社会监督作用,建立"吹哨人"、内部举报人等制度,对举报严重违法违规行为和重大风险隐患的有功人员予以重奖和严格保护。可见,内部举报对于企业及时发现已发生的舞弊行为至关重要,完善的内部举报机制能够使真正的举报人敢于并且及时检举舞弊行为,同时防止反舞弊举报被恶意应用于职场竞争中。

内部举报机制应当至少包含如下几个部分:一是畅通开放的举报渠道。企业应当建立多样的举报渠道,如反舞弊举报网站、举报信箱、电话热线等多种形式,通过任何渠道收到的反舞弊举报都应当禁止删除并予以记录。二是及时并保密的举报调查。反舞弊合规建设职能部门在收到举报后应当尽快成立调查工作组，且调查工作组的构成应当排除与举报事项可能具有利益关系的人员。调查应当保密，并对调查流程进行完整记录。举报受理情况与初步审查及核实情况应当及时向举报人进行反馈。针对明显失实和缺少事实的举报应及时进行核实，确应结束调查的，应当对举报予以记录并向举报人说明终止调查理由。三是全面的举报人保护机制。企业应当鼓励实名举报，并允许匿名举报。在举报核查与调查阶段应当向举报人表示充分的肯定与支持，不应当在任何公开场合公布举报人姓名，或向反舞弊合规建设职能部门相关项目调查组成员以外的人员透露举报人姓名与基本信息。同时，应密切关注举报人是否受到被举报人或利益相关者的报复或面临不正常的职场压力，积极回应举报人的诉求。四是举报激励制度的设置。由于舞弊行为的举报人往往面临巨大的心理压力，或长期受到舞弊行为带来的负面影响，为激励举报人及时勇敢地提出举报，企业应当设置相应的激励机制。例如，企业可以依据该举报查实后的涉案金额或为企业挽回损失的一定比例向举报人提供举报奖金。相对应地，恶意利用举报制度进行职场竞争的，一经查实，将予以惩戒。

此外，来自外部的举报也是监测舞弊行为的重要途径。企业应当与合作伙伴持续沟通，通过岗位轮换或反舞弊合规建设职能部门参与监督等方式，消除外部举报进入企业反舞弊合规系统的阻碍。同时，应当鼓励经由内部反舞弊合规系统举报舞弊行为，通过完善的内部举报机制给予举报人保护，并提供令人信服的举报处理，避免未经内部查证的舞弊线索过早进入公众信息领域，对企业造成负面影响。

（二）租赁物权利保护

对于融资租赁企业而言，租赁物适格审查、价值评估与权利确认是业务开展的关键。《融资租赁公司监督管理暂行办法》《金融租赁公司管理办法》《金融租赁公司项目公司管理办法》均对租赁物合规作出了相关规定，融资租赁企业应当依据规范性文件的指引有序合规地开展融资租赁活动。从反舞弊合规建设的角度来看，融资租赁企业更应当关注与租赁物相关的反舞弊合规风险，在租赁物现场调查、租赁物价值评估、租赁物所有权及权利负担确认、租赁物产权转让等环节设置多重实质审查规则，避免虚设租赁物、租赁物评估报告作假、租赁物另有权利负担、租赁物所有权无法转让、租赁物相关文件仅形式审查等情形出现，保护融资租赁企业享有的租赁物权利不受舞弊行为的侵害。

(三)数据背景下的合规举措

根据ACFE发布的《2024反舞弊技术手段调查报告》,超过90%(91%)的组织将数据分析技术作为反舞弊方案的一部分。内部结构化数据是最常见的数据分析来源,数据分析监测中最常见的风险领域是支出(44%)和采购(41%)。ACFE预测人工智能(Artificial Intelligence,AI)和机器学习在反舞弊中的应用在未来2年将增加近3倍,大量的组织具有加入(行业)数据共享联盟的强烈意愿,超半数的受调查组织预计在未来2~3年增加反舞弊技术的预算。反舞弊技术手段的应用将在可见的未来成为反舞弊合规管理的重要武器。

建立或应用业务数据分析程序是目前主要的一种反舞弊技术手段,ACL Analytics(由Galvanize公司开发的通用审计软件)、IDEA(由Caseware公司开发的数据分析软件)、Excel、SAS(由赛仕软件公司开发的数据分析与解决方案软件,包括SAS欺诈管理产品)、PowerBI(由微软公司开发的数据分析及可视化软件)、Verafin(由纳斯达克提供的金融犯罪管理软件)等程序被深度应用于反舞弊数据分析中。上述程序能够为包括异常报告/监测、自动化风险警报、情绪/情感基调分析、资金追踪、地理数据分析、文本挖掘、链接/社交网络分析、分析和预测模型、数据可视化等在内的分析方法提供技术支持,综合分析内部与外部的数据来源。应用数据分析程序能够大幅增加审查承载量,在更短的时间内更高效地实现对大量业务的审查,并在一定程度上提升反舞弊监测的准确性。

三、反舞弊合规管理制度示例

第一章　总　　则

第1条　目的

为加强××融资租赁有限公司(以下简称公司)的内部控制,规范公司员工行为,降低公司经营风险,维护公司和股东合法权益,确保公司经营目标的实现和公司持续稳定发展,根据《公司法》《审计法》等法律、行政法规、部门规章、规范性文件的要求,结合公司实际情况,制定本制度。

反舞弊工作的宗旨是规范公司全体员工的职业行为,使其严格遵守相关法律法规、行业规范、职业道德及公司的规章制度,树立廉洁和勤勉敬业的良好风气,防止损害公司及股东利益的行为发生。

第2条　适用范围

本制度适用于公司及下属全体分、子公司。

第3条　定义

本制度所称舞弊，是指公司内、外部人员采用欺骗、隐瞒等违法违规手段，谋取个人不正当利益，损害公司正当经济利益的行为；或谋取不当的公司经济利益，同时可能为个人带来不正当利益的行为。

本制度所指管理层，包括高级管理人员。

第二章　反舞弊组织架构及职责

第4条　董事会

董事会负责督促管理层营造公司范围的反舞弊文化环境，建立健全包括预防舞弊、接受举报和调查处理在内的内部控制体系。

董事会授权董事会审计委员会指导公司的反舞弊工作。

第5条　董事会审计委员会

董事会审计委员会是公司反舞弊工作的主要负责机构，负责指导内审部开展反舞弊工作，对反舞弊工作进行持续监督。

第6条　管理层

管理层负责建立健全包括预防舞弊在内的内部控制体系。

管理层负责实施控制措施以降低舞弊行为发生的概率，对舞弊行为采取适当且有效的补救措施，并进行自我评估。

第7条　内审部

内审部是公司反舞弊工作的责任部门。

内审部负责公司反舞弊相关制度的制定、修改，协助公司管理层建立健全反舞弊机制。

内审部负责管理舞弊案件的举报电话、举报邮箱，负责接收公司舞弊事件投诉、举报线索，并进行回复和跟进。

内审部负责组织开展公司反舞弊调查工作，成立反舞弊调查小组。

内审部负责对查处的舞弊事件、行为、人员等信息的跟踪处理。

第8条　各事业群，分、子公司负责人

各事业群，分、子公司负责人是各部门及分、子公司反舞弊工作的第一责任人和对接人，负责开展本部门，分、子公司内部的反舞弊工作。

各事业群，分、子公司负责人负责配合、协助反舞弊调查小组开展工作。

各事业群，分、子公司负责人负责本部门，分、子公司腐败行为的自查自纠。

第9条　法务部

法务部负责审核反舞弊调查小组移交的案件和证据材料。

法务部负责将符合立案条件的舞弊案件移送司法机关。

法务部负责代表公司对涉案人员提起法律诉讼。

第10条　财务部

财务部负责将其在财务管理活动中发现的舞弊线索及时移交给内审部。

财务部负责在舞弊案件结案前冻结案件责任人一切费用支付。

财务部协助收回舞弊案件的经济赔偿。

第11条　人力资源部

人力资源部负责对舞弊案件所涉全部舞弊人员进行纪律处分。

人力资源部负责处理舞弊人员的劳动关系、薪酬和劳务报酬等。

第三章　具体内容

第12条　舞弊行为的形式

舞弊行为:

(1)泄露机密。员工窃取、试图窃取公司机密或故意泄露公司商业信息的行为。

(2)收受贿赂。员工及其利益相关人(包括但不限于直系亲属)收受来自关联企业、供应商、渠道和客户的贿赂及借款等其他利益的行为。

(3)造假。员工利用职务便利,谋取私利,包括但不限于挪用渠道或客户账期额度,伪造或更改资料帮助渠道或客户获得高账期额度或享受高返还政策,提供虚假合作信息、伪造或协助伪造虚假证明及材料等行为。

(4)竞业限制。未经授权情况下,从事与公司存在商业竞争关系的经营管理活动,包括但不限于在职期间自营或参与经营与公司有竞争关系的业务等。

(5)侵占财产。员工利用职务之便贪污挪用公司财产,包括但不限于要求客户对私打款、将公司资产挪为私用等行为。

(6)串通舞弊。员工与员工之间,员工与客户、渠道、供应商之间的内内勾结、内外勾结,包括但不限于续费不正常转新开、客户不正常的退转。

(7)故意隐瞒交易事项。包括但不限于将售后退款确认为收入、提前确认收入、虚假发货、虚构订单、虚构销量、虚构市场活动、虚增人员、虚报员工工资等。

(8)为不正当的目的而支出费用,如支付贿赂或回扣。

(9)利用职务之便,将公司的交易机会或可预期获利的交易项目转移给其他个人或公司。

(10)利用职务之便,索取他人财物或非法收受他人财物。

(11)利用职务之便,私设小金库、账外账。

(12)其他损害公司经济利益的舞弊行为。

严重违反公司相关规定的行为(视同舞弊):

(1)存在以下行为而没有向公司报备及利益回避的:

①员工近亲属同在公司任职;

②员工本人或本人近亲属参股经营公司代理的产品;

③员工本人或本人近亲属与渠道商或渠道商的近亲属有经济往来;

④员工本人或本人近亲属成为公司渠道商的合伙人或委托他人并以他人名义作为公司的渠道商(本人是实际控制人或幕后老板);

⑤员工本人或本人近亲属直接或间接向公司渠道商中投资入股或参股。

(2)员工本人或本人近亲属与公司供应商、区域合作商、渠道商或其近亲属有经济往来而没有向公司报备或利益回避的。

(3)私刻公司及其管理人员的印章,伪造公司、部门文件或报告。

(4)伪造、虚报年度、半年度业绩数据或年度奖金数据。

(5)伪造、变造、销毁、藏匿会计记录或凭证。

(6)虚构事实或隐瞒真相,使公司为虚假的交易事项支付款项。

(7)故意提报错误的交易事项或记录虚假的交易事项。

(8)购买、销售不存在(不真实)的资产。

(9)未严格履行合同,给公司带来经济损失或者给公司声誉带来重大负面影响。

(10)虚开发票、虚增发票金额、虚构报销事项;违规报销(报销内容不属于公司规定的范围)。

(11)员工本人未经公司批准在其他企事业部门、单位兼职。

(12)其他严重违规行为(包括但不仅限于违规作业)。

第13条 反舞弊调查人员权限

本条款所谓反舞弊调查人员是指内审、法务人员,或者公司董事会及其审计委员会授权/指定的其他调查人员,调查人员的权限包括:

(1)有权现场检查被查部门、部门的年度计划、月度计划、合同协议、会计凭证、账簿、会计报表、会议记录、文件、发票等各种纸质和电子资料、证照、资产等被查事项;有权对现金、票据、固定资产等资产进行盘点;有权对有关文件、资料等进行复印、现场拍照、存档。

(2)对妨碍反舞弊调查、拒绝提供资料或正在严重损害公司利益、违反财经法纪、严重浪费的行为,有权采取措施追究有关人员的责任,制止其损害公司的行为。

(3)对控告、检举重大腐败案件的有功人员,可以按照有关规定提出申请给予奖励。

第14条　舞弊案件的举报、调查

内审部负责建立职业道德问题及舞弊案件的举报电子邮箱,并将举报电子邮箱在公司网站对外公布,对举报和调查处理后的舞弊案件报告材料及时立卷归档。

公司内部员工及外部相关人员可通过电子邮箱的途径举报公司内部员工或相关舞弊案件,包括对公司及其人员违反职业道德情况的投诉、举报信息。举报邮箱:Jubao@×××.com。

公司鼓励、提倡实名制举报,举报人应据实告知被举报人姓名、部门和违规违纪的具体情节和证据(如涉及违纪的时间、事件、金额、操作方式、相关人员等)以便及时快速查处,原则上公司内审部优先受理实名制并且有证据或者明确线索的举报:

(1)公司内审部不受理无证据、无事实、捕风捉影、道听途说、子虚乌有、恶意打击报复类投诉举报;

(2)公司内审部负责对电话、信件、电子邮件等举报材料逐件拆阅、登记,及时评估受理,并在10个工作日内向举报人回复受理结果;

(3)公司已有正规的投诉举报途径,不受理通过群发邮件,群发微信、qq群,微博等方式进行的投诉、举报。

公司内审部受理舞弊案件的举报后,应当根据被举报人职务或岗位、被举报舞弊事件及情节的严重程度,按照下列规定开展工作:

(1)对非高级管理人员的实名举报,公司内审部接到举报后按规定办理相关登记并对事件进行调查,成立反舞弊调查小组,调查结果报管理层或者董事会审计委员会进行事件评估。对非高层管理人员的匿名举报,内审部进行登记并初步评估,决定是否向公司管理层或者董事会审计委员会报告。

(2)对涉及公司董事、监事或者高级管理人员的实名举报,公司内审部接到举报后除应办理相关登记外,还应在第一时间向公司董事会审计委员会和董事长报告,董事会审计委员会决定对事件做进一步调查后,由内审部和相关部门管理人员共同组成特别调查小组进行联合调查,还可视需要聘请外部专家参与、协助调查,调查结果报董事会进行事件评估。

(3)举报牵涉内审部人员的,可直接向公司董事会审计委员会或董事长报告。

反舞弊工作人员所办理事件与本人或者其亲属有利害关系的,应当主动回避。

舞弊事件调查结束后,公司反舞弊工作部门应当及时向管理层或者董事会及审计委员会提交书面调查报告。舞弊案件调查报告应当包括被举报的舞弊事件的受理时间/调查人员组成,对该事件的调查核实情况/是否属实的结论意见以及对相关人员的处理建议等。若有相关证据、证物或者证言,应当在舞弊案件调查报告附录中注明。

对于实名举报,无论是否立项调查,公司内审部均应向举报人反馈调查结果。

投诉、举报人在协助调查工作中受到保护。公司禁止任何非法歧视或报复行为,或对于参与调查的员工采取敌对措施。对违规泄露检举人员信息或对举报人员采取打击报复的人员,将予以撤职、解除劳动合同的处罚。触犯法律的,移送司法机关依法处理。

接受举报投诉或参与舞弊调查的工作人员不得擅自向任何部门及个人提供投诉、举报人的相关资料及举报内容;确因工作需要查阅投诉、举报相关资料的,应得到公司管理层的授权,查阅人员必须对查阅的内容、时间、查阅人员的有关情况在内审部进行登记。

第15条　举报奖励标准

挽回经济损失金额在10,000(不含)元以内的,按实际挽回经济损失金额的10%给予奖励,且奖励金额不低于500元。

挽回经济损失金额在10,000~50,000(不含)元的,按实际挽回经济损失金额的5%给予奖励,且奖励金额不低于1000元。

挽回经济损失金额在50,000(含)元以上的,按实际挽回经济损失金额的3%给予奖励,且奖励金额不低于2500元,不高于10万元。

对于不涉及金额的舞弊事项,视舞弊性质的严重程度,一次性给予举报人1000元、3000元、5000元、10,000元4档不等的奖励。

第16条　舞弊处罚措施

员工违反本制度中的规定,公司将根据舞弊严重程度予以处罚,包括但不限于口头警告、书面警告、追回钱款、解除劳动合同、行政处罚、移交司法机关处理等。

第四章　附　　则

第17条　附则

本制度与劳动合同具有同等法律效力,须告知公司现有全体员工。新入职员工签订劳动合同时应表明知晓并遵守本制度。

本制度未尽事宜按照相关法律法规、行政规章和中国证监会以及深圳证券交易所的有关规定办理。

本制度由公司内审部负责制定、解释和修订,经董事会批准后生效。

第六章

融资租赁企业数字合规与数据保护

第一节 全球化的数据合规

一、数据合规背景

随着网络时代电子商务的普及，电子数据已成为重要的商务要素，是企业在生产经营中所必备的基本要素之一。尤其是在人工智能和精准化销售不断普及的今天，数据已经逐渐转变成一种资产，如对于人工智能的训练，需要以庞大的数据作为支撑，且某一企业掌握的客户数据又是精准化销售和风险控制的重要商业资源。在此背景下，出现了企业所掌握的电子数据，包括客户的个人信息等，被窃取或被该企业不正当使用的案例，由此，世界各国都出台了相应的数据监管办法和条例，以确保企业所掌握的数据被合法合规地使用。

融资租赁企业需要妥善保存所掌握的客户信息，并根据《中华人民共和国数据安全法》（以下简称《数据安全法》）完善相关管理制度，采取相应的技术措施和其他必要措施，保障数据安全，否则可能受到相关行政处罚。如上海某融资租赁有限公司，由于违反信用信息采集、提供、查询及相关管理规定，被中国人民银行上海分行处以人民币 35 万元的罚款。①

融资租赁企业在运营的过程中，应根据法律法规的要求，完善自身制度，并且合法、合规地收集、保存、使用数据，这不仅是合规的需要，也是融资租赁企业维护自身名誉与客户信任，保持长久发展的重要一环。同时，部分融资租赁企业需要使用外部数据判断潜在承租人的资信情况，如公安身份信息数据、银联信用数据、运营商数据、个人征信数据等，这些数据的使用需要满足合规的要求，否则可能遭到监管部门的处罚。

二、国外立法

2016 年 4 月 27 日，欧盟通过了《通用数据保护条例》（General Data Protection Regulation，GDPR），该条例于 2018 年 5 月 25 日开始实施，主要内容包括：明确了数据主体拥有包括知情权、访问权、更正权、删除权和限制处理权等在内的各项权利；规定了数据处理者采取合理的措施，保障数据安全性和完整性的义务；明确了数据处理者向监管部门汇报的义务；明确了个人信息保护，包括敏感数据保护以及数据

① 参见中国人民银行上海分行行政处罚决定书，上海银罚字〔2023〕19 号。

处理者对于个人信息保护的责任和义务。2022 年 2 月 23 日,欧盟颁布了《数据法案(草案)》,该草案的主要内容包括:建立统一的欧盟数据市场;明确数据处理者的责任和义务,包括维护数据的合法性、保障数据的安全性和隐私性,以及遵守数据保护规则等;明确数据主体的权利,包括对数据的访问权、数据错误时的更正权、数据不再必要等情况下的删除权等;明确数据的管理框架,包括数据的违规处罚以及制裁。2022 年 6 月 3 日,美国颁布了《数据隐私和保护法案(草案)》,该草案主要涉及消费者隐私和数据安全保护;要求实体企业最小化地收集、处理和传输个人数据;要求实体企业在特定场景下遵守忠诚义务,同时确保消费者不用为自身隐私付费等。

三、国内立法

(一)《数据安全法》

2021 年 9 月 1 日,《数据安全法》正式实施,其适用范围非常广泛,无论数据是以电子形式还是以其他形式呈现,均为该法所规范的“数据”。所有在中华人民共和国境内的数据处理均适用该法,其中数据处理,包括数据的收集、存储、使用、加工、传输、提供、公开等;数据安全,是指在开展数据处理活动时,数据的处理者有能力持续和稳定地采取必要措施为数据提供有效保护,并始终合法地利用该数据。《数据安全法》的主要内容有:数据安全制度,包括数据安全保护义务、数据安全审查与数据安全评估和应对;数据安全管理责任制度,包括构建数据安全管理体系、保障数据安全的措施、应急措施等。根据该法的定义,融资租赁企业亦属于数据的处理者,对于数据安全以及数据的适当使用负有责任,如果不能妥善履行义务,将面临有关机构对融资租赁企业,以及融资租赁企业管理人员的罚款和其他处罚。

(二)《网络安全法》

2017 年 6 月 1 日,《网络安全法》正式实施,该法适用于在中华人民共和国境内进行的网络建设、运营、维护和使用行为。根据该法,网络运营者应根据我国法律法规中有关网络安全等级保护制度的规定,以及数据的重要程度,对数据进行安全保护,使网络不受干扰和破坏,避免网络数据泄露,或网站受到未经授权的访问、窃取和篡改。该法规范了网络运营者对于内部网络的安全管理制度、操作规程、网络安全负责人的任命、网络安全保护责任的落实等内容,同时,要求网络运营者采取措施防范网络受到计算机病毒等的攻击、侵入,明确对于网络运行状况和网络安全事件,网络经营者应当采取措施进行监控和记录。另外,该法还对网络产品、关键网络设备、用户网络接入、个人信息的保护提出了详细的监管要求。如果融资租赁企业使用自身运营网络系统，那么应当按照该法采取相应措施以履行其保护义务。

（三）《个人信息保护法》

2021年11月1日，《个人信息保护法》正式实施，该法规定，个人信息包含已识别或可识别的、与自然人有关的、以各种形式记录的信息；个人信息的处理，包括对前述信息的收集、存储、使用、加工、传输、提供、公开、删除等。该法适用于在中华人民共和国境内处理一切自然人个人信息的活动。该法对于个人信息处理者的要求包括：处理信息必须合理，不应损害公序良俗；处理个人信息时应当具有明确、合理的理由和动机；该信息的处理需要与信息处理者所提供的服务明确相关；处理个人信息应尽可能地减少对于个人权益的影响；应当采取必要措施保障相应个人信息的安全等要求。以个人为客户的融资租赁企业，应当重点关注并遵守《个人信息保护法》。

（四）与数据安全直接相关的其他法律

根据《中华人民共和国消费者权益保护法》的规定，经营者在收集和使用个人消费者的个人信息前，应当取得个人消费者的明示同意，同意的内容包括经营者收集和使用个人信息的目的、方式和范围。以个人为客户的融资租赁企业，其承租人亦属于金融消费者，也应当受到该法保护。《征信业务管理办法》对企业采集、整理、保存加工个人的信用信息，并提供给信息使用主体的活动进行了规范。根据该办法的规定，金融机构只能通过已合法取得征信业务资质的市场机构获取征信服务；融资租赁企业获取信用信息的，也应当通过取得人民银行征信机构许可的企业进行。

第二节　融资租赁企业数据合规管理体系

一、数据合规原则

融资租赁企业应当制定数据合规的总体策略方针及目标、原则。所有的融资租赁企业，应当遵守基本的数据安全制度，对于数据安全给予足够的重视，采取足够的措施防范客户的数据泄露问题。如采用互联网技术的融资租赁企业，从战略上应当重视自身网络安全的运营，以及对于技术合作伙伴的选择与监管。以个人承租人为重要客户的融资租赁企业,应当特别重视个人信息保护,并在战略层面投入足够的资源。

融资租赁企业应当遵循的数据合规原则如下:

1. 独立性原则。融资租赁企业在建设数据合规制度时应在岗位设计、人员安排以及汇报路径上保持独立性,数据合规人员承担的其他职责不应与其数据合规职责相冲突。

2. 适用性原则。融资租赁企业的数据合规管理应根据企业的业务结构进行安排,确保数据合规制度的可操作性及有效性。同时,随着企业业务的变化,其数据合规体系也应作出相应的调整。

3. 全面性原则。融资租赁企业的数据合规管理应渗透融资租赁企业经营的方方面面,包括各个部门、各个子公司,并贯彻到市场、业务、风控、决策等各个层面。

4. 联动性原则。融资租赁企业的数据合规要求应当与业务风险管理规范、稽查规范、封控规范、内控规范等相互统筹并衔接,以确保数据合规体系的有效运行。

二、数据安全制度

融资租赁企业应对数据安全制度进行体系化建设,制定具体的制度和人员安排。具体制度包括数据分类分级、数据访问权限管理、数据全生命周期管理、数据安全应急响应、数据合作方管理、数据脱敏、数据加密、数据安全审计、数据资产管理、大数据平台安全等,制度建设情况如下所述。

(一)数据分级

根据《数据安全法》的规定,国家依法建立一套数据分类分级的保护制度,将各类数据依据以下两个方面的因素进行分类,并分级别进行保护:一是该类数据在我国社会经济发展中所发挥作用的重要程度;二是该类数据在遭遇篡改、破坏、泄露、非法获取或者非法利用等情况时,对国家安全、公共利益、个人和组织的利益的实际损害程度。核心数据,是指关系国家安全、国民经济命脉、重要民生和重大公共利益的数据,该类数据应受到更为完善的保护。目前,针对融资租赁行业的数据分级,国家并未出台明确的制度,融资租赁企业可根据《数据安全法》第 21 条的要求,自行进行分类。

具体分类方式可参考中国人民银行发布的《金融数据安全　数据安全分级指南》(JR/T 0197—2020,以下简称《金融数据安全分级指南》)。根据《金融数据安全分级指南》的规定,数据安全影响程度可以参考表 6－1 进行分类。

表6－1　数据安全影响程度分类

影响程度	参考说明
严重损害	1. 可能导致危及国家安全的重大事件，发生危害国家利益或造成重大损失的情况。 2. 可能导致严重危害社会秩序和公共利益，引发公众广泛诉讼等事件，或者导致金融市场秩序遭到严重破坏等情况。 3. 可能导致金融业机构遭到监管部门严重处罚，或者影响重要/关键业务无法正常开展的情况。 4. 可能导致重大个人信息安全风险、侵犯个人隐私等严重危害个人权益的事件
一般损害	1. 可能导致危害社会秩序和公共利益的事件，引发区域性集体诉讼事件，或者导致金融市场秩序遭到破坏等情况。 2. 可能导致金融业机构遭到监管部门处罚，或者影响部分业务无法正常开展的情况。 3. 可能导致一定规模的个人信息泄露、滥用等安全风险，或对个人权益可能造成一定影响的事件
轻微损害	1. 可能导致个别诉讼事件，使金融业机构经济利益、声誉等轻微受损。 2. 可能导致金融业机构部分业务临时性中断等情况。 3. 可能导致超出个人客户授权范围的加工、处理、使用数据等情况，对个人权益造成部分或潜在影响
无损害	对企业合法权益和个人隐私等不造成影响，或仅造成微弱影响但不会影响国家安全、公众权益、金融市场秩序或者金融业机构各项业务正常开展

另外，根据《金融数据安全分级指南》的规定，数据重要性分为5级，每级的特征见表6－2。

表6－2　数据重要性分级

分级	特征
5级数据	1. 用于包括大型、特大型商业银行、证券交易所等金融交易过程中重要核心节点类机构的关键业务使用。这些数据一般只对特定的人公开，只对必要的人开放访问和使用。 2. 数据安全性遭到破坏后影响国家安全，或严重影响公众权益

续表

分级	特征
4 级数据	1. 用于包括大型、特大型商业银行、证券交易所等金融交易过程中重要核心节点类机构的重要业务使用。这些数据一般只对特定的人公开,只对必要的人开放访问和使用。 2. C3 类个人金融信息。 3. 数据安全性遭到破坏后,可能会对公众权益造成一般影响,或严重影响个人隐私或企业正当权益,但不会危及国家安全
3 级数据	1. 金融业机构关键或重要业务使用。这些数据一般只对特定的人公开,只对必要的人开放访问和使用。 2. C2 类个人金融信息。 3. 在数据安全性受到损害的情况下,对公众权益造成轻微影响,或对个人隐私、企业正当权益等有一般性影响,但不影响国家安全
2 级数据	1. 该数据主要用于金融机构的一般业务,一般只对限制对象公开,以内部管理为主,不宜广而告之。 2. C1 类个人金融信息。 3. 个人隐私或企业合法权益可能会在数据安全性被破坏的情况下受到轻微影响,但不影响国家安全或公众利益
1 级数据	1. 数据一般可被公开或可被公众获知、使用。 2. 个人金融信息主体主动公开的信息。 3. 数据安全性被破坏后,可能不会影响个人隐私或企业的合法权益,或只会造成微弱的影响,但不会影响到国家安全,也不会影响到公众权益

注:《个人金融信息保护技术规范》(JR/T 0171—2020)关于信息类别规范。

1. C1 类别信息主要为机构内部的信息资产,主要指供金融业机构内部使用的个人金融信息。该类信息一旦遭到未经授权的查看或未经授权的变更,可能会对个人金融信息主体的信息安全与财产安全造成一定影响,包括但不限于账户开立时间、开户机构,基于账户信息产生的支付标记信息,C2 类别和 C3 类别信息中未包含的其他个人金融信息。

2. C2 类别信息主要为可识别特定个人金融信息主体身份与金融状况的个人金融信息,以及用于金融产品与服务的关键信息。该类信息一旦遭到未经授权的查看或未经授权的变更,会对个人金融信息主体的信息安全与财产安全造成一定危害,包括但不限于支付账号及其等效信息,如支付账号、证件类识别标识与证件信息(身份证、护照等)、手机号码。

3. C3 类别信息主要为用户鉴别信息。该类信息一旦遭到未经授权的查看或未经授权的变更,会对个人金融信息主体的信息安全与财产安全造成严重危害,包括但不限于银行卡磁道数据(或芯片等效信息)、卡片验证码(Card Verification Number,CVN 和 Card Verification Number2,CVN2)、卡片有效期、银行卡密码、网络支付交易密码;账户(包括但不限于支付账号、证券账户、保险账户)登录密码、交易密码、查询密码;用于用户鉴别的个人生物识别信息。

融资租赁企业可以参考《金融数据安全分级指南》,并根据业务的实际情况对数据进行分级。对重大融资租赁交易或涉及国家安全、公众利益的交易应作为较高级别的数据进行分级,如以军舰、卫星作为租赁物的,应将租赁物的规格作为 5 级数据加以保密；相应地，对于普通型号的民用设备，如注塑机、挖掘机等，可以作为2级数据予以管理。

（二）数据分类

根据《数据安全法》第21条的规定，国家建立数据分类分级保护制度。目前，国家尚未强制要求融资租赁企业对于数据进行分类管理。实践中，融资租赁企业可根据自身经营需要对数据进行基本分类，作为其数据管理的基础，具体分类标准可参考表6－3。

表6－3　数据分类管理

一级子类	二级子类	三级子类
承租人	单位	单位基本信息、单位身份鉴别信息、单位资讯信息、单位关系信息、单位行为信息、单位标签信息
	个人	个人自然信息、个人身份鉴别信息、个人资讯信息、个人关系信息、个人行为信息、个人标签信息
业务	账户信息	账户信息
	合同信息	合同信息、签约信息、直租数据、回租数据、财产线索
	租赁物信息	租赁物信息、租赁物使用情况、租赁物运动轨迹
	融资信息	融资种类、期限
经营管理信息	运营管理	安防管理信息、业务运维信息、客户服务信息、单证管理信息、合作单位信息
	风险管理	风险偏好信息、风险管控信息
	技术管理	项目管理信息、系统管理信息
	综合管理	战略规划信息、招聘信息、员工信息、机构信息、财务信息、资产负债信息、行政信息、内控合规信息
监管	数据报送	监管报送信息
	数据收取	评级、处罚与违规信息、监管统计及预警信息、外部审计信息

（三）数据访问权限管理

融资租赁企业可根据实际需要进行数据访问权限管理，比如，业务人员可以访问自己所维护的客户信息及对应的客户服务日志；法务人员可以查阅合同信息、公司制度信息;客户服务人员可以依申请查阅相关客户信息。

(四)数据安全岗位管理

融资租赁企业应设置相关数据管理岗位,根据需要可以设置数据库管理员、操作员及安全审计人员、安全运维人员、数据备份管理人员、数据恢复管理人员。就特权账户、关键数据处理岗位等数据安全关键岗位而言,应设置双人双岗。

(五)人员安全管理和培训

融资租赁企业在录用重要岗位员工前应进行背景调查,对于数据处理关键岗位的人员,应对其数据安全意识及专业能力进行考核;对于接触重要数据的员工,应与其签署保密协议;对于离职或转岗的员工,应及时终止和变更其操作权限,并明确后续人员的操作权限和保密责任;对于全体员工,应每年至少进行一次数据安全专项培训;对于专项岗位的员工,应定期进行数据安全技能考核。

(六)与第三方合作中的数据安全

融资租赁企业应建立评估机制对合作方或外包服务商的数据安全机制进行评估。在与第三方合作中,融资租赁企业应在签订委托合同的同时与第三方签署保密协议,并在合作协议或保密协议中明确数据处理的目的、方式、范围、保密责任数据的返还和销毁、违约责任和处罚条款等重要事项。除此之外,融资租赁企业还应建立对于第三方人员的权限管理机制,第三方人员应在最小必要范围内对融资租赁企业的数据系统进行访问。对于第三方人员对融资租赁企业数据系统的访问,融资租赁企业应实时监督和监测,如敏感数据被访问时,应采取实时报警的措施等。

(七)安全威胁和应急处理

融资租赁企业应记录和统计的安全威胁及安全事件包括:记录近3年发生的网络安全和数据安全事件及其处置的整改记录和上报情况,如事件名称、影响对象、发生时间和频次、发生原因、外部威胁、事件级别、处置措施等;统计近1年通过安全工具日志审计、安全合规测评等自查手段发现的安全威胁和违规行为及其频次,并通过检测系统和检测工具实时监测系统被攻击或威胁的情况。

(八)开发运维管理

在实务中融资租赁企业经常碰到需要开发运维及系统管理的情形,包括内部办公自动化(Office Automation,OA)系统以及外部业务系统等。对于新系统的开发,融资租赁企业应当妥善进行流程审核,并对开发系统的修改及更新过程进行全流程的控制,包括工程实施、验收、交付的安全管理情况;开发代码、测试数据的安全管理情况;产品或业务上线前进行安全评估的情况;开发测试环境和实际运行环境的隔离情况;测试数据和测试结果的控制情况;开发测试中使用个人信息核心数据、重要数据情况;开发前对相关数据应进行去标识化和脱敏处理。此外,融资租赁企业还应对开发和运维人员的行为进行监督和审计。对于远程运维,融资租赁企业应当安排专门的审批管理人员并设置相应的安全防护措施。

(九)云数据安全管理

1. 云服务的基本分类

融资租赁企业购买云服务的,应注意相关的数据安全合规问题。一般认为,云服务分为三类:

(1)基础设施即服务(Infrastructure as a Service,IaaS):在 IaaS 模式下,云服务供应商提供和维护数据中心、服务器、存储设备等网络基础设施供用户使用。融资租赁企业可使用云资源创建虚拟机,或将数据存储在云端。

(2)平台即服务(Platform as a Service,PaaS):在 PaaS 模式下,云服务供应商会将自己的软件研发平台开放给用户,云服务的用户可以在平台上个性化地定制和开发软件。融资租赁企业可以使用云平台更加高效地进行应用程序开发、应用程序托管、存储应用数据等活动。

(3)软件即服务(Software as a Service,SaaS):云服务供应商在互联网上直接提供软件服务给用户,而不需要用户在本地安装和运行软件。这种模式的优点包括灵活性、安全性、高可用性和可扩展性。在 SaaS 模式下,软件供应商维护和管理软件的服务器、数据库和代码库,而用户通过互联网访问和使用软件。融资租赁企业无须购买和维护软硬件,只需要通过互联网访问软件即可。

2. 使用云服务时安全责任的划分

根据《信息安全技术　网络安全等级保护基本要求》(GB/T 22239—2019)附录 D 的规定,当融资租赁企业选用 IaaS 模式的云服务时,其控制范围包括虚拟化计算资源、软件平台、应用平台;选用 PaaS 模式的云服务时,其控制范围包括软件平台、应用平台;选用 SaaS 模式的云服务时,其控制范围包括应用平台。通常情况下,融资租赁企业应在其控制范围内承担数据的安全责任。

3. 上云数据的安全

融资租赁企业应当确认上云数据的安全，对于上云数据应进行妥善的安全审核和管理，并妥善使用云安全产品服务；对于上云操作应配备安全审计；对于云账户应设置账号和权限管理；对于私有云应妥善进行远程运维及安全管理。

三、数据处理活动制度

（一）数据的收集

融资租赁企业收集数据应符合合法性和正当性要求，同时应避免超范围收集或未经合法授权收集数据的情况。

1. 数据的直接收集

直接收集的信息应得到信息提供者的同意，向个人收集信息的，应在最小的必要范围内收集，还应当引导个人浏览相应的隐私保护政策，并应采用单独的页面或者不可跳过的步骤等增强告知的方式，取得提供者的明示许可。同时，通过互联网方式收集的信息，应给予加密保护，以防止该类信息被第三方截取。

2. 数据的间接收集

通过协议购买等形式获得数据的，应充分考虑如下方面：

（1）数据的来源应当合法可靠，权利清晰，没有争议。如果数据来源方并非一手数据的获取端，而是通过交易等其他方式获取，融资租赁企业应向其索取数据来源合规性审查的相关资料。

（2）数据的取得方式应当符合法律规范。如根据中国人民银行的《征信业务管理办法》的规定，从事个人征信业务的机构应当取得对应的许可。

（二）数据的存储

融资租赁企业应制定和落实数据库的管理规范，如账号管理权限、访问控制、日志管理、加密管理、版本升级。融资租赁企业应定期检测运行逻辑、存储系统安全漏洞，并且对于相应漏洞进行修复和处置。对于敏感的个人信息，融资租赁企业应进一步加密。对于储存数据的介质，融资租赁企业应妥善保管，定期进行维护及安全检查，并完整记录。

（三）数据的传输

融资租赁企业应当制定数据安全策略以及相应的操作规程，对于敏感的个人信息和重要数据的传输应选用安全的密码算法。同时，传输通道应配置身份鉴别、密码算法、密钥管理等防护措施。融资租赁企业应对数据传输、接收进行记录,并应当选择可靠的网络链路进行传输。

(四)数据的加工和使用

融资租赁企业加工和使用数据时,应当遵守法律规定,不得出现危害国家安全、公共利益、损害个人及组织合法权益的行为。据此,融资租赁企业应设置相应的数据加工及使用的安全策略。

(五)数据提供

融资租赁企业提供数据时应当有明确的目的,并且应在最小的必要范围内提供数据。据此,融资租赁企业应制定数据提供安全策略以及相应的审批流程。在对外提供数据前,融资租赁企业应评估该数据提供行为给数据安全以及个人信息保护造成的影响。融资租赁企业向境外提供数据的,应符合相关国家的法律规定。在对外提供数据时,对于敏感数据应进行加密;对于数据的提供过程,应当进行监控审计,同时采用签名、添加水印、脱敏等安全措施。

若对外提供数据,融资租赁企业还应核查:数据接收方处理数据的目的是否具有合法性,接收方是否承诺保障数据安全并配备相应的技术措施,接收方是否具备数据保护能力。

若融资租赁企业因合并、分立、解散、被宣告破产等向外转移数据,应首先就数据转移的情况,向主管部门进行汇报,并制定妥善的数据转移方案。

若融资租赁企业向境外提供数据,应妥善整合数据出境的场景,确保数据出境场景完整覆盖全部业务类型和产品类别;同时,数据出境还应依法进行数据出境安全评估和个人信息保护认证。

(六)数据公开

融资租赁企业公开数据的,应具备公开目的、方式、范围的适当性,对公开的数据应采取必要的脱敏处理、数据水印、防抓取、权限控制等措施。

(七)数据删除

融资租赁企业应对数据删除设置详细的流程和审批机制,并根据法律、合同约定以及隐私政策等及时删除数据。融资租赁企业委托第三方处理数据的,应在处理结束后督促第三方删除或返还数据。融资租赁企业删除数据的,应确保数据彻底删除,不存在副本以及备用数据。

四、个人信息保护制度

个人为重要承租人的融资租赁企业,因此对承租人个人信息的保护尤为重要。根据《个人信息保护法》的规定,除一般的数据保护制度外,融资租赁企业应针对承租人个人信息制定专门的管理制度和操作规程;同时,融资租赁企业还应对收集的个人信息依法进行分类,并在必要时对这些数据采取加密、去标识化等安全技术措施。就个人信息的保护而言,融资租赁企业应设立合理且有效的操作权限制度,针对个人信息安全事件制定应急预案,并定期安排个人信息合规审计工作。融资租赁企业也应当设置针对个人信息保护的负责人岗位,并将其联系方式等报送网信部门。具体如下。

(一)个人信息的合法性

融资租赁企业收集承租人个人信息应当具有明确的、合理的目标,且收集到的信息应与该融资租赁交易直接相关。这种相关性不应仅限于交易需要,也应包括判断承租人偿还能力的需要,从而决定是否与该承租人进行融资租赁交易。实践中,融资租赁企业应收集与融资租赁业务直接相关的信息,如个人征信信息、身份证号、联系地址、财产线索等。同时,在收集这些信息的过程中,应当以对个人权益影响最小的方式收集个人信息,如融资租赁企业在收集个人信息时应当采取必要的保护措施,以防止承租人的个人信息被第三方违法截取。

(二)个人信息的告知

在处理个人信息前,融资租赁企业应当完整地告知承租人如下事项:

1. 融资租赁企业的名称和可使用的联系方式,联系方式建议为融资租赁企业自设的投诉热线。

2. 承租人的个人信息处理相关内容,包括:

(1)处理目的,个人信息仅用于与融资租赁交易相关的用途,包括但不限于融资租赁交易前期适格性判断、融资租赁交易、融资租赁资产交易与资产证券化。

(2)处理方式,如个人信息由融资租赁企业保存但可在特定情形下提供给政府机关(如融资租赁现场、非现场检查)、第三方律师、前来进行尽职调查的第三方;在中登网进行融资租赁的公开登记。

(3)个人信息种类,即需要收集哪些个人信息,如姓名、联系方式等。

(4)个人信息的保存期限。

3. 个人行使《个人信息保护法》规定的权利的方式和程序。《个人信息保护法》要求个人信息处理者设置便利的渠道,用于个人行使与个人信息相关的请求权。建议融资租赁企业设立专门的热线用于接收和处理诉求,并将该热线的情况告知承租人。另外,融资租赁企业还应告知承租人,如果认为其合法诉求得不到合理反馈,可向个人信息保护监管部门,如网信办等投诉。

(三)个人信息的同意

1. 融资租赁企业处理承租人个人信息前应取得承租人的同意,且该同意应当在个人充分知情的情况下自愿作出。

2. 融资租赁企业经承租人同意后处理个人信息,融资租赁企业应提供专线用于承租人撤回其个人信息。另外,根据法律规定,如果该个人信息系融资租赁交易所必需的,融资租赁企业可拒绝承租人撤回该类个人信息。承租人撤回个人信息使用同意的,融资租赁企业因使用承租人个人信息所做的法律行为如果已经产生效力,则该效力不受影响。

3. 如果融资租赁企业处理个人信息的目的发生了变更,则需要由承租人重新作出相应授权。

实践中,可以由承租人线下提交融资租赁交易审批材料授权或由承租人点击同意按钮授权融资租赁企业获取其已在系统中录入的信息。

(四)个人信息的处理

1. 个人信息的保存

(1)在实现处理目的的前提下,应尽可能以最短时间保存个人信息。实践中,融资租赁企业可在融资租赁交易结束前保存个人信息,并在租赁期且信息保存期结束后尽快删除个人信息。通常情况下,信息的保存期限为5年。

(2)个人的生物识别信息和个人的身份信息应采用相互独立的数据库分别存储。生物识别信息,是指通过对个体生物特征的测量和分析,用于身份验证或身份识别的数据。这些特征包括但不限于指纹、虹膜、面部、声音等。

2. 个人信息的共同处理

对于两个以上的信息处理者,共同处理某个个人信息的,双方应当明确、清晰地约定各自的权利义务。在融资租赁实践中,融资租赁企业可能与第三方机构共同处理个人信息,融资租赁企业应当在第三方机构提供服务所需的最小范围内提供个人信息,并在合同中明确个人信息的使用限度和第三方机构的保密义务。

3. 个人信息的委托处理

(1)融资租赁企业需委托处理个人信息的,如使用云服务存储承租人个人信息,应与受托人签订对应协议,就委托处理的目的、期限、方式、个人信息的种类保护措施等进行详细约定。除签订合同外,融资租赁企业还应当对受托人对个人信息的处理进行必要的监督。

(2)如果个人信息处理的受托人没有按照合同约定的处理目的、处理方式等处理个人信息,融资租赁企业应当及时予以纠正。

(3)如果个人信息处理的受托人以转委托的方式处理个人信息,其应当安排转委托的受托方与融资租赁企业就转委托事宜再次进行明确的约定和授权,并且融资租赁企业应当对转委托的受托方,采取同样的监督和纠正措施。

4. 个人信息的转移

融资租赁企业如果因融资租赁资产转让,企业合并、分立、解散、被宣告破产等,需要转移个人信息,应当告知个人承租人其个人信息接收方的名称以及联系方式;应当明确要求接收方继续履行个人信息处理的义务;应当敦促接收方重新取得承租人就接收方处理个人信息的同意。

5. 向他人提供个人信息

(1)融资租赁企业向他人提供个人信息的,应当向个人告知个人信息接收方的名称、联系方式。同时,融资租赁企业还应告知承租人个人信息接收方接收个人信息的目的、方式以及提供的个人信息种类。

(2)融资租赁企业向他人提供个人信息,应取得个人承租人的单独同意。通常认为,单独同意应通过"增强式告知"或"即时提示"等方式获取。增强式告知,是指采用个人信息主体不可绕过的方式(如设置专门页面或单独步骤)向个人信息主体告知相关信息,以协助其作出授权同意的决定。即时提示,是指在处理个人信息的关键环节中,通过文字、标识等方式,即时提醒个人信息主体其个人信息被收集、使用或共享的情况,并获取其明示同意。

(3)融资租赁企业应当了解个人信息接收方如何处理个人信息,如果个人信息接收方就个人信息的处理超出了原先的同意范畴,应当重新取得个人承租人的同意。

6. 个人信息公开

(1)融资租赁企业如果需要就承租人个人信息进行公开,应采用单独的页面或者不可跳过的步骤等增强告知的方式,取得承租人的明示许可。

(2)处理个人承租人已经自行公开的信息时,如果该信息特别重要,融资租赁企业应采用单独的页面或者不可跳过的步骤等增强告知的方式,取得承租人的明示许可。

(五)敏感个人信息的处理

根据《个人信息保护法》的规定,敏感个人信息,即当发生信息泄露或被他人违法使用时,容易损害个人的人格尊严,或容易导致人身损害与财产损失的个人信息。个人的生物识别、金融账户、行踪轨迹都属于敏感个人信息。特别是在汽车融资租赁交易中,融资租赁企业往往在租赁车辆上安装全球定位系统(Global Positioning System,GPS),从而确保租赁车辆是按照融资租赁合同的约定,在固定范围内使用。与此同时,融资租赁企业也掌握了承租人的行动轨迹。故融资租赁企业应特别注意对个人承租人敏感信息的处理。

1. 通用规则

(1)相较于普通的个人信息,融资租赁企业对敏感个人信息应采用更为严密的保护措施。另外,只有在非常必要的情况下,基于特定的目的才能使用敏感个人信息。

(2)在收集这些敏感个人信息前,融资租赁企业应采用单独的页面或者不可跳过的步骤等增强告知的方式,取得承租人对于敏感个人信息使用的明示许可,并以此方式告知承租人这些敏感个人信息被使用会对他们造成何种影响。

2. 生物特征识别信息安全

在现代融资租赁业务当中,电子签名系普遍使用的合同签订方式,在此过程中,融资租赁企业往往会收集个人的人脸识别信息等个人生物特征识别信息,因此应特别注意保护该类信息的安全。

(1)收集个人图像、身份识别信息时,融资租赁企业应采用单独的页面或者不可跳过的步骤等增强告知的方式,取得承租人的明示许可。

(2)开展业务活动时,应采用多种身份鉴别方式构成多种选择,而非仅使用人脸识别一种方式。

(六)个人信息主体权利

1. 个人信息的查阅、复制

(1)个人信息处理者应为个人提供查阅其个人信息的途径,应及时提供个人信息查阅服务:融资租赁企业应设置热线、查询链接,方便个人承租人查阅其个人信息。

(2)个人承租人要求复制其个人信息的,融资租赁企业应予以配合。

(3)个人信息的更正、补充:①融资租赁企业应该通过热线等方式允许和协助承租人对其个人信息进行更正和补充。②如果承租人希望补充、更正个人信息,融资租赁企业应当给予适当的配合和支持。

(4)个人信息的删除:当服务结束且保存期限届满时,融资租赁企业应删除个人信息。通常情况下,个人信息的保存期限应为服务结束后5年。

(5)其他个人信息权利:①融资租赁企业可设置热线或电子邮箱,方便个人向融资租赁企业咨询个人信息处理规则。②融资租赁企业应设置专门的规则方便个人承租人去世后由其亲属查询、复制、更正、删除其相关信息。

2. 个人信息的安全应急处理

(1)融资租赁企业应就个人安全信息事件制定应急预案。

(2)发生或者可能发生个人信息泄露、篡改、丢失时,融资租赁企业应立即采取补救措施。同时,融资租赁企业应就个人信息安全事件向有关部门汇报,汇报的内容包括信息种类、事件原因、可能造成的损害、补救措施、个人信息处理者的联系方式。

3. 个人信息投诉举报

对于违反个人信息相关规定的行为,个人信息的处理者应当建构投诉举报渠道,并及时处理相关投诉举报。实践中,融资租赁企业可设立投诉热线,并对投诉热线的接听人员进行相关培训,确保其可以及时准确回应关于个人信息的投诉举报。

第三节　融资租赁企业信息保护制度范例

一、企业数据安全制度范例

第一章　总　　则

第1条　为了规范企业数据安全管理,保护企业的核心信息资产,根据《网络安全法》《个人信息保护法》等法律法规,制定本制度。

第2条　本制度适用于公司各部门、所属企业以及关联方的数据安全管理活动。

第3条　本制度所称数据是指以电子或其他方式记录的与已识别或可识别的

自然人有关的各种信息，包括但不限于个人身份信息、交易信息、客户信息、财务信息、研发信息等。

第4条　任何组织、个人不得违反法律法规的规定，收集、使用、加工、传输他人数据，不得非法买卖、提供或者公开他人数据。

第二章　数据安全管理

第5条　企业应建立完善的数据安全管理制度，包括但不限于数据分类标准、数据存储和传输制度、数据加密制度、数据备份和恢复制度等。

第6条　企业应制定数据安全审计制度，定期对数据安全状况进行评估，并记录评估结果。

第7条　企业应制定数据安全事件应急预案，对于发生的数据安全事件应立即采取措施防止扩大，并及时向相关主管部门报告。

第8条　企业应按照国家有关规定，合理确定数据的存储期限和删除期限，及时归并、迁移和处理数据，确保数据的完整性和安全性。

第三章　数据安全培训和意识提升

第9条　企业应定期对员工进行数据安全培训，提高员工的数据安全意识和技能。

第10条　员工应遵守企业制定的数据安全管理制度，未经授权不得收集、使用、加工、传输他人数据。

第四章　数据安全技术保障

第11条　企业应采取必要的技术措施和其他必要措施，确保数据的安全性和保密性。

第12条　企业应使用合法、合规的数据加密技术，对重要数据进行加密存储和传输。

第五章　数据安全审计和监督

第13条　企业应设立专门的数据安全审计部门或岗位，负责监督和检查数据安全管理制度的执行情况。

第14条　对于违反本制度的部门或个人，企业应按照有关规定进行处理，并记录处理结果。

第六章　附　　则

第15条　本制度自发布之日起施行。如有未尽事宜，按照国家法律法规和相关规定执行。

二、企业数据加密制度范本/企业数据访问权限制度范本

第一章 总 则

第1条 为了保护企业数据的安全性和机密性,根据《网络安全法》《个人信息保护法》等法律法规,制定本制度。

第2条 本制度适用于公司各部门、所属企业以及关联方的数据加密活动。

第3条 本制度所称数据是指以电子或其他方式记录的与已识别或可识别的自然人有关的各种信息,包括但不限于个人身份信息、交易信息、客户信息、财务信息、研发信息等。

第4条 任何组织、个人不得违反法律法规的规定,收集、使用、加工、传输他人数据,不得非法买卖、提供或者公开他人数据。

第二章 数据加密管理

第5条 企业应建立完善的数据加密管理制度,包括但不限于数据加密分类标准、数据加密操作规范、数据密钥管理等。

第6条 对于重要数据和敏感数据,应采用加密技术进行加密存储和传输,确保数据的机密性和完整性。

第7条 企业应制定密钥管理制度,对密钥进行严格管理,确保密钥的安全性和保密性。

第8条 对于涉密数据,应采用国家规定的加密算法和标准进行加密,确保数据的机密性和安全性。

第三章 数据加密培训和意识提升

第9条 企业应定期对员工进行数据加密培训,提高员工的数据加密意识和技能。

第10条 员工应遵守企业制定的数据加密管理制度,未经授权不得解密数据或泄露数据机密。

第四章 数据加密技术保障

第11条 企业应采用先进的数据加密技术,对数据进行加密存储和传输,确保数据的机密性和安全性。

第12条 企业应定期对加密系统进行安全检测和评估,确保系统的安全性和可靠性。

第五章 数据加密审计和监督

第13条 企业应设立专门的数据安全审计部门或岗位,负责监督和检查数据

加密管理制度的执行情况。

第14条 对于违反本制度的部门或个人，企业应按照有关规定进行处理，并记录处理结果。

第六章 附 则

第15条 本制度自发布之日起施行。如有未尽事宜，按照国家法律法规和相关规定执行。

第七章

融资租赁企业刑事风险防范

融资租赁企业刑事风险防范，是指融资租赁企业采取一系列措施，预防、识别和应对其可能面临的刑事犯罪指控风险或遭受的刑事犯罪侵害风险。做好融资租赁企业刑事风险防范工作具有以下意义。

一是保障企业合法运营。刑事风险防范可以使企业在法律框架内开展业务，避免因犯罪行为中断企业经营活动。例如，若企业因涉嫌非法吸收公众存款被调查，其正常的融资租赁业务必然会受到严重影响，但做好刑事风险防范工作就能避免此类情况。

二是维护企业声誉。良好的声誉是企业的重要资产，一旦涉及刑事犯罪，企业形象会受损。知名的融资租赁企业若卷入刑事案件，客户、投资者和合作伙伴都会对其失去信任，有效的刑事风险防范有助于维持企业的商业信誉。

三是减少经济损失。刑事犯罪往往伴随巨额经济赔偿和罚款。例如，合同诈骗犯罪可能导致企业无法收回租赁设备，还要承担对其他受害者的赔偿责任，通过刑事风险防范可以降低这些潜在的经济损失。

第一节 融资租赁企业面临的各类刑事犯罪

一、合同诈骗罪

合同诈骗，是指以非法占有为目的，在签订、履行合同过程中，实施虚构事实或者隐瞒真相等欺骗手段，骗取对方当事人的财物，数额较大的行为。

合同诈骗罪是融资租赁业务中最常见的刑事犯罪类型，主要形式有六种。

（一）虚构公司或冒用他人名义

1. 虚构公司：犯罪分子虚构一个根本不存在的公司，利用伪造的公司文件、印章等与融资租赁企业签订合同。例如，不法分子编造一个看似正规的企业，伪造相关营业执照等文件，以此获取融资租赁企业的信任，签订融资租赁合同后骗取租赁款项。

2. 冒用他人名义：未经他人许可，使用他人的公司名称、资质或个人身份信息与融资租赁企业签订合同。比如，某些人盗用其他有良好信誉和资质的企业名义，与融资租赁企业开展业务，在获取租赁物或款项后消失不见。

（二）虚构或夸大租赁标的

1. 虚构租赁物的存在：根本不存在合同中约定的租赁物，却向融资租赁企业提供虚假的租赁物信息，如虚构设备的型号、数量、价值等。比如，承租人与一些不法供应商勾结，伪造设备的购买合同、发票等文件，向融资租赁企业谎称有特定的设备可供租赁，以此骗取融资款项。

2. 夸大租赁物的价值：对实际存在的租赁物故意夸大其价值，以获取更高的融资额度。例如，将价值较低的设备通过虚假评估等手段抬高其价值，然后与融资租赁企业签订合同，骗取超出租赁物实际价值的资金。

（三）提供虚假担保

1. 伪造担保文件：伪造产权证明、抵押登记文件、保函等担保材料，使融资租赁企业误以为有可靠的担保措施，从而放松警惕并签订合同。例如，伪造房屋产权证书、车辆行驶证等作为抵押担保，或者伪造银行保函等文件，让融资租赁企业相信其具有还款能力。

2. 隐瞒担保物的瑕疵或已被抵押等情况：提供的担保物存在权利瑕疵，如已被抵押、查封或存在其他纠纷，但故意隐瞒这些情况，导致融资租赁企业在不知情的情况下接受该担保。比如，将已经抵押给银行的房产再次作为担保物提供给融资租赁企业，骗取融资款项。

（四）隐瞒自身履约能力

1. 虚构经济实力和财务状况：夸大自己的企业规模、营业收入、利润等财务指标，或者提供虚假的财务报表，让融资租赁企业认为其具有良好的经济实力和还款能力，能够按时支付租金等款项。例如，一些企业为了实现融资租赁，故意篡改财务报表数据，隐瞒企业的亏损状况和债务风险。

2. 隐瞒其他影响履约的情况：隐瞒企业的经营困境、涉诉情况、重大资产损失等可能影响其履约能力的信息。例如，企业已经面临严重的资金链断裂问题，但在与融资租赁企业签订合同时故意隐瞒，导致融资租赁企业在签订合同后面临巨大的风险。

（五）重复租赁

部分企业在资金链紧张的情况下，以同一租赁物同时与多家融资租赁企业签订合同，分别收取租赁保证金、首付款等款项，然后将这些款项挪作他用或用于偿还其他债务，而无法按照合同约定向各融资租赁企业履行义务。这种行为导致多家融资租赁企业遭受经济损失，严重扰乱了融资租赁市场的正常秩序。

（六）合同履行过程中的欺诈行为

1. 先履行小额合同或部分履行合同进行诱骗：在签订合同初期，犯罪分子先履行小额合同或者部分履行合同，以此获取融资租赁企业的信任，然后在后续的合同履行中，以各种理由拖延、拒绝履行合同义务，或者骗取更多的财物。例如，在开始的几个月按时支付租金，让融资租赁企业认为其是可靠的合作伙伴，之后便以各种借口拖欠租金，甚至将租赁物转移、变卖。

2. 收受租赁物或款项后逃匿：在收到融资租赁企业交付的租赁物或者款项后，犯罪分子立即切断与融资租赁企业的联系，逃之夭夭，使融资租赁企业无法追讨财物。

这些表现形式的核心特征在于诈骗方以非法占有为目的，通过虚构事实或隐瞒真相等欺骗手段，对方当事人产生错误认识并基于这种错误认识处分了财产。对于融资租赁企业而言，应当提高风险防控意识，严格审查合同相对方的资信情况及履约能力，防止合同诈骗行为的发生。

二、“砍头息”与“套路贷”

融资租赁企业的“砍头息”与“套路贷”是需要警惕的违法或犯罪行为。

（一）“砍头息”

“砍头息”是指在融资租赁交易中，出租方预先从本金中扣除一部分资金作为利息或其他费用，使承租方实际到手的资金少于合同约定的本金。

另外，融资租赁企业为扩张市场，有可能选择与第三方拓客公司合作，尤其就售后回租业务模式而言，拓客公司的中介费本应由融资租赁企业负担，但为了牟取暴利，拓客公司经常以融资租赁企业的名义揽客，同时要求客户方支付一部分融资金额或直接扣除部分融资款作为中介费，该做法与收取“砍头息”类似。

“砍头息”的危害包括：

1. 对承租方来说，实际使用资金减少，但还款金额却按照合同约定的本金计算，加重了还款负担。

2. 可能导致承租方资金周转困难，增加违约风险。

“砍头息”通常被认定为不合法。借款的利息不得预先在本金中扣除。利息预先在本金中扣除的,应当按照实际借款数额返还借款并计算利息。若“砍头息”逐步演变成“套路贷”,则可能构成犯罪。

(二)“套路贷”

“套路贷”是以套路的方式,以非法占有为目的,通过各种手段诱使借款人陷入骗局,形成虚假债权债务,并借助诉讼、仲裁、公证等方式或采取暴力、威胁等其他手段非法占有被害人财物的违法犯罪活动。其本质是诈骗行为,构成诈骗罪。

“套路贷”背后往往隐藏着其他的“秘密协议”或“隐性债务”,这些附加条款可能大幅增加借款人的实际负债金额。与一般的借贷关系不同,“套路贷”通常以“利息”或“保证金”等形式收取高额费用,实际上这些费用并未真正用于贷款,而是成为某些不法分子的牟利手段。

在融资租赁领域出现的“套路贷”可能表现为以下形式。

1. 虚假宣传:以低息、零首付等诱人条件吸引客户,签订合同后却出现各种隐藏费用和苛刻条款。

2. 制造违约陷阱:故意设置复杂的还款方式或制造技术障碍,让承租方容易违约,一旦违约,就向其收取高额的违约金。

3. 恶意垒高债务:通过重复签订合同、转单平账等方式,不断增加承租方的债务金额。

4. 暴力催收:采取威胁、恐吓、骚扰等非法手段逼迫承租方还款。

我国对于“套路贷”行为一直持严打态度,因融资租赁合同与贷款合同存在较多相似之处,融资租赁企业应该严格把控风险,尤其注意在与承租人订立合同之时要确认承租人知晓该合同为融资租赁合同。实际业务操作过程中还需注意首付款的收取方式以及渠道商的付款方式,避免承租人向第三人收费,同时在收取首付款时也应明确该款项的性质,以免在日后业务进展过程中留下法律隐患。

三、非法集资类犯罪

融资租赁企业非法集资类犯罪主要涉及两个罪名:集资诈骗罪、非法吸收公众存款罪。

(一)集资诈骗罪

集资诈骗是以非法占有为目的,使用诈骗方法非法集资,扰乱国家正常金融秩序,侵犯公私财产所有权,且数额较大的行为。如果融资租赁企业在开展业务过程中,主观上具有非法占有投资者资金的故意,并且实施了诈骗行为来获取资金,就可能构成集资诈骗罪。

融资租赁企业犯集资诈骗罪可能表现为以下几种形式。

1. 虚构融资租赁项目:编造根本不存在的租赁业务,或者对实际的租赁项目进行夸大、虚假宣传,吸引投资者投入资金。例如,声称公司拥有大量高价值的租赁物,与大型企业有长期合作的租赁项目等,但实际上这些都是虚构的信息。

2. 隐瞒资金真实用途:将投资者的资金用于与融资租赁业务无关的活动,如个人奢侈消费、偿还公司其他债务、投资高风险且与公司主营业务不相关的项目等,并且不告知投资者资金的真实去向。

3. 伪造文件或数据:制作虚假的合同、财务报表、项目评估报告等文件,使投资者相信公司的业务状况良好,项目具有可行性和高回报率,从而诱导他们投入资金。

(二)非法吸收公众存款罪

非法吸收公众存款,是指未经有关部门依法批准,向社会不特定对象吸收资金,并承诺在一定期限内还本付息的行为。对于融资租赁企业来说,如果其在未获得相关金融监管部门许可的情况下,以融资租赁的名义向社会公众吸收资金,就可能构成此罪。

融资租赁企业犯非法吸收公众存款罪可能表现为以下几种形式。

1. 违规开展融资业务:融资租赁企业超出其营业执照规定的经营范围,进行变相的资金吸收活动。例如,以开展所谓的"融资租赁创新业务"为幌子,向社会公众广泛募集资金,却没有真实的租赁业务作为支撑。

2. 高息诱惑:承诺给予投资者过高的利息回报,远远超出正常融资租赁业务的收益水平,以此吸引社会公众参与投资。在吸收资金的过程中,公司可能会通过各种宣传手段,如发放传单、举办讲座等,向社会公众宣传其高息的投资项目。

3. 资金管理混乱:对吸收的资金没有进行规范的管理和使用,资金流向不明确,存在资金池运作等违规行为。公司可能将不同投资者的资金混在一起,统一管理和支配,无法保证投资者的资金安全。

融资租赁企业应当通过合法渠道进行融资,如向银行贷款,发行企业债券、股票,资产证券化,债权转让或质押等,避免涉及非法集资等违法犯罪行为。同时,投资者和消费者也应当增强风险防范意识,避免因高收益诱惑而陷入非法集资的陷阱。

四、非法经营类犯罪

(一)非法经营罪

非法经营罪是指行为人实施《刑法》第225条所述非法经营活动,从而构成犯罪。融资租赁企业在以下几种情况下可能会涉及非法经营罪。

1. 超范围经营发放贷款:按照相关规定,融资租赁企业的经营范围有明确界限,不得从事发放或受托发放贷款等业务。如果融资租赁企业违反国家规定,未经监管部门批准,或者超范围经营,以营利为目的,向社会不特定对象发放贷款,并且在2年内向不特定多人(包括单位和个人)以借款或其他名义出借资金10次以上,就可能构成非法经营罪。对于此类行为的判定,还会参考贷款的年利率等因素。如果融资租赁企业以超过36%的实际年利率实施非法放贷行为,且达到一定的数额标准、违法所得标准、放贷对象数量标准或造成严重后果等,会被认定为“情节严重”或“情节特别严重”,从而面临更严厉的刑事处罚。

2. 开展“名租实贷”的非法金融活动:名为融资租赁,实为贷款,即“名租实贷”的业务模式可能存在非法金融活动的风险。在这种模式下,融资租赁企业可能通过虚假宣传、隐瞒真实情况等方式,诱导客户签订融资租赁合同,但实际上是进行贷款业务。这种行为可能违反了金融监管规定,侵犯了客户的合法权益,并且如果涉及面广、金额巨大,可能会被认定为非法经营罪。

3. 违规开展外汇业务:在没有真实交易背景的情况下,伪造合同办理资本金结汇业务。例如,虚构租赁业务相关的进出口交易,将资本金违规结汇后挪作他用,违反了外汇管理的相关规定,可能被认定为非法经营罪。

(二)伪造、变造、买卖国家机关公文、证件、印章罪以及伪造公司、企业、事业单位、人民团体印章罪

部分融资租赁企业可能会伪造金融监管部门颁发的融资租赁业务经营许可证、相关的批准文件或其他重要文件,以获取开展业务的资格或误导客户及合作伙伴。这种伪造印章和文件的行为是严重的违法违规行为,不仅违反了融资租赁行业的相关管理规定,还可能触犯《刑法》中的伪造国家机关公文、证件、印章罪等罪名,同时会给市场参与者带来损失,扰乱融资租赁行业的正常秩序。

部分融资租赁企业为促成业务或谋取一些利益,会通过伪造企业印章等行为达成目的,这种不正当的行为极易造成其他商业主体的损失,可能构成伪造公司、

企业、事业单位、人民团体印章罪。

(三)抽逃出资罪

公司发起人、股东违反公司法规定,在融资租赁企业成立后又抽逃其出资,数额巨大、后果严重或者有其他严重情节的,构成抽逃出资罪。

五、财税类犯罪

(一)逃税罪

逃税,是指纳税人、扣缴义务人故意违反税收法规,采取欺骗、隐瞒等手段,不缴或少缴应纳税款或已扣、已收税款,情节严重的行为。

部分融资租赁企业会通过隐瞒收入、虚报成本、虚列费用等方式,减少应纳税额,逃避缴纳税款。例如,将本应作为融资租赁收入的款项,通过各种手段隐藏起来,不向税务机关申报纳税;或者将一些与经营无关的费用列入成本,增加成本支出,从而减少利润,降低应纳税额。具体表现形式如下:

1. 隐瞒收入:融资租赁企业故意不将部分或全部租赁收入计入应税收入,如通过设立账外账、将收入存入私人账户等方式隐匿实际业务收入。例如,在开展融资租赁业务后,将收取的租金只在内部账本记录,而不向税务机关申报纳税。

2. 虚报成本费用:虚增融资租赁业务的成本和费用,如虚构设备采购价格、夸大维修费用、多列员工薪酬等。例如,与供应商串通抬高设备采购价格,然后在财务报表中以虚高的成本列支,减少应纳税利润。

(二)虚开增值税专用发票罪

虚开增值税专用发票或者虚开用于骗取出口退税、抵扣税款的其他发票,是指违反有关规范,为他人虚开、为自己虚开、让他人为自己虚开、介绍他人虚开增值税专用发票,给国家造成损失的行为。融资租赁企业在没有真实交易的情况下,开具或接受增值税专用发票,数额较大的,构成此罪,具体表现形式如下:

1. 为他人虚开:融资租赁企业在没有真实交易的情况下,为其他企业开具增值税专用发票,帮助其抵扣税款,以获取非法利益。例如,融资租赁企业与一些企业合谋,开具与实际业务不符的增值税专用发票,让对方抵扣进项税额。

2. 让他人为自己虚开:融资租赁企业通过非法渠道获取虚开的增值税专用发票,用于抵扣自己的进项税额或增加成本。例如,从一些不法分子手中购买虚开的增值税专用发票,以减少应纳税额。

3. 介绍他人虚开：融资租赁企业作为中间人，介绍其他企业相互虚开增值税专用发票，并从中收取手续费。

（三）其他财税类犯罪表现

1. 虚开发票罪：融资租赁企业开具与实际经营情况不符的普通发票，用于虚报成本、套取资金等。例如，为了提高公司费用支出，虚构一些服务项目或业务活动，开具普通发票进行报销。

2. 逃避追缴欠税罪：融资租赁企业欠缴应纳税款，采取转移或者隐匿财产的手段，致使税务机关无法追缴欠款的税款，数额较大的行为。

3. 隐匿、故意销毁会计凭证、会计账簿、财务会计报告罪：融资租赁企业为了掩盖其财税违法行为，故意隐匿、销毁相关的会计凭证、会计账簿、财务会计报告等财务资料；或者在税务机关等相关部门进行检查时，拒绝提供或者故意销毁相关的财务资料，以阻碍税务检查和监管。

六、洗钱罪

明知是毒品犯罪、黑社会性质的组织犯罪、恐怖活动犯罪、走私犯罪、贪污贿赂犯罪、破坏金融管理秩序犯罪、金融诈骗犯罪的所得及其产生的收益，为掩饰、隐瞒其来源和性质，有下列行为之一的，构成洗钱罪：一是提供资金账户；二是协助将财产转换为现金、金融票据、有价证券；三是通过转账或者其他结算方式协助资金转移；四是协助将资金汇往境外；五是以其他方法掩饰、隐瞒犯罪所得及其收益的来源和性质。

融资租赁企业可能触犯洗钱罪的方式包括：

一是虚构交易。融资租赁企业与不法分子勾结，虚构融资租赁项目；通过签订虚假的租赁合同、夸大租赁物价值等手段，将非法资金伪装成正常的租赁业务款项。例如，虚构某企业需要租赁一批设备，实际并不存在真实的租赁需求，只是为了将非法资金以租金的形式合法化。

二是操纵租金流向。在正常的融资租赁业务中，租金的收取和支付应该有明确的流向和记录。但洗钱者可能会建立复杂的资金流转网络，通过复杂的资金流转路径，将非法资金混入正常的租金收支中，再通过一系列操作，最终这些资金回到不法分子手中，完成资金的洗白。比如，将非法资金以租金的名义支付到融资租赁企业的某个账户，然后再通过其他账户将资金转移出去，非法资金被不断转移、分散、混合，最终难以追踪其来源和去向。

三是利用关联公司。融资租赁企业设立或利用关联企业进行洗钱活动。这些关联公司之间可能存在不真实的交易，通过相互之间的资金往来，将非法资金在不同公司之间转移，掩盖资金的真实来源。例如，一家融资租赁企业的关联企业以购买设备或服务的名义，向另一家关联企业支付款项，而实际上这些款项是非法资金。

总之，洗钱罪是一种严重的犯罪行为，不仅损害了金融体系的安全和稳定，也侵犯了合法投资者的利益。监管部门需要加强对融资租赁行业的监管，防范洗钱风险；融资租赁企业自身也应建立健全内部风险控制制度，加强对业务的审核和监督，杜绝洗钱行为的发生。

七、职务犯罪

（一）商业贿赂类犯罪

商业贿赂罪名一般包括非国家工作人员受贿罪、对非国家工作人员行贿罪等。其中受贿的表现形式主要包括以下几个方面：

1. 在项目审批中受贿：公司员工利用手中的审批权力，收受项目申请方的财物，从而加快项目审批进度、放宽审批条件或者帮助不符合条件的项目通过审批。例如，在审核某企业的融资租赁项目时，有审批权限的员工收取“好处费”，对一些风险隐患视而不见，违规批准项目。

2. 在业务拓展中受贿：负责业务拓展的人员在寻找客户、洽谈合作的过程中，接受潜在客户的贿赂，不当促成合作或给予客户更优惠的租赁条件。例如，在与客户谈租金价格、租赁期限等关键条款时，因收受了贿赂而给予客户明显低于市场标准的租金价格，损害公司利益。

3. 在合同签订中受贿：参与合同签订的员工在签订融资租赁合同时，收受合同对方的财物，在合同条款上作出对对方有利的约定。例如，在合同中降低对方的违约责任、放宽对租赁物的使用限制等，给公司带来潜在的风险和损失。

（二）职务侵占罪

职务侵占，是指公司人员利用职务上的便利，将本单位财物非法占为己有，数额较大的行为。其表现形式主要包括：

1. 虚报费用侵占公司资金：员工通过虚构业务费用、差旅费用、办公费用等方式，向公司报销虚假费用，将报销所得的资金据为己有。例如，伪造差旅行程单、发票等报销凭证，大量虚报差旅费用。

2. 私自截留公司收入：在公司开展融资租赁业务过程中，负责收取租金、手续费等收入的员工，将部分或全部收入私自截留，不按照公司规定上交。例如，收到客户的租金后，不上交公司财务部门，而是存入自己的私人账户或用于个人消费。

3. 利用公司资产谋取私利：员工利用职务之便，将公司的资产（如租赁物、办公用品等）私自出售、出租或用于个人经营活动，所得收益归个人所有。例如，将公司闲置的租赁物私自出租给他人，收取的租金归自己所有。

（三）挪用资金罪

挪用资金，是指公司人员利用职务上的便利，挪用本单位资金归个人使用或者借贷给他人，数额较大、超过3个月未还；或者虽未超过3个月，但数额较大、进行营利活动；或者进行非法活动的行为。其表现形式主要包括以下几个方面：

1. 挪用公司资金用于个人投资：员工未经公司批准，擅自将公司的资金用于自己的股票投资、基金投资、房地产投资等个人投资活动，期望获取个人收益。例如，利用自己负责资金管理的职务便利，将公司的一笔资金转入自己的证券账户，用于购买股票。

2. 挪用公司资金偿还个人债务：员工因个人债务问题，私自挪用公司资金用于偿还自己的信用卡欠款、银行贷款、民间借贷等债务。例如，在公司资金结算环节，将本应支付给供应商的款项挪用，用于偿还自己的银行贷款。

3. 挪用公司资金供他人使用：员工将公司的资金借给他人使用，且未经过公司的正常审批流程。例如，将公司的资金借给朋友进行短期资金周转，影响公司资金使用和运营。

（四）签订、履行合同失职被骗罪

国有公司、企业、事业单位直接负责的主管人员，在签订、履行合同过程中，因严重不负责任被诈骗，致使国家利益遭受重大损失的，可能构成该罪。其表现形式主要包括以下几个方面：

1. 未充分调查合同对方资信状况：国有公司员工在签订融资租赁合同时，没有对合同对方的资信状况、经营状况、还款能力等进行充分的调查和了解，导致公司与资信不良的客户签订合同，最终遭受损失。例如，在签订合同前，没有对客户的财务状况、信用记录进行详细的查询和分析，就盲目签订合同，结果客户在租赁期内无法按时支付租金，致使国家利益遭受重大损失。

2. 对合同条款审查不严：国有公司员工在审查融资租赁合同时，没有认真审查合同的各项条款，导致合同中存在漏洞、陷阱或对公司不利的条款，使公司在合同履行过程中处于被动地位，遭受经济损失。例如，合同中对租赁物的质量标准、维护责任、违约责任等条款约定不明确，在合同履行过程中产生纠纷，致使国家利益遭受重大损失。

以上职务犯罪均对融资租赁企业的正常运营造成严重破坏，需加以警示，预防此类犯罪行为的发生。

八、暴力催收相关犯罪

融资租赁企业工作人员如果实施暴力催收行为，可能涉及以下犯罪。

（一）寻衅滋事罪

如果催收人员在催收过程中，使用暴力或者以暴力相威胁，强拿硬要，任意损毁、占用公私财物，或者在公共场所起哄闹事，造成公共场所秩序严重混乱，可能构成寻衅滋事罪。例如，催收人员到欠款人家里或工作单位实施打砸、辱骂、恐吓等行为，影响他人的正常生活和工作秩序。

（二）故意伤害罪

若催收人员在催收过程中对欠款人及其相关人员实施殴打、伤害等行为，造成受害人轻伤以上的损害后果，则会构成故意伤害罪。例如，对欠款人进行暴力殴打，致使欠款人身体受到严重伤害。

（三）非法拘禁罪

如果催收人员限制欠款人的人身自由，如将欠款人关押在某个地方，不让其自由活动，以此逼迫欠款人还款，这种行为可能构成非法拘禁罪。例如，将欠款人关在房间内，派人看守，限制其离开，直到欠款人答应还款条件才放人。

（四）侵犯公民个人信息罪

融资租赁企业或催收人员在催收过程中，违反国家有关规定，非法获取、出售或者提供欠款人的个人信息，情节严重的，可能构成侵犯公民个人信息罪。比如，未经欠款人同意，将其个人信息透露给其他机构或个人，用于非法催收或其他不当目的。

（五）催收非法债务罪

如果融资租赁企业在催收债务过程中使用暴力、胁迫方法，或者限制他人人身自由、侵入他人住宅，或者恐吓、跟踪、骚扰他人，且这种债务并非基于合法的关系产生（如存在欺诈、隐瞒等情形导致合同无效的债务），可能构成催收非法债务罪。

（六）敲诈勒索罪

催收人员以非法占有为目的，通过威胁、恐吓等手段，向欠款人索要超出合法债务范围的财物，或者以其他不正当手段获取财物，可能构成敲诈勒索罪。例如，以曝光欠款人的隐私信息为要挟，要求欠款人支付高额的“催收费用”或“违约金”等。

（七）以危险方法危害公共安全罪

在某些极端情况下，如果催收行为严重危害到公共安全，如在追讨债务过程中高速驾车追逐欠款人的车辆，或者采取其他危险方法，对不特定多数人的生命、健康和财产安全造成威胁，可能构成以危险方法危害公共安全罪。

暴力犯罪向来是我国刑法严厉打击的对象，暴力催收更不可取，融资租赁企业需不断警示教育，做好预防工作。

第二节　融资租赁企业的刑事风险防范和治理

融资租赁作为与实体经济联系最紧密的行业之一，促进了市场资金与产业之间的互动融通，已成为促进实体经济发展的重要金融工具。然而随着融资租赁业的发展，其风险问题也日益凸显，融资租赁行业已成为金融刑事犯罪的高发领域。在此时代背景下，风险防控作为融资租赁企业的生命线，尤其是刑事风险防治更应当受到重视。下文将就融资租赁业务各阶段融资租赁企业应当注意的刑事风险防治问题进行论述。

一、融资租赁企业设立过程中的刑事风险防治

融资租赁企业设立过程中的刑事风险防范和治理主要包括以下几个方面。

(一)合规性审查

在融资租赁企业设立初期,应严格进行合规性审查,确保公司的设立符合所有相关法律法规的要求。这包括对公司章程、股东背景、资金来源等方面的详细核查,以防止因设立过程中的违法违规行为而引发刑事风险。

(二)避免虚假注册

融资租赁企业应杜绝任何形式的虚假注册行为,如提供虚假材料、隐瞒重要事实等。这些行为不仅可能导致公司设立无效,还可能触犯《刑法》中虚假注册、诈骗等罪。

(三)注意资金募集的合法性

在融资租赁企业设立过程中,如果涉及资金募集,必须确保募集行为的合法性。不得通过非法集资、欺诈发行股票或债券等方式筹集资金,以避免触犯《刑法》中非法集资、欺诈发行证券等罪。

(四)防范职务犯罪

在融资租赁企业设立过程中,应建立健全的内部控制制度,防范职务犯罪的发生。特别是对公司高级管理人员和关键岗位人员,要加强监督和制约,防止其利用职权进行贪污、受贿等违法犯罪行为。

(五)加强法律意识和培训

建立良好的培训机制,定期组织法律培训,提高公司全体员工的法律意识和风险防范意识,让员工了解融资租赁业务中可能涉及的刑事风险点及防范措施。

(六)建立风险评估和应对机制

在融资租赁企业设立初期,应建立风险评估和应对机制,对可能面临的刑事风险进行全面评估,并制定相应的应对措施和预案。一旦发现风险迹象,应立即启动应急预案,及时化解风险。

通过以上措施,融资租赁企业可以在设立过程中有效防范和治理刑事风险,为公司的长期稳健发展奠定坚实基础。

二、融资租赁企业项目履行过程中的刑事风险防治

在融资租赁企业项目履行过程中,刑事风险防治至关重要。以下是一些建议。

(一)严格审查交易方,做好尽职调查工作

1. 在项目开展前,对承租人及出卖人进行全面的背景调查,包括企业的经营状况、信用记录、涉诉情况等。核实其主体资格的真实性和合法性,包括出卖人、承租人、担保人等,确保不存在虚构身份或冒用他人名义的情况。

2. 要求交易方提供详细的财务报表和经营计划,评估其履约能力以及后续盈利能力。对于财务状况不佳或经营风险较高的交易方,谨慎开展合作或采取额外的风险防范措施。

3. 对客户是否具备与实施项目相匹配的客观条件进行调查。

4. 融资租赁企业在开展调查工作时,一定要保持独立性,单独开展,杜绝客户参与,否则,便失去了尽职调查的意义和价值。

在签订《融资租赁合同》前,融资租赁企业只有充分落实尽职调查事宜,才能够有效地规避后续的刑事风险。

(二)规范合同签订与履行

1. 清晰界定融资租赁合同的性质,确保合同明确标注为融资租赁合同而非借贷合同,避免混淆引发法律风险。

2. 确保融资租赁合同条款明确、具体,对租赁物、租金支付方式、租赁期限、违约责任等关键内容进行清晰约定。在合同签订过程中,应要求交易方提供真实有效的身份证明和授权文件,防止合同欺诈。

3. 密切关注合同履行情况,建立有效的监督机制。及时跟踪承租人的租金支付情况、租赁物的使用状况等,发现异常情况及时采取措施。如发现承租人有逃避履行合同义务的迹象,融资租赁企业应立即启动风险预警机制,采取法律手段维护公司权益。

4. 严格审查合作渠道商,确保其合法合规,避免与存在违法行为的渠道商合作,禁止在租赁过程中收取高额的"砍头息"或变相增加承租人融资成本的行为,防范"套路贷"风险。

(三)确保经营活动合法合规

1. 融资租赁企业应严格遵守国家法律法规和相关监管政策,在经营范围内开

展业务。不得从事未经批准的金融业务或其他非法经营活动。

2. 定期对公司的经营活动进行自查自纠,及时发现和纠正违法违规行为。加强与监管部门的沟通与合作,积极配合监管部门的检查和监督,确保公司经营活动的合法性和合规性。

(四)提升法律意识和风险防范能力

1. 加强对公司员工的法律培训,提高员工的法律意识和风险防范能力。员工应充分了解融资租赁业务中的法律风险点,自觉遵守法律法规,避免因无知而触犯法律。

2. 设立专门的法律事务部门或聘请专业的法律顾问,为公司的经营决策提供法律咨询和风险评估服务。在项目开展前,对项目的合法性进行全面审查,确保项目不存在法律风险。

(五)遵守相关法律法规

1. 融资租赁企业应严格遵守国家关于融资租赁业务的各项法律法规,确保业务操作的合法性和规范性。

2. 密切关注政策变化,及时调整业务策略,以适应监管要求的变化。

总之,融资租赁企业在项目履行过程中,应高度重视刑事风险防治工作,建立健全风险防范机制,加强内部管理和监督,提升员工的法律意识和风险防范能力,确保公司的经营活动合法、合规、安全。

三、融资租赁企业租后管理过程中的刑事风险防治

为防止项目风险发生,在租后管理环节,融资租赁企业应当及时、有效地掌握租赁物和客户的动态,刑事风险防治可从以下几方面入手。

(一)实时跟踪租赁物的具体使用情况

1. 查看设备是否完整,有无损毁、灭失。
2. 查看设备是否正常使用及日常维护情况。
3. 查看物权公示铭牌是否正常。
4. 查看物权登记状态是否正常。
5. 查看实际使用人是否为承租人。
6. 查看相关保险是否持续有效。

(二)定期了解承租人及担保情况

1. 了解承租人产品的营利情况和市场供需。
2. 了解关联人员是否涉及诉讼及犯罪,主要指挂名股东和实际控制人。
3. 了解担保抵押物有无被查封等权利受限的情况。

(三)规范资产处置流程

1. 在租赁期满或出现违约情况需要处置租赁物时,严格按照法定程序进行。确保资产处置的公开、公平、公正,防止内部人员利用资产处置谋取私利。

2. 对资产的处置价格进行合理评估,避免低价处置资产导致公司资产损失。同时,要保留资产处置的相关文件和记录,以备日后审计和监管检查。

(四)确保信息真实准确

1. 在租后管理过程中,向监管部门、投资者等提供的信息必须真实、准确、完整。不得隐瞒重要事实或提供虚假信息,以免构成虚假陈述类犯罪。

2. 建立信息审核机制,对公司对外发布的信息进行严格审核,确保信息的真实性和合法性。同时,要加强对员工的培训,提高员工的信息披露意识和法律责任意识。

(五)及时披露风险信息

1. 如果发现租赁项目存在风险或可能影响公司经营的重大事项,应及时向相关方披露,不得故意拖延或隐瞒风险信息,以免加重公司的法律责任。

2. 与监管部门保持密切沟通,按照监管要求及时报送公司的经营情况和风险信息,积极配合监管部门的检查和监督。

(六)合规收回与处置租赁物

1. 在承租人违约需收回租赁物时,应确保采取合法合规的方式,避免使用暴力、威胁等手段强行收回租赁物,以免触犯刑法。

2. 收回租赁物后,应按照合同约定及法律规定进行处置,确保处置过程的合法性和公正性。

(七)及时应对法律纠纷

1. 一旦发生法律纠纷,应积极应对,通过合法途径解决争议,避免采取过激手段激化矛盾,导致刑事风险升级。

2. 咨询专业法律人士,确保纠纷处理过程的合法性与合规性。

融资租赁企业在租后管理过程中,一旦发现租赁物或者客户有异常情况,一定要引起高度重视,选择合适的处置方式,以化解风险、减少损失。通过选择合适、可行的救济途径,做好刑事风险防治工作。

四、租赁物相关刑事风险防治

"物是依据,融是目的",租赁物作为融资租赁交易中的核心要素,不仅是获取并计算租金的依据,更是融资租赁业务区别于传统借贷交易的基本要素。随着融资租赁行业的迅猛发展,融资租赁交易模式越来越多样化,更突出了租赁物风险防范的重要性。融资租赁企业对于租赁物的刑事风险防治措施包含以下几个方面。

(一)严格审查租赁物来源

1. 在签订融资租赁合同前,对租赁物的来源进行全面审查。要求出卖人提供租赁物的购买凭证、发票、所有权证明等文件,确认租赁物的合法性和所有权归属。

2. 对于二手租赁物,要调查其前手的交易情况,确保租赁物不是通过非法手段获取的。例如,检查是否存在盗窃、诈骗等犯罪行为导致的租赁物流转。

3. 可以借助专业的第三方机构,如律师事务所、资产评估公司等,对租赁物的来源进行尽职调查,提高审查的准确性和可靠性。

(二)建立风险预警机制

1. 设立专门的风险监测部门,负责对租赁物的来源风险进行实时监测。一旦发现租赁物来源存在可疑情况,立即启动风险预警机制,暂停相关业务,并展开深入调查。

2. 与公安机关、工商部门等建立信息共享机制,及时了解有关租赁物来源违法犯罪的动态信息,以便提前采取防范措施。

(三)加强租赁物监管

1. 建立完善的租赁物跟踪机制,利用现代技术手段,如 GPS 定位、物联网等实时监控租赁物的位置和使用状态。

2. 定期对租赁物进行现场检查和维护,确保租赁物真实存在且处于正常使用状态,防止因租赁物毁损或灭失引发的刑事法律风险。

3. 向承租人明确租赁物的保管责任,要求承租人妥善保管租赁物,不得擅自处分、转让或抵押租赁物。

4. 对于价值较高或易被非法处置的租赁物,可以考虑购买财产保险,以降低公司的损失风险。

(四)强化法律手段

1. 在融资租赁合同中明确约定,承租人未经出租人同意擅自处置租赁物属于严重违约行为,出租人有权采取法律措施追究承租人的刑事责任和民事赔偿责任。

2. 一旦发现租赁物被非法处置,应立即向公安机关报案,并配合公安机关进行调查取证。同时,通过法律途径维护公司的合法权益,要求承租人返还租赁物或赔偿损失。

(五)防范租赁物虚假评估风险

1. 选择正规评估机构,委托具有专业资质和良好信誉的资产评估机构对租赁物进行评估。在选择评估机构时,要对其资质、业绩、评估方法等进行严格审查,确保评估结果的真实性和准确性。

2. 与评估机构签订明确的委托协议,约定评估的范围、标准、期限和责任等内容。对评估机构的评估过程进行监督,防止其与承租人勾结进行虚假评估。

3. 建立内部评估复核机制,公司内部设立专门的评估复核部门,对评估机构出具的评估报告进行复核。重点审查评估方法是否科学合理,评估参数是否准确,评估结果是否符合市场实际情况等。

4. 对于重大项目或价值较高的租赁物,可以组织专家进行评审,确保评估结果的权威性和可靠性。

总之,融资租赁企业要高度重视租赁物相关刑事风险防治工作,从租赁物的来源审查、监管、评估等多个环节入手,建立健全风险防范机制,确保公司融资租赁业务的合规性与稳健发展。

五、融资租赁企业财税管理刑事风险防治

融资租赁企业财税管理方面的刑事风险防治工作同样至关重要。以下是一些具体的措施。

（一）财务风险防治

1. 规范财务管理

（1）建立健全财务管理制度，规范财务核算和资金管理流程。确保财务报表的真实性、准确性和完整性，为公司的经营决策提供可靠的财务信息。

（2）加强对财务人员的培训和管理，提高其业务水平和职业道德素养。要求财务人员严格遵守财务制度和会计准则，不得从事违法违规的财务行为。

（3）定期进行财务审计，对公司的财务状况进行全面审查。及时发现和纠正财务管理中的问题，防范财务风险的发生。

2. 防范资金挪用风险

（1）建立严格的资金管理制度，明确资金的审批权限和使用流程。对大额资金的支付进行严格审核，确保资金的使用符合公司的经营需求。

（2）加强对银行账户的管理，定期核对银行对账单，及时发现和处理资金异常流动情况。如果发现资金被挪用，应立即采取措施进行追回，并追究相关人员的责任。

（3）建立内部监督机制，对资金的使用情况进行实时监控。发现问题及时纠正，确保资金的安全和合理使用。

3. 防范财务造假风险

（1）加强对财务数据的真实性和准确性的审核，建立财务数据审核制度。对重要的财务数据进行交叉核对，确保数据的可靠性。

（2）不得编制虚假财务报表，不得隐瞒重要财务信息。如果发现财务造假行为，应严肃追究相关人员的法律责任。

（3）建立举报机制，鼓励员工对财务造假行为进行举报。对举报属实的员工给予奖励，同时对举报人进行严格的保密保护。

（二）税务风险防治

1. 准确申报纳税

（1）融资租赁企业应严格按照税法规定，准确计算和申报各项税款。熟悉融资租赁业务涉及的税收政策，包括增值税、企业所得税等，确保纳税申报的准确性和及时性。

（2）建立健全税务核算制度，规范税务处理流程。对融资租赁收入、成本、费用等准确核算，避免因税务处理错误而引发风险。

(3)定期进行税务自查,及时发现和纠正税务申报中的问题。如果发现错误,应主动向税务机关申报更正,避免因逾期申报或虚假申报而受到处罚。

2. 防范虚开发票风险

(1)加强对发票的管理,确保发票的真实性和合法性。在与供应商和承租人进行交易时,要求对方提供真实有效的发票,并对发票进行严格审核。

(2)不得为他人虚开、让他人为自己虚开、介绍他人虚开发票。如果发现供应商或承租人存在虚开发票嫌疑,应立即停止交易,并向税务机关举报。

(3)建立发票风险预警机制,对发票的开具、接收、抵扣等环节进行实时监控。一旦发现异常情况,及时采取措施进行处理。

3. 合理进行税务筹划

(1)在合法合规的前提下,进行合理的税务筹划,合理使用税收优惠政策,降低公司的税负,避免利用政策漏洞进行逃税、避税等违法行为。

(2)税务筹划方案应经过专业税务顾问的审核和评估,确保其合法性和可行性。同时,要及时关注税收政策的变化,调整税务筹划方案,以适应新的税收环境。

(3)积极主动与税务机关保持良好沟通,及时了解税法政策变化,确保公司财税管理的合规性。

综上所述,融资租赁企业财税管理刑事风险防治工作可以从制度建设、人员管理、风险预警等多方面入手,确保公司财税合法合规,避免刑事风险的发生。

六、融资租赁企业人事行政管理刑事风险防治

(一)人事管理

1. 招聘环节

(1)严格开展背景调查工作,对拟录用人员进行全面的背景调查,包括学历、工作经历、犯罪记录等。核实候选人提供的信息真实性,防止虚假简历带来的风险。避免录用有犯罪前科或存在不良信用记录的人员,降低潜在的刑事风险。

(2)规范招聘流程,确保招聘过程符合法律法规,避免歧视性招聘行为。明确招聘标准和程序,防止内部人员利用招聘进行不正当利益输送。

2. 员工管理环节

(1)定期组织法律培训,特别是关于金融领域犯罪和公司内部规章制度的培训。让员工清楚了解哪些行为可能构成刑事犯罪,增强法律意识。

(2)开展职业道德教育,强调诚信、廉洁和合规的重要性,提高员工的职业操守。

(3)设立内部监督机制,建立健全内部审计和监察制度,对人事行政管理及公司各项业务进行定期检查,及时发现潜在的违规行为和刑事风险隐患。

(4)设立举报渠道,鼓励员工对违法违规行为进行举报,并对举报人进行保护。

(5)权限管理,明确员工的职责和权限,避免权力过度集中。防止员工利用职权进行受贿、职务侵占、挪用资金等犯罪行为。

(6)对关键岗位实行轮岗制度,降低长期在同一岗位形成的腐败风险。

3. 离职环节

(1)对员工进行审计,特别是涉及财务、业务等关键岗位的员工,检查其是否存在未结清的账目、违规操作或潜在的刑事问题。

(2)收回离职员工的公司资产和权限,确保公司信息和资产的安全。

(3)保密协议与竞业限制:与离职员工签订保密协议和竞业限制协议。对违反保密协议和竞业限制协议的行为,依法追究法律责任,防止员工泄露公司商业秘密或利用在公司掌握的信息从事违法犯罪活动。

(二)行政管理

1. 文件管理

(1)规范文件存档机制,建立完善的文件存档制度,确保公司各类文件,包括合同、财务报表、业务往来记录等,得到妥善保存。明确文件的保存期限和存储方式,防止文件丢失或损坏。

(2)对重要文件进行加密处理,限制访问权限,只有经过授权的人员才能查阅和使用,降低文件被非法获取和篡改的风险。

2. 印章管理

(1)严格印章使用制度,制定印章使用流程,明确印章的保管人、使用范围和审批程序。使用印章必须经过严格的审批,防止印章被滥用或盗用。

(2)对印章的使用进行登记,记录使用时间、用途、审批人等信息,以便追溯和审查。

(3)定期对印章进行检查和维护,确保印章的安全和正常使用。

(4)采用先进的印章防伪技术,如电子印章、加密印章等,提高印章的安全性。加强对印章制作和管理的监督,防止印章被伪造。一旦发现印章被伪造,应及时报警并采取措施,避免造成更大的损失。

3. 办公设备管理

(1)对公司的办公电脑、服务器等设备进行数据加密和备份,防止数据泄露和丢失。设置访问权限,限制员工对敏感数据的访问。

(2)定期对办公设备进行安全检查和维护,更新杀毒软件和防火墙,防范黑客攻击和病毒感染风险。

(3)在采购办公设备时,选择正规的供应商,确保设备的质量和合法性。避免购买假冒伪劣产品或来源不明的设备,以免陷入刑事纠纷。

(4)严格遵守采购程序,进行公开招标或竞争性谈判,确保采购过程的公平、公正、透明。

4. 信息管理

(1)加强公司信息系统的安全防护,防止出现黑客攻击、数据泄露等情况。采取加密技术、访问控制等措施,确保公司信息的安全。

(2)对涉及客户隐私、商业秘密等敏感信息进行严格管理,明确信息的使用范围和权限,防止信息被非法获取和滥用。

(3)信息披露合规,按照法律法规和监管要求,及时、准确地进行信息披露。避免虚假陈述、隐瞒重要信息等行为,以免构成欺诈发行、违规披露等刑事犯罪。

(4)建立信息披露审核机制,对披露的信息进行严格审查,确保信息的真实性、完整性和合法性。

5. 日常运营管理

(1)做好合规宣传教育工作,定期组织员工进行法律合规培训,提高员工的法律意识和合规观念。向员工宣传刑事风险的危害和防范措施,让员工自觉遵守法律法规。

(2)在公司内部营造良好的合规文化氛围,鼓励员工积极参与合规建设,对发现的违规行为及时举报。

(3)建立内部监督机制,对公司的行政管理工作进行定期检查和审计,发现问题及时整改,对违规行为进行严肃处理。

(4)加强对重点岗位和关键环节的监督,如财务、采购、印章管理等,防止出现职务犯罪行为。

(5)加强对外包业务的监督和管理,定期对外包机构进行评估和审计,确保外包业务的合规性和安全性。

通过以上措施,融资租赁企业可以有效降低人事行政管理方面的刑事风险,保障公司的稳定运营和可持续发展。

七、融资租赁企业权益受到侵害时的刑事救济途径

当融资租赁企业权益受到侵害时,通常考虑较多的是协商、调解、仲裁、诉讼等

民事救济途径。然而当侵害人可能涉嫌犯罪,且公司经济损失通过民事救济途径已经难以挽回时,就需要考虑采取刑事救济途径维护公司权益。

(一)刑事救济的方式

1. 向公安机关报案。如果发现侵害人存在合同诈骗、集资诈骗、非法吸收公众存款等犯罪行为,融资租赁企业应及时收集相关证据,如合同、交易记录、通信记录等,向公安机关报案。公安机关根据报案情况进行审查,决定是否立案侦查。一旦立案,公安机关将展开调查,收集证据,追捕犯罪嫌疑人。

2. 配合进行刑事诉讼。在刑事诉讼过程中,融资租赁企业应积极配合公安机关、检察机关和法院的工作,提供详细的案件情况和证据材料,协助调查取证;同时,关注诉讼进程,了解犯罪嫌疑人的动向和案件的进展情况。法院将依法审理案件,并根据事实和法律对犯罪嫌疑人作出判决,追究其刑事责任。

3. 通过刑事附带民事诉讼追回损失。如果犯罪行为给融资租赁企业造成了经济损失,其可以在刑事诉讼过程中提起附带民事诉讼,要求犯罪嫌疑人赔偿其因犯罪行为而遭受的损失。法院在审理刑事案件的同时,一并审理附带民事诉讼,作出判决。

(二)刑事救济途径的利弊

刑事救济途径的优点包括以下内容:

1. 可对涉案人员采取强制措施,人员涉及面广,威慑力大。

2. 可查封、扣押、冻结及处置涉案财物(单位、个人的财物均可)。

3. 追赃力度大,可涉及第三人,特别是在客户已经将涉案款项转移至第三处,仍可对该款项进行追赃处理。

刑事救济途径的缺点包括以下内容:

1. 立案困难——涉及多地关系;采取刑事强制措施较难,在对犯罪嫌疑人采取强制措施前期,需进行外围调查,此时容易打草惊蛇,促使犯罪嫌疑人销毁、隐匿犯罪证据。

2. 可能会产生诸如担保合同、保险合同无效等问题。若担保合同无效,则担保人无过错不承担责任;担保人有过错的,承担责任不超过1/2。

3. 罪名一旦成立,往往会涉及融资租赁企业人员,公司相关业务经办人及主管领导可能被列入刑事案件的调查范围,有引发刑事犯罪的风险。

(三)刑事报案需要准备的证据材料——以合同诈骗罪为例

能否顺利启动刑事救济途径,即刑事立案能否成功,关键在于融资租赁企业提供的证明侵害人涉嫌犯罪的证据材料是否充足。以最常见的合同诈骗罪为例,融资租赁企业通常需要准备下述事实方面的证据材料。

1. 在尽职调查阶段侵害人提供的虚假材料。

2. 在签约和履约过程中侵害人实施的诈骗行为,如使用假的公章、提供虚假的担保证明材料,冒充相关人员等。

3. 侵害人对融资款、租赁物、担保物的恶意处置事实。如出卖人收取货款后,未实际发货,或货物价值远远低于买方支付的融资款;承租人未将租赁物用于实际生产经营,而用于抵债、变卖或者闲置;担保人恶意处置担保物(车、船、施工机械)等。

4. 侵害人在违约后逃避、失联的事实。

5. 准备证据材料的基本框架为:根据合同诈骗罪的犯罪构成要件,罗列客户实施欺诈的客观行为,以及造成融资租赁企业资产损失的客观结果。

需要注意的是,刑事救济途径的启动依赖公安机关、检察机关和法院的依法履职,融资租赁企业在此过程中应保持与司法机关的密切沟通,关注案件处理情况。同时,融资租赁企业也应加强内部管理,提高风险防范意识,避免权益受到侵害。

第八章

国有融资租赁企业的合规体系构建

第一节　国有融资租赁企业合规管理体系建设的特殊性

一、国有融资租赁企业概述

国有企业是国有资产的重要载体,国有企业特别是中央企业(央企),在关系国家安全和国民经济命脉的主要行业和关键领域占据支配地位,是国民经济的重要支柱。国有企业是指国务院和地方人民政府分别代表国家履行出资人职责的国有独资企业、国有独资公司以及国有资本控股公司,包括中央和地方国有资产监督管理机构和其他部门所监管的企业本级及其逐级投资形成的企业。

目前,在由国务院或委托国务院国资委履行出资人职责的98家中央企业中,共有65家设立租赁公司,占中央企业的67%。部分中央企业不止设立一家租赁公司,如中国核工业集团有限公司设立有中核融资租赁有限公司、中核建融资租赁股份有限公司,中国船舶集团有限公司设立有中船融资租赁(上海)有限公司、中船融资租赁(天津)有限公司、中船融资租赁(广州)有限公司、中船重工海疆(天津)融资租赁有限公司等,中央企业系融资租赁企业总数达93家。这些中央企业设立的融资租赁企业在服务集团主业、实现降本增效、支持科技创新等方面发挥了积极作用。

在地方国有企业中,设立融资租赁企业的现象也较为普遍。例如,上海国资委全资控股的上海实业(集团)有限公司旗下设有上海国金融资租赁有限公司,浙江省属国有控股上市公司物产中大集团股份有限公司旗下设有物产中大融资租赁集团有限公司,作为江西省首家国有全资金融控股集团的江西省金融控股集团旗下设有江西省金控融资租赁公司等。

近年来,也有多家地级市属的国有控股融资租赁企业相继成立。例如,泰州金投融资租赁公司是泰州市金融改革以来第一家获批成立的市级融资租赁企业,该公司为泰州市金融控股集团有限公司下属子公司,注册资本3亿元,主要经营范围为融资租赁业务和服务。

经查询国家金融监督管理总局官网2021~2023年公布的行政处罚信息公开表,笔者发现,国有控股的融资租赁企业的主要违法违规事实包括:租赁资产分类不准确;融资租赁业务尽职调查不审慎不到位;资金用途监管不严格;部分项目资金流向不符合监管要求或资金被挪用;以在建工程作为租赁物开展融资租赁业务;通过非洁净转让掩盖高风险资产等。这些违法事实主要集中在资产分类管理、融资租赁业务审核操作管理及资金用途监管等方面。

二、国有融资租赁企业合规管理规制

（一）央属国有融资租赁企业合规管理规制

由于央属国有融资租赁企业出资人的特殊性，因此其除由国家金融监督管理总局统一监管外，同时受到国务院国资委的监督指导，在合规管理方面，理应遵守国务院国资委对中央企业的统一合规要求。

《法治中国建设规划（2020～2025年）》中提到，要引导对外经贸合作企业加强合规管理，提高法律风险防范意识；《法治社会建设实施纲要（2020～2025年）》指出，要引导企业树立合规意识，切实增强企业管理者和职工的法治观念。这些中央文件对企业依法合规经营提出了明确要求。

2013年10月，国务院国资委印发《关于加强中央企业国际化经营中法律风险防范的指导意见》，为适应中央企业国际化经营快速发展的需要，充分发挥企业法制工作的支撑保障作用，有效防范境外法律风险，切实维护国有资产安全，提出相关指导意见。

2015年12月，国务院国资委印发《关于全面推进法治央企建设的意见》（以下简称《央企建设意见》），明确了中央企业法治建设路径。《央企建设意见》强调了章程在公司治理中的统领作用，要依据章程建立健全企业各项基本制度、管理机制和工作体系；明确党组织在公司治理结构中的法定地位；提出要完善各治理主体依法履职保障机制，按照法律法规进一步完善公司法人治理结构，提升治理主体依法履职能力。

此外，《央企建设意见》还指出，中央企业应着力强化依法合规经营能力，包括健全依法决策机制，进一步完善"三重一大"等决策制度，完善针对重大决策的合法性审查机制，重视重大改革事项的法律论证及健全民主管理制度；依法参与市场竞争，严格执行有关反垄断、安全生产、环境保护、节能减排、产品质量、知识产权、劳动用工等国家法律法规和市场规则，认真履行社会责任，充分发挥法律审核在规范市场竞争、防止违法违规行为中的重要作用，加大对侵权行为的追责力度等；依法开展国际化经营，严格按照国际规则、所在国法律和我国相关法律法规开展境外业务，建立境外重大项目法律顾问提前介入工作机制，突出境外法律风险防范重点，高度重视国家安全审查、反垄断审查、反倾销反补贴调查和知识产权等领域的法律风险。

2016年4月，国务院国资委印发《关于在部分中央企业开展合规管理体系建设试点工作的通知》，将中国石油（昆仑金租）、中国移动、东方电气集团［下设有宏华融资租赁（上海）有限公司、宏华融资租赁（深圳）有限公司］、招商局集团（下设有招银金租、招商局通商融资租赁）、中国中铁等5家企业列为合规管理体系建设试点单位。

2018年，国务院国资委印发《中央企业合规管理指引（试行）》，并组织编制了一系列重点领域合规指南，包括《PPP业务合规管理指南》《法人人格否认视域下母子公司管控合规管理指南》《反垄断合规管理指南》《商业伙伴合规管理指南》《劳动用工合规管理指南》《世界银行制裁应对合规管理指南》《商业秘密保护合规管理指南》等。

2022年8月，国务院国资委以部门规章的形式公布了《中央企业合规管理办法》，对中央企业进一步深化合规管理提出明确要求，更加突出刚性约束，要求中央企业应当根据该办法，结合实际制定完善合规管理制度，推动所属单位建立健全合规管理体系。

总体上看，国务院国资委高度重视合规管理工作，并采用先行试点再大力推广的合规建设模式，推动中央企业从重点领域的合规管理建设入手，形成体系化、规模化、重点化的合规管理工作机制；强调将合规指南与企业自身实际相结合的合规建设模式，不断完善中央企业的合规治理能力。

国务院国资委亦关注中央企业开展的融资租赁业务管理。

2021年5月，国务院国资委印发《关于进一步促进中央企业所属融资租赁公司健康发展和加强风险防范的通知》，明确了中央企业所属融资租赁企业要回归租赁本源，坚持立足主业和产业链供应链上下游服务实体经济的功能定位。针对中央企业所属融资租赁企业在尽职调查、租赁物管理、资金投向等方面存在的问题和风险，该通知作出了规范性要求。由于央属国有融资租赁企业均为中央企业下属公司，因此该通知亦明确了其管理主体应为中央企业，由中央企业负责完善融资租赁企业的治理结构，提升其规范治理水平，且应当强化对融资租赁企业的考核监督，并将“合规管理”列入重要考核内容。

上述通知的出台进一步完善了中央企业金融业务监管制度体系，对推动中央企业金融业务以融促产、有效防范化解重大风险具有十分重要的意义。

（二）地方国有企业合规管理规制

地方国资委也结合实际，陆续出台相关制度，积极推动所出资企业强化合规管理，为国务院国资委开展涉案企业合规第三方监督评估工作打下基础。

上海市国资委自 2022 年起，连续两年印发第一批、第二批《上海市国资委监管企业合规管理系列指南》，选取招标投标、劳务分包、物资采购、关联交易、并购重组和涉外经营六个专项领域中的法律合规风险，聚焦重点问题和薄弱环节，推动企业建立健全合规管理工作。

天津市国资委也参照《中央企业合规管理指引（试行）》，在借鉴外省市企业合规管理的经验，全面总结天津市国资委部分监管企业开展企业合规管理试点经验的基础上，研究起草了《天津市国资委监管企业合规管理指引（试行）》。天津市国资委通过在监管企业中开展企业合规管理工作，引导企业逐步建立合规组织相对健全、制度相对完备、流程相对规范，全员参与、全程监控、全领域覆盖的合规管理体系，实现合规管理与企业业务有机融合，把企业建设成治理科学、经营合规、管理规范、守法诚信的法治国企。

为了贯彻落实《中央企业合规管理办法》，山东省国资委结合《省属企业合规管理指引》，发布了《关于进一步加强省属企业合规管理工作的指导意见》，在健全合规管理制度体系、完善合规管理运行机制、压紧压实合规管理责任、夯实合规管理组织基础、强化合规管理工作保障五个方面对省属企业提出了具体合规要求。

湖南省地方金融监督管理局印发的《湖南省融资租赁公司监督管理实施细则》规定，涉及国有资本的融资租赁公司设立、合并、分立、减少注册资本、变更实际控制人时，应当出具国有资产相关管理部门出具的相关决议文件。

《广东省融资租赁公司监督管理实施细则》建立了会商机制，规定市级监管部门就公司注册与市场监管部门会商时，应考虑国有企业作为出资人，是否按规定征得其主管部门的同意。

这意味着地方国有融资租赁企业在制定合规管理体系时，也应当在符合融资租赁企业的一般合规要求的同时，考虑多层次、全方位的国资监管框架，以确保其业务活动的合规性和稳健性。

三、国有融资租赁企业合规管理体系建设的重要性和特殊性

国有企业在国民经济中扮演着重要的角色，建立合规管理体系对于其可持续发展和国家经济的健康运行具有十分重要的意义。国有企业通常持有、管理着大量国家资产，包括重要的基础设施、关键产业等。建立合规管理体系有助于确保国有资产的有效管理和保值增值，防范滥用职权、挪用资产等违规行为，从而维护国家财产权益。国有企业也是国家经济政策的执行者之一，在促进产业结构调整、推动科技创新、支持就业等方面，通过建立合规管理体系，可以更好地配合国家经济

政策的实施,有助于国家经济实现可持续、健康发展的目标。

完善合规管理体系建设也是国有企业应对日趋复杂的竞争环境和挑战,建设世界一流企业的客观要求。国务院国资委政策法规局在答复有关《中央企业合规管理办法》实施疑问时强调,党中央明确提出加快建设世界一流企业的目标,一流的企业必须要有一流的法治工作机制为保障。在当前国际竞争越来越体现为规则之争、法律之争的大背景下,中央企业面临的国内外环境和风险挑战日趋复杂严峻,必须加快提升依法合规经营管理水平,确保改革发展各项任务在法治轨道上稳步推进。尤其是在近些年,我国企业在经营时不断面临外国执法机构和国际组织围绕反垄断、反商业贿赂法律法规等方面的调查和处罚,这给企业带来一定的经营困难和经济损失。

国有企业区别于一般私有企业的一个重要方面,就是要考虑国有企业的经济目标和政治社会责任的双重性。因此国有企业不仅要在市场竞争过程中实现获取利润这一经济目标,还要根据政府及国家的大政方针战略实现其政治社会责任,从而能够更好地实现政府和国家的意识形态诉求。①

从《关于进一步促进中央企业所属融资租赁公司健康发展和加强风险防范的通知》可以看出,央属融资租赁企业合规管理的特殊性在于,其作用包括服务主业以及风险防范两方面,并遵循中央企业合规管理工作的基本原则。而对于部分主业即为融资租赁业务的地方国有企业而言,其合规管理建设体系则与一般融资租赁企业保持一致,并在此基础上融入地方国有企业的相关规制。

因此,国有融资租赁企业的合规须同时满足针对融资租赁企业和国有企业的监管要求,相较于一般融资租赁企业在体系建设内容上更为丰富。这也使国有融资租赁企业在合规体系建设方面具有更多可参考的文件,如《中央企业合规管理办法》中已在组织架构、制度建设等方面罗列出建设要点,结合《融资租赁公司监督管理暂行办法》中对融资租赁企业及业务在经营规则、监管指标等方面的特别规定,已经能够形成一套较为完整的体系建设指引。

第二节　国有融资租赁企业合规建设要点

在本节中,笔者将通过剖析国有融资租赁企业合规体系建设的核心要点,构建

① 参见汤吉军、张智远:《国有企业双重目标下推进混合所有制改革》,载《经济参考报》2018 年 11 月 26 日,第 7 版。

一个符合国有企业特定监管要求的融资租赁企业合规管理框架。尽管此讨论紧密围绕国有企业的监管框架与标准展开,但由于如今缺少面向一般融资租赁企业的专项合规指引,因此笔者建议,非国有的融资租赁企业也可以参考本节内容,通过借鉴国有企业在组织建设、制度建设、风险控制等方面较为成熟和完善的制度及做法,根据企业实际情况灵活调整,完善自身的合规机制,确保业务运营能够紧跟合规监管步伐。

一、明确合规管理组织职责

对于中央企业来说,依照《中央企业合规管理办法》的要求,中央企业党委(党组)应当发挥把方向、管大局、促落实的领导作用,推动合规要求在本企业得到严格遵循和落实,不断提升依法合规经营管理水平。中央企业董事会主要履行审议批准合规管理基本制度、体系建设方案和年度报告职责,推动完善合规管理体系并对其有效性进行评价,决定合规管理部门的设置及职责。中央企业实行主要负责人作为推进法治建设第一责任人制度,并应当结合实际设立首席合规官,由总法律顾问兼任,对企业主要负责人负责,领导合规管理部门组织开展相关工作。中央企业设立合规委员会,统筹协调合规管理工作;设立合规管理部门,牵头负责本企业的合规管理工作。此外,中央企业纪检监察机构和审计、巡视巡察、监督追责等部门依据有关规定,在职权范围内对合规要求落实情况进行监督,对违规行为进行调查,按照规定开展责任追究。

对于地方国有企业来说,各地的合规指引办法不同,合规管理组织架构上存在差异。以江苏省为例,根据江苏省国资委印发的《省属企业合规管理办法》,省属企业在合规管理组织职责方面基本与中央企业保持一致,由省属企业党委发挥在合规工作中的领导作用。

广州市国资委印发的《广州市国资委监管企业合规管理办法》,不仅明确规定监管企业主要负责人为推进法治建设第一责任人,还明确规定其工作职责包括但不限于加强对企业合规管理体系建设的组织领导,为合规管理体系建设提供保障、创造条件;严格执行"三重一大"决策法定程序,落实合规性审查制度;深入推进合规文化建设,推动企业形成浓厚合规企业文化氛围等。

《中央企业合规管理办法》第 40 条指出,"地方国有资产监督管理机构参照本办法,指导所出资企业加强合规管理工作"。因此,本节在梳理国有企业合规建设要点时,将主要围绕中央企业的合规管理要求展开,也会以部分具有特点的地方国资委管理办法作为参考。地方国有企业在借鉴本书内容时,还是应当结合当地国资委出台的相关管理办法或合规指引指南进行使用。

(一)中央企业党委(党组)的合规领导作用

《中央企业合规管理办法》第7条规定:“中央企业党委(党组)发挥把方向、管大局、促落实的领导作用,推动合规要求在本企业得到严格遵循和落实,不断提升依法合规经营管理水平。中央企业应当严格遵守党内法规制度,企业党建工作机构在党委(党组)领导下,按照有关规定履行相应职责,推动相关党内法规制度有效贯彻落实。”

按照《中央企业合规管理办法》的规定,党委主要在两方面发挥合规领导作用,一是推动合规要求在本企业得到严格遵循和落实;二是推动相关党内法规制度有效贯彻落实。中央企业不仅应当遵守企业经营管理相关的合规制度,也应当严格遵守党内法规制度。

《中央企业合规管理办法》并未对中央企业党委(党组)的具体工作职责加以规定,而是将企业经营合规管理职责分配给董事会,将党内法规制度的贯彻落实职责分配给企业党建工作机构。完善中国特色国有企业现代公司治理,要将党的领导融入公司治理各环节,将党组织内嵌到公司治理结构之中。因此企业在制定内部制度时应当注意在公司治理中加强党的领导,如持续完善“三重一大”决策和运行管理系统,完善授权管理办法等关键制度。

河南省国资委印发的《河南省省管企业合规管理指引》中,还明确赋予了党委会研究合规管理负责人人选、合规管理(牵头)部门设置,对董事会、监事会、高级管理人员的合规经营管理情况进行监督,对合规管理的重大事项研究提出意见,按照权限研究或决定对有关违规人员的处理事项等具体职责。

(二)董事会的合规决策作用

《中央企业合规管理办法》第8条规定:“中央企业董事会发挥定战略、作决策、防风险作用,主要履行以下职责:(一)审议批准合规管理基本制度、体系建设方案和年度报告等。(二)研究决定合规管理重大事项。(三)推动完善合规管理体系并对其有效性进行评价。(四)决定合规管理部门设置及职责。”

简要来说,董事会应当在合规管理方面起到总体把控作用,确保合规体系建设能够不偏不倚地服务于公司战略和合规要求,并在审议批准合规管理基本制度和体系建设方案时重点关注制度设计能否防范企业经营在合规方面的风险,是否会造成与企业现有组织结构的冲突。此外,董事会在公司合规管理重大事项决策方面的作用体现在研究制定公司合规事项的分级制度，确定何种级别的合规管理事项应当提请董事会决策及决策的基本流程和表决比例等。

作为公司的决策机构，董事会也应当积极推动企业内合规管理体系的有效性评价，尤其是在内部自评价方面，包括审查合规管理制度的建设情况、实施情况和成效性等。董事会的积极介入有利于确保董事会把控合规策略的全面性和有效性，并对发现的问题进行及时调整。

因此，董事会应积极融入企业的合规管理建设，不仅需要发挥其应有的决策作用，还应持续关注合规管理体系的运行状况并推进适时调整。

（三）经理层的合规管理作用

《中央企业合规管理办法》第 9 条规定："中央企业经理层发挥谋经营、抓落实、强管理作用，主要履行以下职责：（一）拟订合规管理体系建设方案，经董事会批准后组织实施。（二）拟订合规管理基本制度，批准年度计划等，组织制定合规管理具体制度。（三）组织应对重大合规风险事件。（四）指导监督各部门和所属单位合规管理工作。"

企业经理层要确保合规管理制度的精准制定和执行，推动各项合规管理要求落到实处，并强化组织的有效管理和风险事件的应对。

（四）合规委员会的牵头管理作用

《中央企业合规管理办法》第 11 条规定："中央企业设立合规委员会，可以与法治建设领导机构等合署办公，统筹协调合规管理工作，定期召开会议，研究解决重点难点问题。"

《中央企业高质量发展报告（2022）》显示，全部中央企业已经成立由主要负责同志牵头的合规委员会，并将合规管理工作纳入"十四五"规划统筹推进。①

例如，中国船舶成立法治建设委员会（合规委员会），作为法治船舶建设的顶层领导机构，由党组书记、董事长担任主任，研究解决法治建设中的突出问题，部署推进重要事项。合规委员会每年会召开全系统法治工作会议，对年度法治工作进行全面部署，为公司的法治建设提供了强有力的顶层推动。

作为首批合规管理试点单位，中国石油天然气集团有限公司在公司合规管理规定中明确了合规委员会统筹协调合规管理工作的职责，合规委员会定期召开会

---

① 参见《中央企业高质量发展报告（2022）》，载国务院国有资产监督管理委员会网 2022 年 11 月 17 日，http://www.sasac.gov.cn/n2588020/n2877938/n2879671/n2879673/c26508617/content.html。

议研究和解决合规管理中的重难点问题；指导、监督和评价合规管理工作等。

总体来看，合规委员会作为企业合规管理的牵头统筹部门，应当由企业主要负责人或分管合规工作的主要领导担任委员会的主要领导职务，以确保合规委员会在统筹企业合规管理工作时能够充分发挥作用。这样的领导层设置能够为合规委员会提供更有效的资源支持和组织协调，确保合规管理在企业战略和日常经营中得到充分贯彻。

（五）业务及职能承担部门合规管理主体责任

《中央企业合规管理办法》第 13 条第 1 款规定："中央企业业务及职能部门承担合规管理主体责任，主要履行以下职责：（一）建立健全本部门业务合规管理制度和流程，开展合规风险识别评估，编制风险清单和应对预案。（二）定期梳理重点岗位合规风险，将合规要求纳入岗位职责。（三）负责本部门经营管理行为的合规审查。（四）及时报告合规风险，组织或者配合开展应对处置。（五）组织或者配合开展违规问题调查和整改。"

作为合规风险较大的一线部门，必须提高部门人员的合规意识和风险防范能力，对自身经营行为进行审查，将合规要求落实到岗。落实主体责任也是业务与合规相结合的要求，以确保部门在追求业务发展的同时，能够切实遵循法规规定，维护企业的声誉和利益。这不仅有助于降低合规风险，提升企业整体的经营稳定性，也有助于部门成为行业中的合规典范，为企业可持续发展打下坚实基础。

（六）合规管理部门的合规执行作用

《中央企业合规管理办法》第 14 条规定："中央企业合规管理部门牵头负责本企业合规管理工作，主要履行以下职责：（一）组织起草合规管理基本制度、具体制度、年度计划和工作报告等。（二）负责规章制度、经济合同、重大决策合规审查。（三）组织开展合规风险识别、预警和应对处置，根据董事会授权开展合规管理体系有效性评价。（四）受理职责范围内的违规举报，提出分类处置意见，组织或者参与对违规行为的调查。（五）组织或者协助业务及职能部门开展合规培训，受理合规咨询，推进合规管理信息化建设。中央企业应当配备与经营规模、业务范围、风险水平相适应的专职合规管理人员，加强业务培训，提升专业化水平。"

实践中，中央企业多选择在现有审计或法务部门的基础上构建合规管理部门，如在审计部门或法务部门的名称中增加"合规"二字，明确企业内部的合规管理部门；从审计或法务部门的人员中抽调或引进专职合规人员，组成独立的合规管理部门。中央企业应在合规管理制度或合规手册中明确合规管理机构的管理职责,明确专职合规管理人员的工作内容和权限,建立起能够负责不同业务领域和应对不同风险的组织架构。

一般来说,专职合规管理人员应关注与本单位业务相关的法律法规和规章、行业监管规定的变化,组织企业合规管理制度建设,及时完善业务流程,并与其他业务部门和审计、法律部门保持沟通,组织落实各项合规管理任务,接收违规线索,收集合规建议,解答合规问题等。企业应当注重对专职合规管理人员的岗前和长期业务培训,提升专职合规管理人员的专业化水平。

二、健全合规管理制度建设

《中央企业合规管理办法》第 16 条规定:“中央企业应当建立健全合规管理制度,根据适用范围、效力层级等,构建分级分类的合规管理制度体系。”第 17 条规定:“中央企业应当制定合规管理基本制度,明确总体目标、机构职责、运行机制、考核评价、监督问责等内容。”

作为合规体系建设的根基,国有企业构建合规管理制度的重点是构建以章程为统领的分类分级、有效衔接的合规管理制度体系。在系统构建合规管理体系之前,应当集中梳理公司现有制度体系,并基于现有制度的适用范围、指导层级等进行分类整理。在此基础上,同步开展公司内部高风险或薄弱环节的业务自查。企业合规的逻辑起点是企业自我监管,因此合规建设的制度引力应着力于激活优化企业的合规自治理。① 在自我监管的制度设计目标下,首先应当加强对企业自身运行的充分了解,因此笔者建议,企业尤其是国有企业在建立健全合规体系时,需要充分考虑企业的经营现状、融资租赁的行业特点和相关监管动态。

在制定合规管理基本制度时,应当明确合规工作的总体目标。一般来说,总体目标包括确保企业的安全、稳健经营,防范合规风险,维护企业声誉和利益,实现可持续发展等。设置合规管理机构时应明确机构设置层级和岗位人员的合规职责,确保合规管理工作的顺利进行。合规管理运行机制主要包括合规管理制度、合规风险识别预警机制、合规风险应对机制、合规审查机制、违规问责机制以及合规管理评估机制。

例如,山东高速集团通过建立合规管理十大运行机制,确保合规体系高效运转,明确合规风险识别评估、合规审查、合规风险预警、合规风险应对、合规举报受

---

① 参见山茂峰:《企业合规制度的建构逻辑:内力、外力与引力》,载《兰州学刊》2024 年第 2 期。

理与调查、合规培训与合规文化、合规考核评价、合规管理改进、合规年度报告等具体规程和要求，并编制了“合规风险信息收集表”“重大合规风险快报”“合规举报评估登记表”等12张配套工作表单，为合规管理落地实施提供了明确指引。①

企业应制定适合自身的合规考核评价制度。参考中国企业评价协会于2022年10月发布的《企业合规管理体系有效性评价指引》(以下简称《有效性评价指引》)，常见的评价维度包括合规环境评估、领导作用和资源投入、合规制度与运行机制、合规文化、绩效评估改进五个维度及党建在企业合规管理中的作用，并将企业与合规管理体系有关的规范性文件以及证据性文件作为企业合规管理体系有效性评价的主要证据。

中央企业对在履职过程中因故意或者重大过失应当发现而未发现违规问题，或者存在失职、渎职行为，给企业造成损失或者不良影响的单位和人员开展责任追究。中央企业违反《中央企业合规管理办法》规定，合规管理不到位引发违规行为的，国务院国资委可以约谈相关企业并责成整改；造成损失或者不良影响的，国务院国资委根据相关规定展开责任追究。(详见《中央企业合规管理办法》第七章“监督问责”)

完善的合规管理基本制度，能够基本确保融资租赁企业在法律法规的框架下稳定合规经营。除了合规管理基本制度，《中央企业合规管理办法》还提出反垄断、反商业贿赂、生态环保、安全生产、劳动用工、税务管理、数据保护七个重点领域，要求中央企业应当针对这些重点领域及合规风险较高的业务，制定合规管理具体制度或者专项指南。

《融资租赁公司监督管理暂行办法》也提出了相应的制度要求。例如，融资租赁企业应当建立关联交易管理制度，建立健全租赁物价值评估和定价体系，建立风险管理制度，建立资产质量分类制度和准备金制度等。

(一)对外合作合规管理制度

1. 反垄断合规管理

我国反垄断法规定的垄断行为包括三种，即经营者达成垄断协议；经营者滥用市场支配地位；具有或者可能具有排除、限制竞争效果的经营者集中。

在达成垄断协议方面，由于融资租赁交易的特点，对于融资租赁企业来说，很

---

① 参见法规局：《山东高速集团八项措施推动“合规管理强化年”》，载国务院国有资产监督管理委员会网2022年10月18日，www. sasac. gov. cn/n4470048/n16518962/n20648677/n20648717/c26260451/content. html。

难与交易相对人(承租人)达成反垄断法规定的固定转售价格、限定最低转售价格的垄断协议,但可能与竞争对手(其他融资租赁企业)达成分割销售(业务)市场、联合抵制交易的垄断协议。

在滥用市场支配地位方面,从全国范围来看,我国目前有9000余家融资租赁企业,中央企业系融资租赁企业总数达93家,很难认定某一家融资租赁企业具有市场支配地位。但如果缩小地域范围,便不能排除存在某些融资租赁企业在相关市场中具有市场支配地位的可能性。因此,在区域内具有较大影响力的融资租赁企业,应当在建立反垄断合规制度时增加避免造成滥用市场支配地位的相关内容。

"经营者集中申报"应当成为融资租赁企业在反垄断合规中关注的重点情形,企业应当重视国务院《关于经营者集中申报标准的规定》规定的申报标准和其他需要申报的情形,符合相应情形的应事先向国务院反垄断执法机构申报,未申报的不得实施集中。企业在开展有关交易活动前,也应当尽早地评估、研究该等交易可能对相关市场竞争产生的影响,以及其可能产生的法律风险。

反垄断合规维护的是市场竞争行为,公司也应严格遵守市场竞争相关的法律法规和行业规范,恪守公平竞争原则。为实现这一目标,公司需制定并遵守反垄断合规管理制度,并进行反垄断方面的专题合规培训,确保员工尤其是管理层及业务人员掌握反垄断合规要求,并建立具有针对性的反垄断高风险业务的审查机制,及时监控和评估。

2. 反商业贿赂合规管理

我国目前对商业贿赂行为的规制散见于不同的法律、法规、部门规章中,《中华人民共和国反不正当竞争法》、《刑法》及最高人民法院的相关司法解释、意见中均对商业贿赂行为的行政、刑事责任作出了详细规定。对于一般企业而言,商业贿赂严重破坏了公平竞争和营商环境,增加了企业经营成本,损害企业声誉和形象,亦会让企业面临法律风险。对于国有企业而言,商业贿赂还会导致国有资产流失,不利于保障国有资产的安全运行。因此,国有企业制定反商业贿赂合规具有必要性,可以有效防范、规避国有企业涉刑事法律风险。

反商业贿赂合规规范存在共性内容,主要包括商业伙伴的商业贿赂风险防范、礼品与商务招待的商业贿赂风险防范及捐赠与赞助活动的商业贿赂风险防范。[①]公司应制定符合我国反商业贿赂法律法规的合规制度,内容应涵盖与政府官员、商业伙伴业务往来行为规范;提供、接受纪念品或接待的有关标准;慈善公益捐赠或赞助的

① 参见李振林:《企业反商业贿赂合规机制应当如何构建》,载中国法院网2023年8月17日,https://www.chinacourt.org/article/detail/2023/08/id/7477845.shtml。

预算、审批程序；鼓励员工及时报告任何涉嫌商业贿赂行为的公司内部举报机制等。

3. 关联交易合规管理

融资租赁企业需要建立关联交易管理制度，以确保关联交易遵循商业原则，独立交易、定价公允。这有助于避免利益输送、确保公司内部交易的公允，从而维护公司及股东的权益和国家利益。

（二）内部管理合规管理制度

1. 劳动用工合规管理

融资租赁企业应严格遵守劳动法律法规，健全完善劳动合同管理制度，规范劳动合同签订、履行、变更和解除，切实维护劳动者在劳动报酬、休息休假、社会统筹保障、职业培训、个人隐私和信息安全等方面的合法权益。

融资租赁企业应当建立、实施与其劳动用工情况相适应的劳动用工合规方针，明确规定合规要求和问责标准，包含履行合规义务以及持续改进合规管理体系的承诺，并且能为制定合规目标提供框架。建立健全劳动用工合规管理制度，制定企业全员普遍遵守的劳动用工合规规范，将培训与沟通、责任与激励、举报与查处、优化与提升机制进行制度化协同管理。对于融资租赁企业来说，还应当关注公司利益与员工个人利益的关系，防范员工侵犯公司利益行为，企业也应当关注激励惩罚机制（业绩等方面）制度的合规性，提高绩效评估等过程中的公正性和透明度。

此外，融资租赁企业还应当建立劳动用工合规风险清单，便于对企业自身合规风险进行识别，制定风险评估报告和风险应对预案。

2. 数据保护合规管理

国有企业应当重视数据安全和个人信息保护，妥善处理收集的员工和商业伙伴的信息数据和其他企业数据。融资租赁企业在数据收集和使用方面，应加强流程管理和权限管理，确保数据的收集和使用符合相关法规，并严格限制员工的数据访问权限，防范数据泄露和滥用，严禁违法买卖数据行为。公司还应当持续监测数据安全，不断更新数据保护技术，及时修复潜在的信息系统漏洞，确保数据在安全环境存储。

同时，融资租赁企业应当重视对能接触到重要或涉密信息员工的数据保护合规培训和监管，培训应包括对数据安全法律法规、企业数据保护合规制度和数据识别等内容，提高员工对数据安全保护的认识和重视程度。公司还应设立专门的数据保护合规管理部门，负责对数据处理过程的监督和审查，确保公司在数据处理方面的合规性。

通过建立健全数据保护合规管理体系，公司能够有效保护自身商业秘密和客户、员工的个人信息，提高交易安全，降低数据泄露和滥用的风险，也有助于规避违反数据保护法规而引发的法律责任和商业风险。

（三）租赁物合规管理

1. 租赁物适格合规管理

融资租赁企业应建立完善的租赁物审核机制并健全租赁物价值评估和定价体系。一是通过严格内审制度确保租赁物权属清晰且无权利负担，满足可以被特定化、能够产生收益、具有可处置性等适格要求。二是通过建立科学的评估和定价机制，更准确地衡量租赁物的价值，确定合理租金水平，为交易各方提供公正的租金依据，确保稳健开展主营租赁业务。

2. 生态保护合规管理

对于融资租赁企业而言，生态保护合规管理应当主要围绕租赁物的选择，在开展业务时应加强对生态保护法规方面的研究，确保租赁物符合环保标准。公司在业务拓展过程中，应对租赁物所涉及的产业进行综合评估，关注其对生态环境的影响，确保融资活动不会对生态系统造成不可逆转的损害。在风险控制方面，公司应对承租人及融资项目的生态保护相关风险进行评估，判断承租人及项目是否可能因环保问题被处罚或关停，从而影响租赁款回收，并制定相应的应对措施或预案。公司还应制定与生态环保相关的特殊审计程序等，以避免公司在租赁业务中遇到与环保问题相关的合规风险。

（四）财税合规管理

1. 税务合规管理

健全完善财务内控制度，以确保财务数据的真实性、准确性和规范性。强化依法纳税意识，严格遵守税收法律法规，确保纳税行为的合规性。为确保税务合规，应及时关注税收制度细则的变化，学习税收违法案例，防范潜在的税收风险。企业应当加强内部的财务税收培训，确保集团内部核算的一致性和准确性。此外，还应该注重对于财务税收文件的管理。在用人方面，聘用专业人员处理公司税务工作，定期组织公司管理层及涉财务、税务的工作人员进行税务学习、合规培训等。

2. 财务合规管理

为增强融资租赁企业的风险防范能力，《融资租赁公司监督管理暂行办法》要求融资租赁企业加强租赁物未担保余值管理，定期评估未担保余值是否存在减值，及时按照会计准则的要求计提减值准备;要求融资租赁企业建立资产质量分类制度和准备金制度等。财务合规管理将有助于企业及时发现和应对不良资产,防范潜在的信用风险,保障公司财务健康和稳健经营。

三、完善合规管理运行机制

中央企业应当建立合规风险识别评估预警机制,全面梳理经营管理活动中的合规风险。这一机制需要涵盖各个业务领域,包括但不限于法律法规、商业道德、财务合规等方面,确保对潜在风险的全面覆盖。

应当将合规审查纳入经营管理流程的必经程序,尤其是重大决策事项应当由首席合规官签字并提出明确意见。应当建立合规风险的处置程序,明确不同级别的合规风险的应对方式。发现合规风险事项应当及时报告,并按有关职责权限进行应对处理及整改。此外,公司可以建立风险事件的溯源机制,对于发生的合规风险事件进行详细的追溯分析,以便更好地改进合规管理措施。

应当设立违规举报平台并对举报人的身份和举报事项严格保密,确保员工和利益相关者可以积极地报告违规行为。公司应当公布举报电话、邮箱或信箱,并确保相关部门按照各自的职责权限进行受理。此外,中央企业还应当建立专门的调查和处理机制,以确保对举报问题的调查工作能够迅速展开,举报事项得到妥善处理。

为了有效应对违规行为,企业应当完善违规行为追责问责机制。一是明确责任范围,确保各部门和岗位的责任人员都明晰自己的职责。二是应当细化问责标准,这有助于确保对违规行为的问责处理得客观、公正、一致。三是制定科学、合理的调查程序,针对举报问题和线索及时展开调查。四是按照有关规定严肃追究违规人员的责任,包括纪律处分、法律责任等并确保责任追究与合规制度具有一致性。

此外,为了强化对违规行为的防范,企业应当建立所属单位经营管理和员工履职违规行为记录制度。这一制度应当详细记录违规行为的性质、发生次数、危害程度等信息,作为考核评价、职级评定等工作的重要依据。

建立全面的合规管理运行机制,不仅有助于企业更好地识别和评估合规风险,也能够提高其应对合规风险的效率和可行性。

四、推行合规文化建设

合规文化建设是企业合规管理的核心要素之一,其目标是在整个组织中树立注重合规的价值观念。要实现这一目标,合规文化建设主要应当围绕两个方面展开,即培育具有企业特色的合规文化和加强企业内部的合规管理培训。

首先，培育具有企业特色的合规文化需要深入挖掘和传承企业的核心价值观，并将合规理念融入其中。企业特色的合规文化应当与企业的使命、发展目标以及核心价值相契合，形成一种相互支持、相互促进的关系。这有助于员工更好地理解合规的重要性，并能够在工作中贯彻执行。

其次，加强企业干部的合规管理培训是合规文化建设的重要手段。领导干部在推动合规文化建设中发挥着关键的引领作用，应将合规管理纳入党委（党组）法治学习专题，推动企业领导人员强化合规意识，带头依法依规开展经营管理活动。领导干部应当作为企业合规管理的牵头者和合规文化建设的推动者，并不断接受系统的、常态化的合规管理培训，提高管理层在企业合规方面的认知水平和管理能力。

同时，普通员工也需要通过常态化合规学习，增强合规意识和合规风险识别、应对能力。合规培训可以通过多种方式进行，包括学习合规手册、参与定期的培训课程、分享案例、实践学习、考评等。

企业也应当不断更新、发布合规手册，组织签订合规承诺，强化全员守法诚信、合规经营意识。引导员工能够深入了解公司的合规制度，培养合规底线意识，在工作中践行合规理念。

笔者以表格形式列举了企业在合规管理培训中可以着重注意的几个方面，详见表8－1。

表8－1　融资租赁企业合规培训参考内容

主题	内容
法律法规	使员工了解融资租赁行业相关的法律法规要求，确保业务运作合法合规
公司合规制度	学习公司的合规制度，包括行为准则、商业道德规范等，使员工清晰掌握公司的合规要求。开展不同层次、不同方式的制度培训，重视合规高风险业务领域的合规培训
风险识别及评估	学习如何识别和评估潜在的合规风险，并提供相应的应对预案和报告渠道
案例学习	通过对真实案例的学习，分享处理经验，员工可深刻理解合规风险的复杂性和严重性
沟通和举报机制	公示公司的合规沟通渠道和违规举报机制，鼓励员工积极参与，建言献策，培养员工的主人翁意识，确保意见反馈渠道的畅通
自我监督与审查	培养员工对行为的自我监督意识，明确自主审查方法，提高员工的合规操作水平

五、加强合规信息化建设

《中央企业合规管理办法》第33条规定："中央企业应当加强合规管理信息化建设，结合实际将合规制度、典型案例、合规培训、违规行为记录等纳入信息系统。"

该办法第34条规定："中央企业应当定期梳理业务流程，查找合规风险点，运用信息化手段将合规要求和防控措施嵌入流程，针对关键节点加强合规审查，强化过程管控。"

该办法第35条规定："中央企业应当加强合规管理信息系统与财务、投资、采购等其他信息系统的互联互通，实现数据共用共享。"

该办法第36条规定："中央企业应当利用大数据等技术，加强对重点领域、关键节点的实时动态监测，实现合规风险即时预警、快速处置。"

《中央企业合规管理办法》以专章形式对中央企业的"信息化建设"提出了要求：一是中央企业应当建设合规管理信息系统，内容应涵盖企业的合规制度、典型案例、合规培训、违规行为记录等基本功能；二是应利用信息化手段将合规要求和防控措施嵌入业务流程，加强过程管控；三是合规管理信息系统应与财务、投资、采购等其他信息系统互联互通，实现数据共享；四是应当利用大数据等技术手段实现合规风险监测预警。

简要来说，合规管理信息系统应当具备合规查询、风险防控、数据共享功能及风险监测预警。

除合规查询基本功能外，针对租前的租赁物评估、承租人适格等融资租赁业务中的合规风险易发节点，应当利用信息化手段在项目预审、承租人尽调、业务审批、资质复核等业务流程中嵌入合规操作指引和风险防控措施，并向涉及的合规责任部门开放访问权限或令其参与业务审批。

整合或互通合规管理信息系统与企业的财务系统、人力资源系统、内部控制系统等多信息平台数据，以便在不同业务领域实现全面的合规性检查与管理。

在租赁物管理、承租人管理及租赁回款管理中，引入大数据、人工智能等技术手段，能够实现对承租人经营状况的实时查询和监测，快速获取项目异常情况，对合规风险进行快速响应。数据分析也可以帮助企业更好地理解合规风险的发展趋势，及时发现和预判合规管理领域的潜在问题，从而采取相应的防范措施。

在信息化建设过程中，中央企业也需要重视信息系统的安全性和隐私保护。建立健全的信息安全管理体系，采用技术加密、权限管理、调阅审批等手段，并与能接触到企业数据的相关人员签署保密协议，确保合规管理信息系统的数据不受到未授权访问或被泄露,对企业造成损失。同时,企业应当遵循相关法规,确保员工的个人隐私、客户的商业信息和交易信息等数据收集、处理、存储符合相关法律法规的要求。

第三节　国有融资租赁企业合规的有效性评价

《中央企业合规管理办法》第27条规定:"中央企业应当定期开展合规管理体系有效性评价,针对重点业务合规管理情况适时开展专项评价,强化评价结果运用。"

一、有效性评价方式

合规有效性评价是促进国有企业合规管理工作完善的重要工作,旨在全面了解企业合规体系的实际运行状况,确保其合规制度得到切实贯彻执行。中国企业评价协会发布的《有效性评价指引》提出了企业合规管理体系有效性评价的指标体系,即从企业合规环境评估、领导作用和资源投入、合规制度与运行机制、合规文化、绩效评估改进五个维度以及党建在企业合规管理中的作用,设计了评价指标,也明确了企业合规管理体系有效性评价工作的规则、流程以及报告评级等实施程序。

目前,国有企业普遍采用的合规有效性评价方式分为合规自评价和现场评价,针对重点业务合规情况另有专项评价方式。这些方式在合规管理体系的完善中发挥着互补的作用,共同构建了一个全面、科学、有效的合规管理评价体系。

合规自评价是国有企业常用的一种内部评价手段,企业内部在梳理规范性文件和证据性文件的基础上进行合规管理体系的自我审查和评估。在合规自评价中,企业可以制定常态化的评价工作计划,制定自评价内容表,明确评价的范围、对象、指标等关键要素。通过文件审查、记录查询、数据收集等方法,企业能够全面摸排合规管理的实际情况,自主发现潜在的合规问题。合规自评价的优势在于其相对灵活、低成本,能够随时调整评价计划,适应企业合规管理的日常需求。

现场评价是合规有效性评价中的另一种重要方式,它强调对合规管理实施过程的专业评价。集团公司或上级公司组建评价团队,单独或与外部专业评价团队一同对中央企业的各级部门和下级公司进行现场检查,以实地走访方式针对不同情况展开综合评价,评估各单位合规管理体系的运行状况,最终形成评价报告。由于国有企业下级公司的合规管理制度往往是参照或直接沿用集团公司或总公司的合规管理制度,在合规人员配备和合规政策执行方面与上级公司会存在一定差距,因此现场评价更注重对企业上报资料的现场核证,核实企业提供资料的真实性,全面了解掌握基层公司合规管理体系的实际执行情况并发现可能存在的合规风险,提出更具有针对性和切实可行的改进建议。现场评价的优势在于能够直接感知和验证下属企业的合规管理水平,有助于深入挖掘共性合规问题并加以指导,同时为合规管理提供更具体的改进路径。

合规自评价和现场评价在实施中可相互结合,形成一个闭环的评价体系。合规自评价作为一个内部反馈机制,有助于企业及时发现问题,而现场评价作为一种独立的验证手段,可以对自评结果进行实际考核,确保评价的客观性和准确性。通过两者的有机结合,企业能够更全面、全局地审视合规管理体系的有效性,实现对合规工作的全方位管理和改进。

专项评价则是对重点业务领域合规情况进行评价的方式,对于融资租赁企业来说,应当适时针对租赁物价值评估和定价合规体系、关联交易管理、租赁资产管理、法律纠纷案件等开展专项合规评价。

此外,按照有效性评价所针对的对象,有效性评价可以进一步划分为对董事会的评价、对经理层的评价、对合规委员会的评价,以及对首席合规官的评价等不同层面。

对董事会的评价主要聚焦于董事会在企业合规管理中的领导作用和决策效果。这种评价可以考察董事会是否对合规政策和程序进行了审议和批准,是否有效推动了合规文化的建设,以及在合规管理中是否发挥了明确的战略引领和监督责任。

对经理层的评价关注企业高级管理层在合规管理方面的领导力和执行力。这包括经理层是否制定了切实可行的合规目标和政策,是否将合规要求融入业务运营中,以及是否能够有效落实和执行合规措施等方面。

合规委员会是企业合规管理的专门机构,对其的评价主要关注运作效果和决策质量。具体包括合规委员会是否制定了合理的合规管理体系建设方案,是否对合规重大事项进行了研究决策,以及是否推动了合规管理体系的完善和提升等方面。

对首席合规官的评价集中在考察该职位负责人在合规管理中的专业水平和执行能力。这包括首席合规官是否具备充足的专业知识,是否能够有效监测合规风险,是否能够向董事会和经理层提供及时的合规建议等方面。

通过不同层面的评价结论,企业能够更全面地了解各级管理层在合规工作中的表现,并有针对性地提出改进建议,推动合规管理的全面提升。这种多层次的评价机制有助于形成合理的合规管理治理结构,确保各级管理层在合规工作中发挥协同作用,提升企业整体合规水平。

二、有效性评价内容

根据《有效性评价指引》中拟定的评价维度和评价指标,合规管理评价标准以ISO 37301国际标准为依据,从合规环境评估、领导作用和资源投入、合规制度与运行机制、合规文化、绩效评估改进五个维度以及党建在企业合规管理中的作用,对企业的合规管理工作进行评价。

就评价维度所对应的评价指标,《有效性评价指引》进一步释明:合规环境评估部分重点关注企业内外部因素、利益相关方的需要和期望、合规管理体系的范围、合规义务四个指标。领导作用和资源投入部分重点关注最高管理层参与度、管理机构的职能和资源、管理者职责与绩效、合规管理信息化建设四个指标。合规制度与运行机制部分主要关注合规制度体系和合规管理机制运行两个指标。合规文化部分重点关注合规理念、合规文化推广、员工职责与绩效三个指标。绩效评估改进部分包括监视、测量、分析和评价,内部审核,管理评审,体系持续改进,不符合和纠正措施五个指标。

《中央企业合规管理办法》要求中央企业合规管理工作应当遵循坚持党的领导、坚持全面覆盖、坚持权责清晰、坚持务实高效等原则,并对组织和职责、制度建设、运行机制、合规文化、信息化建设、监督问责等方面提出了具体要求。

《有效性评价指引》在附录中也对评价指标内容进行了进一步解释,这些评价条款基本涵盖了《中央企业合规管理办法》对国有企业合规管理的要求,指引中的评价条款可以选择适用于国有企业的合规有效性评价。

不过,笔者认为,在国有企业进行合规有效性评价时,应当对《有效性评价指引》中的部分指标分数进行相应调整。例如,《有效性评价指引》将最高管理层、信息化建设、制度体系、机制运行、推广合规文化、监视测量分析和评价、体系持续改进等列为重要评价指标,这在分数上有所体现。而对国有企业来说,党建在企业合规管理中的作用不应只作为附加项,而应当作为一项重要评价指标进行评价。此外,《中央企业合规管理办法》强调权责清晰和对重点领域、关键环节的合规管理,因此也应当进一步提高对业务管理者合规评价及重点领域合规评价的分数占比。

附　录

法规汇编

一、《融资租赁公司监督管理暂行办法》

（2020 年 5 月 26 日 银保监发〔2020〕22 号）

第一章 总 则

第一条 为落实监管责任，规范监督管理，引导融资租赁公司合规经营，促进融资租赁行业规范发展，根据有关法律法规，制定本办法。

第二条 本办法所称融资租赁公司，是指从事融资租赁业务的有限责任公司或者股份有限公司（不含金融租赁公司）。

本办法所称融资租赁业务，是指出租人根据承租人对出卖人、租赁物的选择，向出卖人购买租赁物，提供给承租人使用，承租人支付租金的交易活动。

第三条 从事融资租赁活动应当遵守法律法规，遵循诚实信用原则和公平原则，不得损害国家利益、社会公共利益和他人合法权益。

第四条 鼓励各地加大政策扶持力度，引导融资租赁公司在推动装备制造业发展、企业技术升级改造、设备进出口等方面发挥重要作用，更好地服务实体经济，实现行业高质量发展。

第二章 经营规则

第五条 融资租赁公司可以经营下列部分或全部业务：

（一）融资租赁业务；

（二）租赁业务；

（三）与融资租赁和租赁业务相关的租赁物购买、残值处理与维修、租赁交易咨询、接受租赁保证金；

（四）转让与受让融资租赁或租赁资产；

（五）固定收益类证券投资业务。

第六条 融资租赁公司的融资行为必须符合相关法律法规规定。

第七条 适用于融资租赁交易的租赁物为固定资产，另有规定的除外。

融资租赁公司开展融资租赁业务应当以权属清晰、真实存在且能够产生收益的租赁物为载体。融资租赁公司不得接受已设置抵押、权属存在争议、已被司法机关查封、扣押的财产或所有权存在瑕疵的财产作为租赁物。

第八条 融资租赁公司不得有下列业务或活动：

（一）非法集资、吸收或变相吸收存款；

（二）发放或受托发放贷款；

（三）与其他融资租赁公司拆借或变相拆借资金；

（四）通过网络借贷信息中介机构、私募投资基金融资或转让资产；

（五）法律法规、银保监会和省、自治区、直辖市（以下简称省级）地方金融监管部门禁止开展的其他业务或活动。

第九条 融资租赁公司进口租赁物涉及配额、许可等管理的，由租赁物购买方或产权所有方按有关规定办理手续，另有约定的除外。

融资租赁公司经营业务过程中涉及外汇管理事项的，应当遵守国家外汇管理有关规定。

第十条 融资租赁公司应当建立完善以股东或股东（大）会、董事会（执行董事）、监事（会）、高级管理层等为主体的组织架构，明确职责分工，保证相互之间独立运行、有效制衡，形成科学高效的决策、激励和约束机制。

第十一条 融资租赁公司应当按照全面、审慎、有效、独立原则，建立健全内部控制制度，保障公司安全稳健运行。

第十二条 融资租赁公司应当根据其组织架构、业务规模和复杂程度，建立全面风险管理体系，识别、控制和化解风险。

第十三条 融资租赁公司应当建立关联交易管理制度，其关联交易应当遵循商业原则，独立交易、定价公允，以不优于非关联方同类交易的条件进行。

融资租赁公司在对承租人为关联企业的交易进行表决或决策时，与该关联交易有关联关系的人员应当回避。融资租赁公司的重大关联交易应当经股东（大）会、董事会或其授权机构批准。

融资租赁公司与其设立的控股子公司、项目公司之间的交易，不适用本办法对关联交易的监管要求。

第十四条 融资租赁公司应当合法取得租赁物的所有权。

第十五条 按照国家法律法规规定租赁物的权属应当登记的，融资租赁公司须依法办理相关登记手续。若租赁物不属于需要登记的财产类别，融资租赁公司应当采取有效措施保障对租赁物的合法权益。

第十六条 融资租赁公司应当在签订融资租赁合同或明确融资租赁业务意向的前提下，按照承租人要求购置租赁物。特殊情况下需要提前购置租赁物的，应当与自身现有业务领域或业务规划保持一致，且与自身风险管理能力和专业化经营水平相符。

第十七条 融资租赁公司应当建立健全租赁物价值评估和定价体系，根据租赁物的价值、其他成本和合理利润等确定租金水平。

售后回租业务中，融资租赁公司对租赁物的买入价格应当有合理的、不违反会计准则的定价依据作为参考，不得低值高买。

第十八条 融资租赁公司应当重视租赁物的风险缓释作用，密切监测租赁物价值对融资租赁债权的风险覆盖水平，制定有效的风险应对措施。

第十九条 融资租赁公司应当加强租赁物未担保余值管理，定期评估未担保余值是否存在减值，及时按照会计准则的要求计提减值准备。

第二十条 融资租赁公司应当加强对租赁期限届满返还或因承租人违约而取回的租赁物的风险管理，建立完善的租赁物处置制度和程序，降低租赁物持有期风险。

第二十一条 融资租赁公司对转租赁等形式的融资租赁资产应当分别管理，单独建账。转租赁应当经出租人同意。

第二十二条 融资租赁公司应当严格按照会计准则等相关规定，真实反映融资租赁资产转让和受让业务的实质和风险状况。

第二十三条 融资租赁公司应当建立资产质量分类制度和准备金制度。在准确分类的基础上及时足额计提资产减值损失准备，增强风险抵御能力。

第二十四条 融资租赁公司按照有关规定可以向征信机构提供和查询融资租赁相关信息。

第二十五条 融资租赁公司和承租人应对与融资租赁业务有关的担保、保险等事项进行充分约定，维护交易安全。

第三章 监管指标

第二十六条 融资租赁公司融资租赁和其他租赁资产比重不得低于总资产的60%。

第二十七条 融资租赁公司的风险资产总额不得超过净资产的8倍。风险资产总额按企业总资产减去现金、银行存款和国债后的剩余资产确定。

第二十八条 融资租赁公司开展的固定收益类证券投资业务，不得超过净资产的20%。

第二十九条 融资租赁公司应当加强对重点承租人的管理，控制单一承租人及承租人为关联方的业务比例，有效防范和分散经营风险。融资租赁公司应当遵守以下监管指标：

（一）单一客户融资集中度。融资租赁公司对单一承租人的全部融资租赁业务余额不得超过净资产的30%。

（二）单一集团客户融资集中度。融资租赁公司对单一集团的全部融资租赁业务余额不得超过净资产的50%。

（三）单一客户关联度。融资租赁公司对一个关联方的全部融资租赁业务余额不得超过净资产的30%。

（四）全部关联度。融资租赁公司对全部关联方的全部融资租赁业务余额不得超过净资产的50%。

（五）单一股东关联度。对单一股东及其全部关联方的融资余额，不得超过该股东在融资租赁公司的出资额，且同时满足本办法对单一客户关联度的规定。

银保监会可以根据监管需要对上述指标作出调整。

第四章 监督管理

第三十条 银保监会负责制定融资租赁公司的业务经营和监督管理规则。

第三十一条 省级人民政府负责制定促进本地区融资租赁行业发展的政策措施，对融资租赁公司实施监督管理，处置融资租赁公司风险。省级地方金融监管部门具体负责对本地区融资租赁公司的监督管理。

第三十二条 地方金融监管部门应当根据融资租赁公司的经营规模、风险状况、内控管理等情况，对融资租赁公司实施分类监管。

第三十三条 地方金融监管部门应当建立非现场监管制度，利用信息系统对融资租赁公司按期分析监测，重点关注相关指标偏高、潜在经营风险较大的公司。省级地方金融监管部门应当于每年4月30日前向银保监会报送上一年度本地区融资租赁公司发展情况以及监管情况。

第三十四条 地方金融监管部门应当建立现场检查制度，对融资租赁公司的检查包括但不限于下列措施：

（一）进入融资租赁公司以及有关场所进行现场检查；

（二）询问有关单位或者个人，要求其对有关检查事项作出说明；

（三）查阅、复制有关文件资料，对可能被转移、销毁、隐匿或者篡改的文件资料，予以先行登记保存；

（四）检查相关信息系统。

进行现场检查，应当经地方金融监管部门负责人批准。现场检查时，检查人员不得少于2人，并应当出示合法证件和检查通知书。有关单位和个人应当配合地方金融监管部门依法进行监督检查，如实提供有关情况和文件、资料，不得拒绝、阻碍或者隐瞒。

第三十五条　地方金融监管部门根据履行职责需要，可以与融资租赁公司的董事、监事、高级管理人员进行监督管理谈话，要求其就融资租赁公司业务活动和风险管理的重大事项作出说明。

第三十六条　地方金融监管部门应当建立融资租赁公司重大风险事件预警、防范和处置机制，制定融资租赁公司重大风险事件应急预案。

融资租赁公司发生重大风险事件的，应当立即采取应急措施，并及时向地方金融监管部门报告，地方金融监管部门应当及时处置。

第三十七条　地方金融监管部门应当建立融资租赁公司及其主要股东、董事、监事、高级管理人员违法经营融资租赁业务行为信息库，如实记录相关违法行为信息；给予行政处罚的，应当依法向社会公示。

第三十八条　融资租赁公司应定期向地方金融监管部门和同级人民银行分支机构报送信息资料。

第三十九条　融资租赁公司应当建立重大事项报告制度，下列事项发生后5个工作日内向地方金融监管部门报告：重大关联交易，重大待决诉讼、仲裁及地方金融监管部门规定需要报送的其他重大事项。

第四十条　地方金融监管部门应当与有关部门建立监督管理协调机制和信息共享机制，研究解决辖内融资租赁行业重大问题，加强监管联动，形成监管合力。

第四十一条　地方金融监管部门应当加强监管队伍建设，按照监管要求和职责配备专职监管员，专职监管员的人数、能力要与被监管对象数量相匹配。

第四十二条　融资租赁行业协会是融资租赁行业的自律组织，是社会团体法人。

依法成立的融资租赁行业协会按照章程发挥沟通协调和行业自律作用，履行协调、维权、自律、服务职能，开展行业培训、理论研究、纠纷调解等活动，配合地方金融监管部门，引导融资租赁公司诚信经营、公平竞争、稳健运行。

第四十三条　地方金融监管部门要通过信息交叉比对、实地走访、接受信访投诉等方式，准确核查辖内融资租赁公司经营和风险状况，按照经营风险、违法违规情形划分为正常经营、非正常经营和违法违规经营等三类。

第四十四条　正常经营类是指依法合规经营的融资租赁公司。地方金融监管部门要对正常经营类融资租赁公司按其注册地审核营业执照、公司章程、股东名单、高级管理人员名单和简历、经审计的近两年资产负债表、利润表、现金流量表及规定的其他资料。

对于接受并配合监管、在注册地有经营场所且如实完整填报信息的企业，省级地方金融监管部门要在报银保监会同意后及时纳入监管名单。

第四十五条 非正常经营类主要是指“失联”和“空壳”等经营异常的融资租赁公司。

“失联”是指满足以下条件之一的融资租赁公司：无法取得联系；在企业登记住所实地排查无法找到；虽然可以联系到企业工作人员，但其并不知情也不能联系到企业实际控制人；连续3个月未按监管要求报送监管信息。

“空壳”是指满足以下条件之一的融资租赁公司：未依法通过国家企业信用信息公示系统报送并公示上一年度年度报告；近6个月监管信息显示无经营；近6个月无纳税记录或“零申报”；近6个月无社保缴纳记录。

地方金融监管部门要督促非正常经营类企业整改。非正常经营类企业整改验收合格的，可纳入监管名单；拒绝整改或整改验收不合格的，纳入非正常经营名录，劝导其申请变更企业名称和业务范围、自愿注销。

第四十六条 违法违规经营类是指经营行为违反法律法规和本办法规定的融资租赁公司。违法违规情节较轻且整改验收合格的，可纳入监管名单；整改验收不合格或违法违规情节严重的，地方金融监管部门要依法处罚、取缔或协调市场监管部门依法吊销其营业执照，涉嫌违法犯罪的及时移送公安机关依法查处。

第四十七条 省级地方金融监管部门要与市场监管部门建立会商机制，严格控制融资租赁公司及其分支机构的登记注册。融资租赁公司变更公司名称、组织形式、公司住所或营业场所、注册资本、调整股权结构等，应当事先与省级地方金融监管部门充分沟通，达成一致意见。

第五章 法律责任

第四十八条 融资租赁公司违反法律法规和本办法规定，有关法律法规有处罚规定的，依照其规定给予处罚；有关法律法规未作处罚规定的，地方金融监管部门可以采取监管谈话、出具警示函、责令限期改正、通报批评等监管措施；构成犯罪的，依法追究刑事责任。

第四十九条 依照法律法规对融资租赁公司进行处罚的，地方金融监管部门可以根据具体情形对有关责任人员采取通报批评、责令改正、纳入警示名单或违法失信名单等监管措施；法律法规有处罚规定的，依照法律法规予以处罚；构成犯罪的，依法追究刑事责任。

第五十条 融资租赁公司吸收或变相吸收公众存款以及以其他形式非法集资

的,依照法律、行政法规和国家有关规定给予处罚;构成犯罪的,依法追究刑事责任。

第六章　附　　则

第五十一条　省级人民政府应当依据本办法制定本辖区融资租赁公司监督管理实施细则,视监管实际情况,对租赁物范围、特定行业的集中度和关联度要求进行适当调整,并报银保监会备案。

第五十二条　本办法施行前已经设立的融资租赁公司,应当在省级地方金融监管部门规定的过渡期内达到本办法规定的各项要求,原则上过渡期不超过三年。省级地方金融监管部门可以根据特定行业的实际情况,适当延长过渡期安排。

第五十三条　本办法中下列用语的含义:

(一)关联方可依据《企业会计准则第36号——关联方披露》的规定予以认定。

(二)重大关联交易是指融资租赁公司与一个关联方之间单笔交易金额占融资租赁公司净资产5%以上,或者融资租赁公司与一个关联方发生交易后融资租赁公司与该关联方的交易余额占融资租赁公司净资产10%以上的交易。

第五十四条　本办法由银保监会负责解释。

第五十五条　本办法自印发之日起施行。本办法施行前有关规定与本办法不一致的,以本办法为准。

二、《金融租赁公司管理办法》

(2024年9月6日经金融监管总局2024年第12次局务会议审议通过
2024年9月14日金融监管总局令2024年第6号公布
自2024年11月1日起施行)

第一章　总　　则

第一条　为规范金融租赁公司经营行为,防范金融风险,促进金融租赁公司稳健经营和高质量发展,根据《中华人民共和国民法典》《中华人民共和国公司法》《中华人民共和国银行业监督管理法》等法律法规,制定本办法。

第二条　本办法所称金融租赁公司,是指经国家金融监督管理总局批准设立的,以经营融资租赁业务为主的非银行金融机构。

金融租赁公司名称中应当标明“金融租赁”字样。未经国家金融监督管理总局批准,任何组织和个人不得设立金融租赁公司,任何组织不得在其名称中使用“金融租赁”字样。

第三条 本办法所称专业子公司,是指经国家金融监督管理总局批准,金融租赁公司设立的从事特定领域融资租赁业务或以特定业务模式开展融资租赁业务的专业化租赁子公司。

本办法所称项目公司,是指金融租赁公司、专业子公司为从事某类具体融资租赁业务等特定目的而专门设立的项目子公司。

第四条 本办法所称融资租赁,是指金融租赁公司作为出租人,根据承租人对出卖人、租赁物的选择,向出卖人购买租赁物,提供给承租人使用,承租人支付租金的交易活动,同时具有资金融通性质和租赁物所有权由出卖人转移至出租人的特点。

本办法所称售后回租业务,是指承租人和出卖人为同一人的融资租赁业务,即承租人将自有资产出卖给出租人,同时与出租人签订融资租赁合同,再将该资产从出租人处租回的融资租赁业务。

第五条 金融租赁公司开展融资租赁业务的租赁物类型,包括设备资产、生产性生物资产以及国家金融监督管理总局认可的其他资产。

第六条 国家金融监督管理总局及其派出机构依法对金融租赁公司、金融租赁公司专业子公司以及所设立的项目公司实施监督管理。

第二章 机构设立及变更

第一节 金融租赁公司设立及变更

第七条 申请设立金融租赁公司,应当具备以下条件:

(一)有符合《中华人民共和国公司法》和国家金融监督管理总局规定的公司章程;

(二)有符合规定条件的主要出资人;

(三)注册资本为一次性实缴货币资本,最低限额为10亿元人民币或等值的可自由兑换货币,国家金融监督管理总局根据金融租赁公司的发展情况和审慎监管的需要,可以提高金融租赁公司注册资本金的最低限额;

(四)有符合任职资格条件的董事、高级管理人员,从业人员中具有金融或融资租赁工作经历3年以上的人员应当不低于总人数的50%,并且在风险管理、资金管理、合规及内控管理等关键岗位上至少各有1名具有3年以上相关金融从业经验的人员;

(五)建立有效的公司治理、内部控制和风险管理体系;

(六)建立与业务经营和监管要求相适应的信息科技架构,具有支撑业务经营的必要、安全且合规的信息系统，具备保障业务持续运营的技术与措施；

（七）有与业务经营相适应的营业场所、安全防范措施和其他设施；

（八）国家金融监督管理总局规章规定的其他审慎性条件。

第八条 金融租赁公司的主要出资人，包括在中国境内外注册的具有独立法人资格的商业银行，在中国境内外注册的主营业务为制造适合融资租赁交易产品的大型企业，在中国境外注册的具有独立法人资格的融资租赁公司，依法设立或授权的国有（金融）资本投资、运营公司以及国家金融监督管理总局认可的其他出资人。

金融租赁公司应当有一名符合第十条至第十三条规定的主要出资人，且其出资比例不低于拟设金融租赁公司全部股本的51%。

根据国务院授权持有金融股权的投资主体、银行业金融机构，法律法规另有规定的主体，以及投资人经国家金融监督管理总局批准并购重组高风险金融租赁公司，不受本条前款规定限制。

第九条 金融租赁公司主要出资人，应当具备以下条件：

（一）具有良好的公司治理结构、健全的风险管理制度和内部控制机制；

（二）为拟设立金融租赁公司确定了明确的发展战略和清晰的盈利模式；

（三）最近2年内未发生重大案件或重大违法违规行为；

（四）有良好的社会声誉、诚信记录和纳税记录；

（五）入股资金为自有资金，不得以委托资金、债务资金等非自有资金入股；

（六）注册地位于境外的，应遵守注册地法律法规；

（七）国家金融监督管理总局规章规定的其他审慎性条件。

第十条 在中国境内外注册的具有独立法人资格的商业银行作为金融租赁公司主要出资人，除适用本办法第九条规定的条件外，还应当具备以下条件：

（一）监管评级良好；

（二）最近1个会计年度末总资产不低于5000亿元人民币或等值的可自由兑换货币；

（三）财务状况良好，最近2个会计年度连续盈利；

（四）权益性投资余额原则上不得超过本行净资产的50%（含本次投资金额）；

（五）具有有效的反洗钱和反恐怖融资措施；

（六）境外商业银行所在国家或地区的监管当局已经与国家金融监督管理总局建立良好的监督管理合作机制；

（七）满足所在国家或地区监管当局的审慎监管要求；

（八）国家金融监督管理总局规章规定的其他审慎性条件。

第十一条 在中国境内外注册的主营业务为制造适合融资租赁交易产品的大型企业作为金融租赁公司主要出资人,除适用本办法第九条规定的条件外,还应当具备以下条件:

(一)最近1个会计年度的营业收入不低于500亿元人民币或等值的可自由兑换货币;

(二)最近1个会计年度末净资产不低于总资产的40%;

(三)最近1个会计年度主营业务销售收入占全部营业收入的80%以上;

(四)财务状况良好,最近3个会计年度连续盈利;

(五)权益性投资余额原则上不得超过本公司净资产的40%(含本次投资金额);

(六)国家金融监督管理总局规章规定的其他审慎性条件。

企业根据经营管理需要,通过集团内投资、运营公司持有金融租赁公司股权的,可以按照集团合并报表数据认定本条规定条件。

第十二条 在中国境外注册的具有独立法人资格的融资租赁公司作为金融租赁公司主要出资人,除适用本办法第九条规定的条件外,还应当具备以下条件:

(一)在业务资源、人才储备、管理经验等方面具备明显优势,在融资租赁业务开展等方面具有成熟经验;

(二)最近1个会计年度末总资产不低于200亿元人民币或等值的可自由兑换货币;

(三)财务状况良好,最近3个会计年度连续盈利;

(四)权益性投资余额原则上不得超过本公司净资产的40%(含本次投资金额);

(五)接受金融监管的融资租赁公司需满足所在国家或地区监管当局的审慎监管要求;

(六)国家金融监督管理总局规章规定的其他审慎性条件。

第十三条 依法设立或授权的国有(金融)资本投资、运营公司作为金融租赁公司主要出资人,除适用本办法第九条规定的条件外,还应当具备以下条件:

(一)国有资本投资、运营公司最近1个会计年度末总资产不低于3000亿元人民币或等值的可自由兑换货币且注册资本不低于30亿元,国有金融资本投资、运营公司最近1个会计年度末总资产不低于5000亿元人民币或等值的可自由兑换货币且注册资本不低于50亿元;

(二)财务状况良好,最近3个会计年度连续盈利;

(三)国家金融监督管理总局规章规定的其他审慎性条件。

第十四条　其他金融机构作为金融租赁公司一般出资人，适用本办法第九条第一项、第三项、第四项、第五项、第六项、第七项及第十条第一项、第三项、第四项、第五项、第六项和第七项规定的条件。

其他非金融企业作为金融租赁公司一般出资人，除适用本办法第九条第一项、第三项、第四项、第五项、第六项、第七项外，还应当符合最近2个会计年度连续盈利、最近1个会计年度末净资产不低于总资产的30%、权益性投资余额原则上不得超过本公司净资产的50%（含本次投资金额）的条件。

第十五条　有以下情形之一的企业，不得作为金融租赁公司的出资人：

（一）公司治理结构与机制存在明显缺陷；

（二）关联企业众多、股权关系复杂且不透明、关联交易频繁且异常；

（三）核心主业不突出且其经营范围涉及行业过多；

（四）现金流量波动受经济景气影响较大；

（五）资产负债率、财务杠杆率高于行业平均水平；

（六）被相关部门纳入严重失信主体名单；

（七）存在恶意逃废金融债务行为；

（八）提供虚假材料或者作不实声明；

（九）因违法违规行为被金融监管部门或政府有关部门查处，造成恶劣影响；

（十）其他可能会对金融租赁公司产生重大不利影响的情况。

第十六条　金融租赁公司的公司性质、组织形式及组织机构应当符合《中华人民共和国公司法》及其他有关法律法规的规定，并应当在公司章程中载明。

第十七条　金融租赁公司董事和高级管理人员实行任职资格核准制度。

第十八条　金融租赁公司有下列变更事项之一的，应当向国家金融监督管理总局或其派出机构申请批准：

（一）变更名称；

（二）调整业务范围；

（三）变更注册资本；

（四）变更股权或调整股权结构；

（五）修改公司章程；

（六）变更住所；

（七）变更董事、高级管理人员；

（八）分立或合并；

（九）国家金融监督管理总局规定的其他变更事项。

第二节 专业子公司设立及变更

第十九条 经国家金融监督管理总局批准，金融租赁公司可以在中国境内保税地区、自由贸易试验区、自由贸易港等境内区域以及境外区域设立专业子公司。涉及境外投资事项的，应当符合我国境外投资管理相关规定。

第二十条 专业子公司的业务领域包括飞机（含发动机）、船舶（含集装箱）以及经国家金融监督管理总局认可的其他融资租赁业务领域。经国家金融监督管理总局批准，金融租赁公司可以设立专门从事厂商租赁业务模式的专业子公司。

专业子公司开展融资租赁业务所涉及业务领域或厂商租赁等业务模式，应当与其公司名称中所体现的特定业务领域或特定业务模式相匹配。

第二十一条 金融租赁公司申请设立境内专业子公司，除适用本办法第九条及第十条第一项、第三项、第四项、第五项规定的条件外，还应当具备以下条件：

（一）具有良好的并表管理能力；

（二）在业务存量、人才储备等方面具备一定优势，在专业化管理、项目公司业务开展等方面具有成熟的经验，能够有效支持专业子公司稳健可持续发展；

（三）各项监管指标符合本办法规定；

（四）国家金融监督管理总局规章规定的其他审慎性条件。

第二十二条 金融租赁公司申请设立境外专业子公司，除适用本办法第二十一条规定的条件外，还应当具备以下条件：

（一）确有业务发展需要，具备清晰的海外发展战略；

（二）内部管理水平和风险管控能力与境外业务发展相适应；

（三）具备与境外经营环境相适应的专业人才队伍；

（四）所提申请符合有关国家或地区的法律法规。

第二十三条 金融租赁公司设立的专业子公司，应当具备以下条件：

（一）有符合规定条件的出资人；

（二）注册资本最低限额为 3 亿元人民币或等值的可自由兑换货币；

（三）有符合任职资格条件的董事、高级管理人员和熟悉融资租赁业务的从业人员；

（四）有健全的公司治理、内部控制和风险管理体系，以及与业务经营相适应的管理信息系统；

（五）有与业务经营相适应的营业场所、安全防范措施和其他设施；

（六）境内专业子公司需有符合《中华人民共和国公司法》和国家金融监督管理

总局规定的公司章程；

（七）国家金融监督管理总局规章规定的其他审慎性条件。

第二十四条　金融租赁公司设立专业子公司原则上应当100%控股，有特殊情况需要引进其他投资者的，金融租赁公司的持股比例不得低于51%。

引进的投资者原则上应当符合本办法第十条至第十三条规定的主要出资人条件，熟悉专业子公司经营的特定领域，且在业务开拓、租赁物管理等方面具有比较优势，有助于提升专业子公司的专业化发展能力和风险管理水平。

第二十五条　金融租赁公司专业子公司有下列变更事项之一的，应当按规定向国家金融监督管理总局或其派出机构申请批准或报告：

（一）变更名称；

（二）变更注册资本；

（三）变更股权或调整股权结构；

（四）修改公司章程；

（五）变更董事、高级管理人员；

（六）国家金融监督管理总局规定的其他事项。

第二十六条　专业子公司董事和高级管理人员实行任职资格核准制度。

第二十七条　金融租赁公司可以在其业务范围内，根据审慎原则对所设立专业子公司的业务范围进行授权，并在授权后十个工作日内向金融租赁公司所在地的国家金融监督管理总局省级派出机构报告，抄报境内专业子公司所在地的国家金融监督管理总局省级派出机构。

金融租赁公司不得将同业拆借和固定收益类投资业务向专业子公司授权。

第三章　业务范围

第二十八条　金融租赁公司可以经营下列本外币业务：

（一）融资租赁业务；

（二）转让和受让融资租赁资产；

（三）向非银行股东借入3个月（含）以上借款；

（四）同业拆借；

（五）向金融机构融入资金；

（六）发行非资本类债券；

（七）接受租赁保证金；

（八）租赁物变卖及处理业务。

第二十九条 符合条件的金融租赁公司可以向国家金融监督管理总局及其派出机构申请经营下列本外币业务：

（一）在境内设立项目公司开展融资租赁业务；

（二）在境外设立项目公司开展融资租赁业务；

（三）向专业子公司、项目公司发放股东借款，为专业子公司、项目公司提供融资担保、履约担保；

（四）固定收益类投资业务；

（五）资产证券化业务；

（六）从事套期保值类衍生产品交易；

（七）提供融资租赁相关咨询服务；

（八）经国家金融监督管理总局批准的其他业务。

金融租赁公司开办前款所列业务的具体条件和程序，按照国家金融监督管理总局有关规定执行。

第三十条 金融租赁公司业务经营中涉及外汇管理事项的，应当遵守国家外汇管理有关规定。

第四章 公司治理

第三十一条 国有金融租赁公司应当按照有关规定，将党建工作要求写入公司章程，落实党组织在公司治理结构中的法定地位。坚持和完善“双向进入、交叉任职”的领导体制，将党的领导融入公司治理各个环节。

民营金融租赁公司应当按照党组织设置有关规定，建立党的组织机构，加强政治引领，建设先进企业文化，促进金融租赁公司持续健康发展。

第三十二条 金融租赁公司股东除按照相关法律法规及监管规定履行股东义务外，还应当承担以下股东义务：

（一）使用来源合法的自有资金入股，不得以委托资金、债务资金等非自有资金入股，法律法规或者国务院另有规定的除外；

（二）持股比例和持股机构数量符合监管规定，不得委托他人或者接受他人委托持有金融租赁公司股份；

（三）如实向金融租赁公司告知财务信息、股权结构、入股资金来源、控股股东、实际控制人、关联方、一致行动人、最终受益人、投资其他金融机构以及其他重大变化情况等信息；

（四）股东的控股股东、实际控制人、关联方、一致行动人、最终受益人发生变化的，相关股东应当按照法律法规及监管规定，及时将变更情况书面告知金融租赁公司；

（五）股东发生合并、分立，被采取责令停业整顿、指定托管、接管、撤销等措施，或者进入解散、清算、破产程序，或者其法定代表人、公司名称、经营场所、经营范围及其他重大事项发生变化的，应当按照法律法规及监管规定，及时将相关情况书面告知金融租赁公司；

（六）股东所持金融租赁公司股份涉及诉讼、仲裁、被司法机关等采取法律强制措施、被质押或者解质押的，应当按照法律法规及监管规定，及时将相关情况书面告知金融租赁公司；

（七）股东与金融租赁公司开展关联交易的，应当遵守法律法规及监管规定，不得损害其他股东和金融租赁公司利益；

（八）股东及其控股股东、实际控制人不得滥用股东权利或者利用关联关系，损害金融租赁公司、其他股东及利益相关者的合法权益，不得干预董事会、高级管理层根据公司章程享有的决策权和管理权，不得越过董事会、高级管理层直接干预金融租赁公司经营管理；

（九）金融租赁公司发生重大案件、风险事件或者重大违规行为的，股东应当配合监管机构开展调查和风险处置；

（十）主要股东自取得股权之日起 5 年内不得转让所持有的股权，经国家金融监督管理总局批准采取风险处置措施、责令转让、涉及司法强制执行或者在同一出资人控制的不同主体间转让股权等情形除外；

（十一）主要股东承诺不将所持有的金融租赁公司股权质押或设立信托；

（十二）主要股东应当在必要时向金融租赁公司补充资本，在公司出现支付困难时给予流动性支持；

（十三）法律法规、监管规定及公司章程规定股东应当承担的其他义务。

金融租赁公司应当在公司章程中列明上述股东义务，并明确发生重大风险时相应的损失吸收与风险抵御机制。

金融租赁公司大股东应当通过公司治理程序正当行使股东权利，支持中小股东获得有效参加股东会和投票的机会，不得阻挠或指使金融租赁公司阻挠中小股东参加股东会，或对中小股东参加股东会设置其他障碍。

第三十三条　金融租赁公司应当按照法律法规及监管规定，建立包括股东会、董事会、高级管理层等治理主体在内的公司治理架构，明确各治理主体的职责边界、履职要求，不断提升公司治理水平。

第三十四条　金融租赁公司应当按照全面、审慎、有效、独立原则，建立健全内部控制制度，持续开展内部控制监督、评价与整改，防范、控制和化解风险，并加强专业子公司并表管理，保障公司安全稳健运行。

第三十五条　金融租赁公司应当建立指标科学完备、流程清晰规范的绩效考评机制。金融租赁公司应当建立稳健的薪酬管理制度，设置合理的绩效薪酬延期支付和追索扣回机制。

第三十六条　金融租赁公司应当按照国家有关规定建立健全公司财务和会计制度，遵循审慎的会计原则，真实记录并全面反映其业务活动和财务状况。

金融租赁公司开展的融资租赁业务，应当根据《企业会计准则第 21 号——租赁》相关规定，按照融资租赁或经营租赁分别进行会计核算。

第三十七条　金融租赁公司应当建立健全覆盖所有业务和全部流程的信息系统，加强对业务和管理活动的系统控制功能建设，及时、准确记录经营管理信息，确保信息的真实、完整、连续、准确和可追溯。

第三十八条　金融租赁公司应当建立年度信息披露管理制度，编写年度信息披露报告，每年 4 月 30 日前通过官方网站向社会公众披露机构基本信息、财务会计报告、风险管理信息、公司治理信息、客户咨询投诉渠道信息、重大事项信息等相关信息。

第三十九条　金融租赁公司应当建立健全内部审计制度，审查评价并改善经营活动、风险状况、内部控制和公司治理效果，促进合法经营和稳健发展。

第五章　资本与风险管理

第四十条　金融租赁公司应当按照国家金融监督管理总局的相关规定构建资本管理体系，合理评估资本充足状况，建立审慎、规范的资本补充、约束机制。

第四十一条　金融租赁公司应当根据组织架构、业务规模和复杂程度建立全面的风险管理体系，对信用风险、市场风险、流动性风险、操作风险、国别风险、声誉风险、战略风险、信息科技风险等各类风险进行持续有效的识别、计量、监测和控制，同时应当及时识别和管理与融资租赁业务相关的特定风险。

第四十二条　金融租赁公司应当对租赁应收款建立以预期信用损失为基础的资产质量分类制度，及时、准确进行资产质量分类。

第四十三条　金融租赁公司应当建立准备金制度，及时足额计提资产减值损失准备，增强风险抵御能力。未提足准备或资本充足率不达标的，不得进行现金分红。

第四十四条 金融租赁公司应当建立健全集中度风险管理体系,有效防范和分散经营风险。

第四十五条 金融租赁公司应当建立与自身业务规模、性质相适应的流动性风险管理体系,定期开展流动性压力测试,制定并完善流动性风险应急计划,及时消除流动性风险隐患。

第四十六条 金融租赁公司应当根据业务流程、人员岗位、信息系统建设和外包管理等情况建立科学的操作风险管理体系,制定规范员工行为和道德操守的相关制度,加强员工行为管理和案件风险防控,确保有效识别、评估、监测和控制操作风险。

第四十七条 金融租赁公司应当加强关联交易管理,制定完善关联交易管理制度,明确审批程序和标准、内外部审计监督、信息披露等内容。

关联交易应当按照商业原则,以不优于非关联方同类交易的条件进行,确保交易的透明性和公允性,严禁通过掩盖关联关系、拆分交易、嵌套交易拉长融资链条等方式规避关联交易监管制度规定。

第四十八条 金融租赁公司的重大关联交易应当经董事会批准。

重大关联交易是指金融租赁公司与单个关联方之间单笔交易金额达到金融租赁公司上季末资本净额5%以上,或累计达到金融租赁公司上季末资本净额10%以上的交易。

金融租赁公司与单个关联方的交易金额累计达到前款标准后,其后发生的关联交易,每累计达到上季末资本净额5%以上,应当重新认定为重大关联交易。

第四十九条 金融租赁公司与其设立的控股专业子公司、项目公司之间的交易,金融租赁公司专业子公司与其设立的项目公司之间的交易,不适用关联交易相关监管要求。

金融租赁公司从股东及其关联方获取的各类融资,以及出卖人为股东或其关联方的非售后回租业务,可以按照金融监管部门关于统一交易协议相关规定进行管理。

第六章 业务经营规则

第五十条 金融租赁公司可以在全国范围内开展业务。

涉及境外承租人的,符合条件的金融租赁公司可以在境内、境外设立项目公司开展相关融资租赁业务。其中,租赁物为飞机(含发动机)或船舶(含集装箱)且项目公司需设在境外的,原则上应当由专业子公司开展相关业务。

第五十一条 专业子公司可以在境内、境外设立项目公司开展融资租赁及相关业务。

涉及境外投资事项的，应当符合我国境外投资管理相关规定。

第五十二条 金融租赁公司应当选择适格的租赁物，确保租赁物权属清晰、特定化、可处置、具有经济价值并能够产生使用收益。

金融租赁公司不得以低值易耗品作为租赁物，不得以小微型载客汽车之外的消费品作为租赁物，不得接受已设置抵押、权属存在争议或已被司法机关查封、扣押的财产或所有权存在瑕疵的财产作为租赁物。

第五十三条 金融租赁公司应当合法取得租赁物的所有权。

租赁物属于未经登记不得对抗善意第三人的财产类别，金融租赁公司应当依法办理相关登记。

除前款规定情形外，金融租赁公司应当在国务院指定的动产和权利担保统一登记机构办理融资租赁登记，采取有效措施保障对租赁物的合法权益。

第五十四条 金融租赁公司应当在签订融资租赁合同或明确融资租赁业务意向的前提下，按照承租人要求购置租赁物。特殊情况下需提前购置租赁物的，应当与自身现有业务领域或业务规划保持一致，且具有相应的专业技能和风险管理能力。

第五十五条 金融租赁公司以设备资产作为租赁物的，同一租赁合同项下与设备安装、使用和处置不可分割的必要的配件、附属设施可纳入设备类资产管理，其中配件、附属设施价值合计不得超过设备资产价值。

第五十六条 售后回租业务的租赁物必须由承租人真实拥有并有权处分。

第五十七条 金融租赁公司应当按照评购分离、评处分离、集体审查的原则，优化内部部门设置和岗位职责分工，负责评估和定价的部门及人员原则上应当与负责购买和处置租赁物的部门及人员分离。

金融租赁公司应当建立健全租赁物价值评估体系，制定租赁物评估管理办法，明确评估程序、评估影响因素和评估方法，合理确定租赁物资产价值，不得低值高买。

第五十八条 金融租赁公司的评估工作人员应当具备评估专业资质。需要委托第三方机构评估的，应当对相关评估方法的合理性及可信度进行分析论证，不得简单以外部评估结果代替自身调查、取证和分析工作。

第五十九条 金融租赁公司应当持续提升租赁物管理能力，强化租赁物风险缓释作用，充分利用信息科技手段，密切监测租赁物运行状态、租赁物价值波动及其对融资租赁债权的风险覆盖水平，制定有效的风险管理措施，降低租赁物持有期风险。

第六十条　金融租赁公司应当加强租赁物未担保余值的评估管理，定期评估未担保余值，并开展减值测试。当租赁物未担保余值出现减值迹象时，应当按照会计准则要求计提减值准备。

第六十一条　金融租赁公司应当加强未担保余值风险的限额管理，根据业务规模、业务性质、复杂程度和市场状况，对未担保余值比例较高的融资租赁资产设定风险限额。

第六十二条　金融租赁公司应当加强对租赁期限届满返还或因承租人违约而取回的租赁物的风险管理，建立完善的租赁物变卖及处理的制度和程序。

第六十三条　金融租赁公司应当建立健全覆盖各类员工的管理制度，加大对员工异常行为的监督力度，强化业务全流程管理。加强对注册地所在省（自治区、直辖市、计划单列市）以外的部门或团队的权限、业务及其风险管理，提高内部审计和异常行为排查的频率。

第六十四条　金融租赁公司与具备从事融资租赁业务资质的机构开展联合租赁业务，应当按照"信息共享、独立审批、自主决策、风险自担"的原则，自主确定融资租赁行为，按实际出资比例或按约定享有租赁物份额以及其他相应权利、履行相应义务。相关业务参照国家金融监督管理总局关于银团贷款业务监管规则执行。

第六十五条　符合条件的金融租赁公司可以申请发行资本工具，并应当符合监管要求的相关合格标准。

第六十六条　金融租赁公司基于流动性管理和资产配置需要，可以与具备从事融资租赁业务资质的机构开展融资租赁资产转让和受让业务，并依法通知承租人。如转让方或受让方为境外机构，应当符合相关法律法规规定。

金融租赁公司开展融资租赁资产转让和受让业务时，应当确保租赁债权及租赁物所有权真实、完整、洁净转移，不得签订任何显性或隐性的回购条款、差额补足条款或抽屉协议。

金融租赁公司作为受让方，应当按照自身业务准入标准开展尽职调查和审查审批工作。

第六十七条　金融租赁公司基于流动性管理需要，可以通过有追索权保理方式将租赁应收款转让给商业银行。金融租赁公司应当按照原租赁应收款全额计提资本，进行风险分类并计提拨备，不得终止确认。

第六十八条　金融租赁公司基于流动性管理需要，可以开展固定收益类投资业务。

投资范围包括：国债、中央银行票据、金融债券、同业存单、货币市场基金、公募债券型投资基金、固定收益类理财产品、AAA 级信用债券以及国家金融监督管理总局认可的其他资产。

第六十九条 金融租赁公司提供融资租赁相关咨询服务，应当遵守国家价格主管部门和国家金融监督管理总局关于金融服务收费的相关规定。坚持质价相符等原则，不得要求承租人接受不合理的咨询服务，未提供实质性服务不得向承租人收费，不得以租收费。

第七十条 金融租赁公司应当对合作机构实行名单制管理，建立合作机构准入、退出标准，定期开展后评价，动态调整合作机构名单。

金融租赁公司应当按照适度分散原则审慎选择合作机构，防范对单一合作机构过于依赖而产生的风险。金融租赁公司应当要求合作机构不得以金融租赁公司名义向承租人推介或者销售产品和服务，确保合作机构与合作事项符合法律法规和监管要求。

第七十一条 金融租赁公司出于风险防范需要，可以依法收取承租人或融资租赁业务相关方的保证金，合理确定保证金比例，规范保证金的收取方式，放款时不得在融资总额中直接或变相扣除保证金。

第七十二条 金融租赁公司应当充分尊重承租人的公平交易权，对与融资租赁业务有关的担保、保险等事项进行明确约定，并如实向承租人披露所提供的各类金融服务内容和实质。

金融租赁公司不得接受无担保资质、不符合信用保险和保证保险经营资质的合作机构提供的直接或变相增信服务，不得因引入担保增信放松资产质量管控。

第七十三条 金融租赁公司以自然人作为承租人的，应当充分履行告知义务，保障承租人知情权等各项基本权利，遵循真实性、准确性、完整性和及时性原则，向承租人充分披露年化综合成本等可能影响其重大决策的关键信息，严禁强制捆绑销售、不当催收、滥用承租人信息等行为。

金融租赁公司应当使用通俗易懂的语言和有利于承租人接收、理解的方式进行产品和服务信息披露，经承租人确认后，对销售过程进行录音录像等可回溯管理，完整客观记录关键信息提示、承租人确认和反馈等环节。

第七章 监督管理

第七十四条 金融租赁公司应当依法向国家金融监督管理总局及其派出机构

报送财务会计报告、统计报表以及其他与经营管理有关的文件、资料，确保相关材料真实、准确、完整。

第七十五条 金融租赁公司应当遵守以下监管指标的规定：

（一）资本充足率。各级资本净额与风险加权资产的比例不得低于国家金融监督管理总局对各级资本充足率的监管要求。

（二）杠杆率。一级资本净额与调整后的表内外资产余额的比例不得低于6%。

（三）财务杠杆倍数。总资产不得超过净资产的10倍。

（四）同业拆借比例。同业拆入和同业拆出资金余额均不得超过资本净额的100%。

（五）拨备覆盖率。租赁应收款损失准备与不良租赁应收款余额之比不得低于100%。

（六）租赁应收款拨备率。租赁应收款损失准备与租赁应收款余额之比不得低于2.5%。

（七）单一客户融资集中度。对单一承租人的融资余额不得超过上季末资本净额的30%。

（八）单一集团客户融资集中度。对单一集团的融资余额不得超过上季末资本净额的50%。

（九）单一客户关联度。对一个关联方的融资余额不得超过上季末资本净额的30%。

（十）全部关联度。对全部关联方的融资余额不得超过上季末资本净额的50%。

（十一）单一股东关联度。对单一股东及其全部关联方的融资余额不得超过该股东在金融租赁公司的出资额，且同时满足单一客户关联度的规定。

（十二）流动性风险监管指标。流动性比例、流动性覆盖率等指标应当符合国家金融监督管理总局的相关监管要求。

（十三）固定收益类投资比例。固定收益类投资余额原则上不得超过上季末资本净额的20%，金融租赁公司投资本公司发行的资产支持证券的风险自留部分除外。

经国家金融监督管理总局认可，特定行业和企业的单一客户融资集中度、单一集团客户融资集中度、单一客户关联度、全部关联度和单一股东关联度要求可以适当调整。

第七十六条 金融租赁公司应当根据国家金融监督管理总局发布的鼓励清单

和负面清单及时调整业务发展规划,不得开展负面清单所列相关业务。

第七十七条 金融租赁公司应当建立定期外部审计制度,并在每个会计年度结束后的4个月内,将经法定代表人签名确认的年度审计报告报送国家金融监督管理总局派出机构。

第七十八条 金融租赁公司应当按照国家金融监督管理总局的规定制定恢复和处置计划,并组织实施。

第七十九条 国家金融监督管理总局及其派出机构根据审慎监管的要求,有权依照有关程序和规定对金融租赁公司进行现场检查,有权依法对与涉嫌违法事项有关的单位和个人进行调查。

第八十条 国家金融监督管理总局及其派出机构根据监管需要对金融租赁公司开展监管评级,评级结果作为衡量金融租赁公司经营状况、风险程度和风险管理能力,制定监管规划、配置监管资源、采取监管措施、市场准入以及调整监管指标标准的重要依据。

第八十一条 国家金融监督管理总局及其派出机构有权根据金融租赁公司与股东关联交易的风险状况,要求金融租赁公司降低对股东及其控股股东、实际控制人、关联方、一致行动人、最终受益人融资余额占其资本净额的比例,限制或禁止金融租赁公司与股东及其控股股东、实际控制人、关联方、一致行动人、最终受益人开展交易。

第八十二条 金融租赁公司及其股东违反本办法有关规定的,国家金融监督管理总局及其派出机构有权依法责令限期改正;逾期未改正的,或者其行为严重危及该金融租赁公司的稳健运行、损害客户合法权益的,可以区别情形,依照法律法规,采取暂停业务、限制分配红利和其他收入、限制股东权利、责令控股股东转让股权等监管措施。

第八十三条 凡违反本办法有关规定的,国家金融监督管理总局及其派出机构有权依照《中华人民共和国银行业监督管理法》等有关法律法规进行处罚。

第八章　风险处置与市场退出

第八十四条 金融租赁公司已经或者可能发生信用危机,严重影响债权人和其他客户合法权益的,国家金融监督管理总局有权依法对金融租赁公司实行接管或者促成机构重组,接管和机构重组依照有关法律和国务院的规定执行。

第八十五条 金融租赁公司存在《中华人民共和国银行业监督管理法》规定的应当吊销经营许可证情形的,由国家金融监督管理总局或其派出机构依法吊销其经营许可证。

第八十六条　金融租赁公司有违法经营、经营管理不善等情形，不予撤销将严重危害金融秩序、损害公众利益的，国家金融监督管理总局有权予以撤销。

第八十七条　金融租赁公司出现下列情况时，经国家金融监督管理总局批准后，予以解散：

（一）公司章程规定的营业期限届满或者公司章程规定的其他解散事由出现；

（二）股东会决议解散；

（三）因公司合并或者分立需要解散；

（四）依法被吊销营业执照或者被撤销；

（五）其他法定事由。

第八十八条　金融租赁公司解散的，应当依法成立清算组，按照法定程序进行清算，并对未到期债务及相关责任承接等作出明确安排。国家金融监督管理总局监督清算过程。清算结束后，清算组应当按规定向国家金融监督管理总局及其派出机构提交清算报告等相关材料。

清算组在清算中发现金融租赁公司的资产不足以清偿其债务时，应当立即停止清算，并向国家金融监督管理总局报告，经国家金融监督管理总局同意，依法向人民法院申请该金融租赁公司破产清算。

第八十九条　金融租赁公司符合《中华人民共和国企业破产法》规定的破产情形的，经国家金融监督管理总局同意，金融租赁公司或其债权人可以依法向人民法院提出重整、和解或者破产清算申请。

国家金融监督管理总局派出机构应当根据进入破产程序金融租赁公司的业务活动和风险状况，依法对其采取暂停相关业务等监管措施。

第九十条　金融租赁公司被接管、重组、被撤销的，国家金融监督管理总局有权要求该金融租赁公司的董事、高级管理人员和其他工作人员继续履行相关职责。

第九十一条　金融租赁公司因解散、被撤销和被宣告破产而终止的，按规定完成清算工作后，依法向市场监督管理部门办理注销登记。

第九章　附　　则

第九十二条　本办法所称主要股东，是指持有或控制金融租赁公司5%以上股份或表决权，或持有资本总额或股份总额不足5%但对金融租赁公司经营管理有重大影响的股东。

前款中的“重大影响”，包括但不限于向金融租赁公司提名或派出董事、高级管理人员,通过协议或其他方式影响金融租赁公司的财务和经营管理决策,以及国家金融监督管理总局或其派出机构认定的其他情形。

本办法所称大股东,是指符合国家金融监督管理总局相关规定认定标准的股东。

本办法所称厂商租赁业务模式,是指金融租赁公司与制造适合融资租赁交易产品的厂商、经销商及设备流转过程中的专业服务商合作,以其生产或销售的相应产品,与承租人开展融资租赁交易的经营模式。

本办法所称合作机构,是指与金融租赁公司在营销获客、资产评估、信息科技、逾期清收等方面开展合作的各类机构。

本办法所称资本净额,是指金融租赁公司按照国家金融监督管理总局资本管理有关规定,计算出的各级资本与对应资本扣减项的差值。

第九十三条 本办法所列的各项财务指标、持股比例等要求,除特别说明外,均为合并会计报表口径,“以上”均含本数,“不足”不含本数。

金融租赁公司法人口径、并表口径均需符合本办法第七十五条所列各项监管指标。

金融租赁公司、专业子公司应当将所设立的项目公司纳入法人口径统计。

第九十四条 专业子公司参照适用本办法第四章至第八章相关监管规定,涉及集中度监管指标以及国家金融监督管理总局另有规定的除外。

第九十五条 金融租赁公司在香港特别行政区、澳门特别行政区和台湾地区设立的专业子公司、项目公司,比照境外专业子公司、项目公司进行管理。我国法律、行政法规另有规定的,依照其规定执行。

境外专业子公司、境外项目公司应当在遵守注册地所在国家或地区法律法规的前提下,执行本办法的有关规定。

第九十六条 金融租赁公司及其专业子公司的设立、变更、终止、调整业务范围、董事及高级管理人员任职资格核准的行政许可程序,按照国家金融监督管理总局相关规定执行。

第九十七条 本办法颁布前设立的金融租赁公司、专业子公司凡不符合本办法规定的,原则上应当在规定期限内进行规范整改。具体要求由国家金融监督管理总局另行规定。

第九十八条 本办法由国家金融监督管理总局负责解释。

第九十九条 本办法自 2024 年 11 月 1 日起施行。《金融租赁公司管理办法》(中国银监会令 2014 年第 3 号)同时废止。